Sonnenschmidt, Rosina
Exkarnation – Der grosse Wandel

Rosina Sonnenschmidt

Exkarnation – Der grosse Wandel

Sterben und Tod im Lichte der Medialität, Homöopathie, Farben- und Baumenergien

Die Deutsche Bibliothek - CIP-Einheitsaufnahme

Sonnenschmidt, Rosina:
Exkarnation - der grosse Wandel : Sterben und Tod im Lichte der Medialität, Homöopathie, Farben- und Baumenergien / Rosina Sonnenschmidt. - Berlin : Verl. Homöopathie und Symbol Bomhardt, 2002
ISBN 3-9804662-9-9 Mai 2002

Verlagsadresse: Blissestraße 63, 10713 Berlin, Tel. 030 / 8572 9674, Fax: 8572 9675

Wichtige Hinweise

Die Wiedergabe von Gebrauchsnamen, Warenbezeichnungen usw. in diesem Werk berechtigt auch ohne besondere Kennzeichnung nicht zu der Annahme, daß solche Namen im Sinne der Warenzeichen- und Markenschutz-Gesetzgebung als frei zu betrachten wären und daher von jedermann benutzt werden dürfen.

Produkthaftung: Für Angaben über die Anwendung von Arzneimitteln kann vom Verlag keine Haftung oder Gewähr übernommen werden. Derartige Angaben sind vom Anwender eigenverantwortlich zu überprüfen.

Anonymisierung: Namen und Orte in diesem Buch sind gemäß der ärztlichen Schweigepflicht verändert. Etwaige Ähnlichkeiten mit gleichnamigen Personen sind unbeabsichtigt und rein zufällig.

ISBN 3-9804662-9-9
Gesamtherstellung: MercedesDruck GmbH, 12487 Berlin
Printed in Germany

Falkenlied

Der Falke flog in das Abendrot,
legte sanft die verdorrten Schwingen
auf die letzte Wolke,
zog einen letzten Kreis
und tauchte ein in das GOLDENE LICHT.

Dank, dass ich dich sah,
wie du begannst,
dein altes Federkleid
herabzustreifen.

Ich sandte dir mein schönstes Lied als Gruss,
und Ton um Ton atmetest du ein,
sanft schlossest du das Tor der Zeit
auf dieser Erde,
und du glittest ein
in das was IST.

Falke, du lehrtest mich fliegen,
nahmst mich unter deine Schwingen,
zeigtest die genaue Bahn
und nichts entging dem wachen Auge.

Du stiessest hinab deine Kinder ins Leere,
auf dass sie die Schwingen benutzen,
auf dass sie erkennen die gewaltige Kraft,
die immer schon war und jetzt IST.

Dank für deine Güte,
Dank für den Samen,
der reiche Früchte trägt.

In die letzte Abendröte
sandte ich dir einen TON,
dein Lächeln, KLARE REINHEIT,
öffnet mir das Tor der ZEIT.

Gedicht aus „Herzgeist – Lyrik über das Trostvolle des Seins"
WINGS Verlag bei BOD Norderstedt

Inhalt

Zum Geleit 10
Widmung und Danksagung 11
Einleitung 13
Das Thema Sterbenergetik in der Human- und Tiermedizin 21
Persönliche Vorgeschichte 27
Medialität und Sterbeenergetik 36

Der Bardo Thödol oder die Tibetischen Totenbücher 40
Der Sterbeprozess gemäss dem Bardo Thödol 48
Die Sterbeenergetik 53

Die erste Wandlungsphase – Die Elemente geraten in Bewegung 60
Hilfen in der ersten Wandlungsphase 61
Baumessenz Esche 63
Farblicht Orange 67

Die zweite Wandlungsphase – Die Erde geht in das Wasser ein 72
Hilfen in der zweiten Wandlungsphase 75
Baumessenz Weide 82
Farblicht Blau und Gelb 84

Die dritte Wandlungsphase – Das Wasser geht in das Feuer ein 87
Hilfen in der dritten Wandlungsphase 91
Baumessenz Erle 100
Farblicht Orange und Blau 103

Die vierte Wandlungsphase – Das Feuer geht in die Luft ein 106
Hilfen in der vierten Wandlungsphase 111
Baumessenz Haselnussstrauch 116
Farblicht Grün 118

Die fünfte Wandlungsphase –
Die Luft geht in den Äther ein 120
Hilfen in der fünften Wandlungsphase 123
Baumessenz Holunder 124
Farblicht Violett 125
Violettlicht und Totenwache 126

Die sechste Wandlungsphase –
Entscheidungsfreiheit zur Inkarnation 129
Trauerzeit in Orangelicht 133

Das Geleit bei der Exkarnation 136
Sterben im Krankenhaus 136
Energieübertragung 139
Atemübertragung 139
Heilenergieübertragung 142
Radionische Fernheilung 145

Sterbebegleitung im Heilerzirkel 150
Die Mediale Balance der Therapeutischen Kinesiologie 158
Die ESA 161
Die Mediale ESA 164
Die Surrogatperson 165

Verschiedene Arten der Exkarnation 169
Der mediale Kontakt im Sterbeprozess 173
Die Organentnahme 176
Unfalltod, Sekundentod, Tötung 178

Das Zwischenreich – die unvollendete Inkarnation
und Exkarnation 181
Wachkoma 184
Todessehnsucht 191
Todessehnsucht aus miasmatischer Sicht 194
Der Rokoko – das Kokettieren mit dem Tod 195
Die Romantik – die Anbetung des Todes 201
Die Belle Epoque – die Stilisierung des Todes 206
Der Barock – die Verdrängung des Todes 210

Voyeurtum 211

Die Behandlung von Todessehnsucht 215
Psorische Todessehnsucht 215
Syphilitische Todessehnsucht 223
Tuberkuline Todessehnsucht 230
Sykotische Todessehnsucht 238

Schlussbetrachtung 252

Literaturverzeichnis 255
Bildverzeichnis 259
Vita von Dr. phil. Rosina Sonnenschmidt 260

Zum Geleit

In unserer modernen Spassgesellschaft dominieren in den Medien junge, schrill gestylte Menschen. Obwohl es in Deutschland immer mehr ältere als junge Menschen gibt, werden Fernsehen und Massenmedien von Jungdynamikern beherrscht, die nur einen Lebensinhalt zu kennen scheinen: Fun. Diese Scheinwelt, die mit dem wirklichen Leben nichts gemein hat, führt dazu, dass man sich von älteren Menschen abwendet, weil sie scheinbar unproduktiv sind, und – schlimmer noch – zu Gedankenspielen in Richtung Wert und Unwert und damit in Richtung Euthanasie.

Wie lebensfremd das alles ist, zeigt uns Dr. Rosina Sonnenschmidt mit diesem Buch. Es lehrt uns, den unermesslichen Bewusstseins-Reichtum des Lebens in den Wandlungsphasen des Sterbeprozesses. Es führt Leben und Tod zu einem immer währenden Kreislauf zusammen und lehrt, das Leben durch den Tod zu verstehen.

Wie gross die Sehnsucht der Menschen nach tröstlichen Informationen über das Sterben ist – ganz im Gegensatz zu dem verlogenen Weltbild der Massenmedien – erfuhren wir, als wir eine Kurzfassung der sechs Wandlungsphasen des Sterbeprozesses von Rosina Sonnenschmidt in raum&zeit veröffentlichten. Mit einem so riesigen positiven Echo hatten selbst wir nicht gerechnet.

Ich wünsche dem Buch eine grosse Verbreitung. Möge es zum Bewusstseinswandel auch in unserer Spassgesellschaft beitragen und wieder zu Respekt vor älteren Menschen führen wie er in Kulturen üblich ist, die wir arroganter Weise als primitiv bezeichnen.

Hans-Joachim Ehlers
Herausgeber raum&zeit

Widmung und Dank

Ich widme dieses Buch allen Geschöpfen, die mich baten, an ihrem Prozess der Exkarnation teilzunehmen: Menschen und Tiere. Vor allem den vielen Vögeln möchte ich danken, dass ich viel über die Gesetzmässigkeiten der Sterbenergetik lernen durfte, da wilde Tiere noch ganz naturgegeben zu sterben wissen. Auf diesem Erfahrungshintergrund war es leichter, die Varianten des Sterbeprozesses beim Menschen zu durchschauen.

Mein innigster Dank gilt Brigitte Koun An D'Ortschy Roshi, die mich in die Sterbeenergetik einwies, indem sie meine Sinne für den „*Bardo Thödol*" öffnete. Viel ist von diesem „Buch der sechs Wandlungsphasen" überliefert, das fälschlicherweise als „Tibetisches Totenbuch" bezeichnet wurde. Dank meinen Lehrern, die mich eines Besseren belehrten.

Ich widme dieses Buch meinem Freund und Kollegen, Eberhard Schnell, der als erster meine Kurse zum Thema Sterbeenergetik in seinem Kinesiologischen Institut anbot.

Ich widme dieses Buch Peter Lückenhaus vom Sonntag Verlag, der als erster Verleger den Mut hatte, das Thema der Sterbeenergetik im Rahmen der Tierheilkunde zu veröffentlichen („Farb- und Musiktherapie für Tiere").

Ich widme dieses Buch Hans-Joachim Ehlers, der mir als Verleger der Zeitschrift raum&zeit gestattete, das Thema der Sterbeenergetik einem breiten Publikum vorzustellen und dadurch eine ungeahnte positive Reaktion auslöste. Ich danke ihm auch für das Geleitwort zu diesem Buch.

Ich widme dieses Buch meinen englischen und schottischen Lehrern, Margaret Pearson, Mary Duffy, Ray Williamson und Chris Batchelor, die mich während der langjährigen Medialschulung lehrten, dass die vornehmste Aufgabe eines Mediums darin besteht, dem Ratsuchenden die Angst vor dem Tod zu nehmen. Ich bin unendlich dankbar, dass ich dies in meiner Praxis bestätigt sehen darf.

Ich widme dieses Buch unserem Heilerzirkel mit Marion Wagner, Michèle Eckel, Christa Uricher, Harald Knauss,

Michael Gräbe, Francois Epp und Frank Schanz. Seit vielen Jahren führen wir Fernheilung für Kranke und Sterbende durch, in Zusammenarbeit mit Medizinern, Therapeuten und Angehörigen.

Mein besonderer Dank den Lektoren Ludwig John und Christa Uricher für die Durchsicht und Überarbeitung des Manuskripts.

Rosina Sonnenschmidt
Rheinau, im Mai 2002

Einleitung

Mit dem Thema der Sterbeenergetik berühre ich bewusst das älteste und stärkste Tabu unserer abendländischen Kultur: Sterben und Tod. Sogar aus unseren ganzheitlichen Heilmethoden haben wir das Sterben ausgeschlossen. Was soll Sterben und Heilen miteinander zu tun haben? Selbst, wenn das Sterben als unabwendbares Gesetz alles Lebendigen akzeptiert wird, was soll der Begriff „Sterbe-Energetik"? Sterben hat doch gemäss unserer reduktionistischen Sichtweise mit Schwäche, Versagen und Energielosigkeit zu tun. Wo soll denn da Energie herkommen?

Was hat Homöopathie mit Sterben zu tun? Ist es denn nicht unser aller Streben, durch die Kraft der Homöopathie Leben zu retten? Doch was ist mit denen, die nicht mehr „zu retten" sind, die gehen wollen? Wo werden Fälle berichtet, wie man Sterbende homöopathisch begleitet? Es gibt mittlerweile Bücher über Homöopathie in der Geriatrie, doch auch dort erfährt man nichts über den Sterbeprozess und die begleitenden Massnahmen. Die ersten und letzten genauen Anweisungen stammen von James Tyler Kent, der in seinem Buch „Lectures on Homeopathic Philosophy" (Zur Theorie der Homöopathie) immerhin sieben von 406 Seiten dem Thema „Schwierige und unheilbare Fälle" widmet. Aber selbst dort werden die Termini „Sterben" und „Tod" vermieden.

Dieser Tatsache steht unsere Materia medica mit etwa 90% ihrer Arzneisubstanzen gegenüber, die in ihrem Rohstoff tödlich wirken und durch die Rhythmisierung und Potenzierung genau das lehren, was auch den Sterbeprozess auszeichnet: Transformation, Wandlung, Entmaterialisierung, Energetisierung. Die Kunst der Homöopathie zeigt uns die Naturgesetze des Lebens und des Sterbens und deshalb erachte ich sie als die höchste Heilkunst, die je ein westlicher Geist gebar. Sie gibt Antwort auf alle Fragen der Gesetzmässigkeiten von Leben und Sterben. Es obliegt dem Homöopathen, dem Vertreter dieser Heilkunst, diese Gesetze zu erkennen und sie in seine tägliche Praxis zu integrieren.

Wie kann er das erreichen? Zunächst einmal muss klar sein:

Mit dem Thema Sterben und Tod können wir uns nur dann beschäftigen, wenn wir das Leben voll und ganz angenommen haben.

Ein Mensch, der Todessehnsucht spürt, der sich vom Leben abwendet, dauernd über die Fehlbarkeit des irdischen Lebens jammert, mit einem Wort: ein Mensch, der negativ programmiert ist, kann nichts über die *grosse Wandlung*, die *grosse Heilung*, die *grösste Transformation*, kann nichts über die Geburt in eine körperlose Dimension sagen. Denn darüber zu sprechen bedeutet, den Gebeugten aufrichten zu können, Trost zu spenden, Erleichterung zu bringen. Stellen wir uns eine unerlöste Natrium-Persönlichkeit vor. Wie sollte sie Trost und Heiterkeit spenden? Es würde uns allen sehr schlecht gehen, weil in ihrem Bewusstsein die mentale Botschaft lebt: „Mir geht es schlecht, daher soll es auch anderen schlecht gehen." Es fehlt der erhöhte Standort, der Überblick, das Erkennen von Zusammenhängen und eine durch und durch positive innere Haltung. Ja, ein starker innerer Halt im Leben, eine unerschütterliche Liebe zum Leben, eine vollkommene Annahme des Platzes, an dem man steht. Und vor allem: die eigene Spezies, den Mit-Menschen, von Herzen annehmen.

Das ist nicht einfach, wie wir alle wissen. Ich war jedoch seit frühen Kindertagen zutiefst überzeugt, dass das Leben ein Geschenk ist. Mich interessierten Menschen ohne Ansehen ihrer sozialen oder kulturellen Herkunft ebenso wie unser menschliches Verhalten – dem ich immer wieder eine gewisse Komik abgewinnen kann. Mich faszinierte seit Kindertagen, wie sich eine innere freudige und zufriedene Stimmung nonverbal auf die Umgebung überträgt. Nichts kann mich mehr rühren, bewegen und beglücken als ein Mensch, der ohne grosse Geste etwas Schönes, Gutes tut.

Ich hatte das Glück, stets die richtigen Lehrer zu treffen, um letztendlich in die Heilkunst zu finden und etwas über das Geheimnis zu erfahren, wie man mit Sterben und Tod gelassen und angemessen positiv umgehen kann. Die wichtigsten Lehren erhielt ich dabei während meiner Medialschulung.

Ich habe jahrelang erleben dürfen, wie so etwas in der Praxis aussieht, denn ich arbeitete als Übersetzerin unserer englischen Lehrer, wenn sie als Medium einem Ratsuchenden eine Privatsitzung gaben. Da kamen Menschen mit dem Etikett auf der Stirn „Du bist unheilbar krank“ oder „Du hast noch zwei Wochen zu leben“, aufgeklebt von Vertretern westlicher High-Tech-Voodoo-Medizin, dem Inbegriff der ANGST vor dem Tod. Ich erlebte, wie diese Menschen, verzweifelt, erschüttert und geschwächt von unnützen Chemo- und Strahlenbehandlungen, am Ende ihres Lebens den Raum betraten und ihn lächelnd, aufgerichtet und voller Hoffnung wieder verliessen. Was war da geschehen? Wie war das möglich? In diesen acht Jahren als Beobachterin und Übersetzerin, lernte ich etwas über die Kunst des Heilens. Nur wer innerlich heil und ganz und bei sich ist, wer zu sich steht, wer sich und seine Gaben zu hundert Prozent annimmt, vermag den Gebeugten aufzurichten. Meine Lehrer, ob die Zen-Meisterin Koun An D'Ortschy Roshi oder die englischen Medien, zeichneten sich dadurch aus, dass sie das pralle Leben annahmen, dass sie ein alltägliches Leben führten, ohne esoterischen Brimborium, ganz einfach gerne lachten, ein Steak assen oder eine Zigarette rauchten; Menschen, die ohne jeglichen Dünkel auf dem Boden standen, fest verwurzelt mit der Mutter Erde und die sich deshalb weit in kosmische Dimensionen hinauslehnen konnten.

In diesen Sitzungen fand ich bestätigt, was die lange Tradition der englischen Medialschulung lehrt: Die vornehmste und wichtigste Aufgabe eines spirituellen Mediums ist es, dem Menschen die Angst vor dem Sterben und dem Tod zu nehmen. Wenn wir unter diesem Gesichtspunkt das Heer der Medien und Channeler auf dem Esoterikmarkt anschauen, trennt sich die grosse Spreu von sehr wenig Weizen.

Wenn mich Menschen in meiner Praxis aufsuchen, weil sie etwas über ihre medialen Gaben wissen wollen oder sagen, sie möchten Geistheiler/ Wunderheiler werden, dann frage ich sie: „Wollen Sie dann auch den Anspruch erfüllen, dem Ratsuchenden die Angst vor Sterben und Tod zu nehmen?"

Auf diese Frage erhält man meist entweder die hochtrabende Antwort, das sei doch selbstverständlich und das höhere Selbst werde es schon richten oder es bleibt bei einem Achselzucken.

Wenn wir in der Lage sind, als Medium, als spiritueller, sensitiver Mensch wirklich die Angst zu lösen, können wir in andere Dimensionen, in andere Zeitebenen schauen, also das tun, was man landläufig von einem Medium erwartet. Wer anderen Hiobsbotschaften voraussagt, lebt selbst in der Angst und kann niemanden aufrichten. Medialität hat somit sehr viel mit den Schnittstellen von Inkarnation und Exkarnation zu tun.

Ich möchte einleitend zwei Beispiele aus jener Zeit vorstellen, als ich mediale Sitzungen übersetzte.

Zu Ray Williamson, dem englischen Auramedium, kam eine russische Geigerin. Sie war 48 Jahre alt und hatte laut Bericht der Fachleute noch zwei Monate zu leben. Sie weinte und war ohne jede Hoffnung. Ihr Mann, ein bekannter Dirigent, begleitete sie und war ebenfalls völlig verzweifelt, seine geliebte Frau zu verlieren.

Ray malte die Aura auf. Es erschienen strahlende Farben. Ray strahlte die Frau S. an und sagte: „Ist das nicht wunderbar?! Jeder Mensch ist ein lebender Regenbogen."

Frau S. hörte auf zu weinen, schaute auf das Papier und lächelte zaghaft. Ray wandte sich ihr zu, schaute ihr gerade ins Gesicht und sagte: „Ja, es ist schwer, ich fühle mit Ihnen."

Frau S. weinte bitterlich. Ray nahm ihre Hand, hielt sie ein paar Minuten schweigend, immer wieder ins Gesicht schauend und lächelnd. „Ja, das ist wirklich schwer, ich kann Ihre Tränen gut verstehen. Aber jetzt schauen wir doch mal dahin, wo es leicht ist, wo es hell ist, okay? Was fällt Ihnen denn besonders leicht? Sehen Sie hier, in Ihrer Aura zeigen sich so viele Talente."

***Frau S.** beruhigte sich und sagte*: Geigen ist mir immer leicht gefallen, aber das kann ich ja jetzt nicht mehr. Ich habe auch immer leicht fremde Sprachen gelernt.

Ray: Gibt es denn eine Sprache, die Ihnen nicht so leicht fällt?

***Frau S.** lächelte*: Na ja, Englisch ist nicht meine Stärke, aber am schwierigsten ist doch Italienisch für mich.

Ray: Wie wäre es denn, wenn Sie sich jetzt mal um Ihr Italienisch kümmerten?

Frau S.: Jetzt? Ich habe doch nur noch zwei Monate...

Ray: Ja, ja, das sagen die Ärzte. Aber wenn Sie jetzt aufstehen, wenn Sie diesen Raum verlassen, ist Leben angesagt. Der nächste Schritt, den Sie tun, ist ins Leben hinein. Es sei denn, Sie wollen jetzt auf der Stelle sterben, dann müssen wir auf Sterbebegleitung umschalten. Aber solange Sie hier lebendig vor mir sitzen, ist Leben angesagt.

Und die beiden unterhielten sich ganz normal über die Möglichkeit, ihr Italienisch zu verbessern. Auf wundersame Weise begann die Dame zu lächeln, sich aufzurichten und tatsächlich den nächsten Schritt ins Leben zu tun. Sie besuchte einen Intensivkurs in Italienisch und lebte noch fünf Monate ohne jegliche Beschwerden. Als sie dann sanft entschlief, berichtete ihr Mann, dass diese fünf Monate eine erfüllte Zeit waren, als der Blick, ohne Angst vor dem Tod, nach vorne gerichtet war. Leben und Sterben wandelten sich zu einem neuen Thema, was er als Heilung bei sich und seiner Frau bezeichnete.

Ein anderes Beispiel erlebte ich in der Privatsitzung von Chris Batchelor. Es kam eine vollkommen in Schwarz gekleidete Frau, die den Tod ihres achtzehnjährigen Sohnes nicht verwinden konnte. Sie lebte nur noch in einem einzigen Raum, der schwarz verhängt und als Altar für ihren Sohn eingerichtet war. Sie setzte alle Hoffnung in ein

Medium, das ihren Sohn anrufen solle, um zu erfahren, wie es ihm gehe und wie sich der tödliche Unfall ereignet habe.

Die Dame wollte unbedingt zu Margaret Pearson. Ich erklärte ihr, dass ein Medium sich nur inspirieren lassen kann und niemanden herbeiruft und dass ihre Fixierung bei einer medialen Arbeit hinderlich sei. Deshalb sei es besser, spontan zu Chris Batchelor zu gehen, der von dem Thema nichts wisse. Ich ging also kurzerhand zu Chris und sagte ihm, er habe noch eine Klientin. Er bat uns beide herein und sass ein paar Minuten schweigend mit geschlossenen Augen vor uns. Plötzlich fing er an zu lachen und sprach in einer veränderten Stimme.

Frau D. *rief*: Das ist ja mein Sohn! Genau so hat er gelacht. Das ist seine Stimme!

Chris beschrieb einen jungen Mann und verschiedene Details aus dem Umfeld der Familie, die Frau D. eindeutig erkannte. Sie weinte vor Freude.

Chris: Aha, das ist also Ihr Sohn, der freundliche Junge, der hinter Ihnen steht und sanft die Hände auf Ihre Schulter legt.

Frau D.: Ja, das ist er. Ich bin ja so froh, dass er gekommen ist. Wie geht es ihm denn?

Chris: Er lebt auf der anderen Seite des Regenbogens. Er fühlt sich dort wohl.

Frau D.: Will er mir etwas sagen?

Chris: Ja. Er berührt behutsam die Hände von Frau D. und lächelt. Geh wieder ins Leben zurück. Bau den komischen Altar ab, lass das Licht herein.

Frau D.: Aber es ist so schwer zu akzeptieren, dass du tot bist. Es ging alles so schnell.

Chris: Ja, es ging schnell, aber es war richtig für mich. Ich habe das Leben genossen und bin jetzt glücklich hier. Du machst mir eine Freude, wenn du Ja sagst zu deinem Leben.

Frau D. *richtete sich auf und schaute Chris dankbar an*: Danke, dass ich noch einmal die Stimme meines Sohnes hören konnte. Ich will versuchen, ein neues Leben zu beginnen.

Chris: Unsere Verstorbenen wollen nicht, dass wir leiden und dem Leben entsagen. Wir können oft nicht verstehen, warum ein junger Mensch geht. Aber was verstehen wir schon vom Grossen Wandel?! Ihr Sohn lebt ohne Körper fort und bleibt lebendig in Ihrer Erinnerung. Er kann jetzt Ihr geistiger Helfer sein, denn seine Seele lässt ihn weiter wachsen.

Frau D. *ist glücklich und meldet sich nach zwei Wochen*:

„Ich habe meinem Sohn noch mal von Herzen gedankt für das was er in der Sitzung sagte. Dann habe ich alles abgeräumt, das Zimmer gelüftet und begonnen, lange Spaziergänge zu machen. Ich glaube, das Leben hat mich wieder."

Später erfuhr ich, dass sie eine Schulung in mentalem Heilen begonnen hatte.

Nachdem wir, Harald Knauss und ich, acht Jahre im Zirkel gesessen und unsere Sensitivität und Medialität geschult hatten, wurden wir aufgefordert, unter der Supervision unserer Lehrer zehnminütige Sitzungen mit Klienten durchzuführen. Damals hatten wir den Eindruck, die zehn Minuten würden nie zu Ende gehen, so schwer empfanden wir es, die inspirative Energie im Dialog mit dem Klienten zu halten. Unsere Lehrer interessierte nicht, wie wir arbeiteten – ob mit Hilfsmittel oder rein mental. Es interessierte sie nur, wie wir mit den Themen Krankheit, Sterben und Tod beim Ratsuchenden umgingen. Schon damals begriffen wir, dass es nach fleissigem Üben nicht schwierig ist, medial wahrzunehmen und inspiriert zu werden. Wohl aber bedurfte es weiterer acht Jahre, um zu lernen, *wie* man das Wahrgenommene mitteilt, dass der Ratsuchende erhobenen Hauptes, hoffnungsvoll und getröstet angesichts der Themen Krankheit, Sterben und Tod von uns geht.

Im Jahre 1998 erhielt ich durch meinen speziellen Lehrer Ray Williamson die Erlaubnis, seine Arbeit als Auramedium fortzusetzen. Ich beschränkte meine mediale Arbeit nicht nur auf Menschen, sondern auch auf Tiere. Ich begleitete viele Tiere in ihrem Sterbeprozess und ihre Halter in ihrer

Trauer. Dabei waren mir Homöopathie, Farblichttherapie und Baumessenzen die wichtigsten Helfer. Aber der zentrale Halt war und ist meine mediale Schulung, die ich nach wie vor regelmässig jede Woche in unserem Zirkel fortsetze.

Das Thema Sterbeenergetik in der Human- und Tiermedizin

Die Zeit ist reif, dieses Thema einmal von einer anderen Warte aus anzugehen, denn die neueste Idee der legalen Euthanasie für den Menschen steht ante portas. Sie wird in den Beneluxländern bereits akzeptiert und dort sehr kontrovers diskutiert. Dort wird, wie immer in unserer reduktionistischen Medizin, der dritte Schritt vor dem ersten vollzogen. Selbstverständlich müssen, zum Beispiel bei Schmerzen, lindernde Massnahmen ergriffen werden, ob naturheilkundlich oder auch schulmedizinisch. Es steht auch ausser Frage, dass Arzt und Angehörige darüber entscheiden sollen, ob lebensverlängernde Massnahmen sinnvoll sind oder beendet werden sollen. Was aber total fehlt, ist das Vertrauen in die Natur, die uns zu leben und zu sterben lehrt. Wenn der Zugang zur Geburt in die körperlose Dimension fehlt, ist es nicht verwunderlich, dass der oder die Sterbende um Beendigung seines Lebens bittet. Ich spreche damit ein heikles Thema an, da von uns Therapeuten meistens unterschätzt wird, dass der Sterbende geistig extrem wach ist und jede Nuance von Hilflosigkeit und Resignation in seinem Umfeld wahrnimmt. Ich habe selbst erlebt, wie alte Menschen um „Erlösung“ baten oder selbst Hand an sich anlegen wollten, um ihrem Leben ein Ende zu setzen, weil sie keinen Sinn mehr im Weiterleben sahen. Dieselben Menschen konnten dann der Natur ihren Lauf lassen, nachdem sie und ihre Begleiter die Energetik des Sterbeprozesses verstanden und entsprechende Hilfen anbieten konnten. Nichts ist endgültig, nichts gilt für alle – das ist mir auch beim Thema Sterbebegleitung klar. Aber ich sehe an erster Stelle die Notwendigkeit, dass sich Therapeuten wie auch das Betreuungspersonal intensiv mit den Sterbephasen und mit ihren eigenen Ängsten befassen, ehe wir die Frage nach Euthanasie in Erwägung ziehen. Der Sterbeprozess ist keine private Angelegenheit, sondern ein kollektives Thema, mit dem wir im Westen enorme

Probleme haben und deshalb auch nach Lösungen suchen, die das Problem vermeiden und unter dem Vorwand des Helfersyndroms umgehen wollen.

Dieses Buch reihe ich deshalb in die neue geistige Strömung der prozess- und lösungsorientierten Heilkunst ein. Als ich 1994 einem Verleger mein Buch „Sterbeenergetik" vorlegte, sagte er: „Da finde ich keine Leser, das ist nicht populär genug." Es sollte noch weitere fünf Jahre dauern, bis das Thema sozusagen „under cover" interessant wurde und zwar da, wo man es am wenigsten erwarten durfte: in der Tiermedizin. Sterbebegleitung für Tiere, die der Tierarzt euthanasieren darf? Sterbe-Energetik beim Tier? Sechs Wandlungsphasen der Exkarnation beim Tier? Die Fragezeichen wurden immer grösser – aber auch das Interesse. Es entstand das Buch „Farb- und Musiktherapie für Tiere", das für alle Tierärzte ein Geheimtipp ist, weil man darin etwas über den Sterbeprozess erfährt. 1998 folgte eine Einladung nach New Orleans zum grossen AHVMA-Tierärztekongress. In Amerika wird am Fliessband euthanasiert, locker über das Fortleben eines Tieres entschieden und auf der anderen Seite eine groteske Begräbnisszenerie für Tiere veranstaltet.

Beim zweistündigen Vortrag waren fast 500 Tierärzte aus aller Welt anwesend. Totenstille, als ich Bilder von sterbenden Vögeln und Pferden zeigte, die mit Farblicht und Homöopathie begleitet wurden. Dann erklärte ich als Einstieg in die tabuisierte Thematik fünf Wandlungsphasen, die jeder nachvollziehen konnte. Ich habe selten eine solche Aufmerksamkeit und Spannung in einem riesigen Saal erlebt wie bei diesem Vortrag. Es war, als verdichteten sich bei diesem Thema Raum und Zeit zu einer einzigen Qualität, nämlich der unseres Menschseins. Obgleich ich über Tiere sprach, ging es jeden von uns an.

Das gleiche erlebte ich im April 2001 auf dem Tierärztekongress in Veitshöchheim. Ungeteilte Aufmerksamkeit, da immer mehr Tierärzte spüren, dass die Legalität der Euthanasie ihren Preis hat und ihre Spuren im eigenen Energiesystem hinterlässt. Sie ist ein bedenkliches Privileg. Es wurde allen klar: Mein Ansinnen ist nicht, gegen die Euthanasie zu sprechen, sondern ihr den gebührenden Platz in der Ganzheitsmedizin zu geben: letzte Reihe, letzter Platz. Bevor wir nach niederländischem Modell die „Sterbehilfe" auch noch beim Menschen einführen, ist es wohl an der Zeit, erst einmal den Sterbeprozess zu verstehen, ja, ihn überhaupt erst einmal in die Heilkunst zu integrieren. Wenn wir wirklich ganzheitlich denken und handeln, müssen wir uns mit den grossen weissen Flecken auf der Landkarte der Heilkunst befassen, die das Sterben betreffen, müssen wir den Fokus auf die energetischen Prozesse im Sterben lenken, denn der rein physische Aspekt des Todes wird alle paar Jahre neu definiert, je nach dem Bedarf der reduktionistisch orientierten Medizin. Seit die Organtransplantation modern geworden ist, wird der Tod einfach früher diagnostiziert. Die Organe müssen noch einen hohen Grad von Blutversorgung haben, sonst kann man sie nicht mehr verwenden. Die unsicheren Todeszeichen sind Herz- und Atemstillstand. Nicht einmal die Totenflecken, hervorgerufen durch die Verlangsamung des Blutflusses und die natürliche Schwerkraft, sind sichere Anzeichen. Das einzige wirklich sichere Zeichen ist die Verwesung. Alle anderen Phänomene lassen sich nicht in eine Faustregel pressen. Das heisst, was wir mit den physischen Augen sehen, mit Geräten messen, ist nur ein Bruchteil vom Sterbeprozess.

Im Jahre 1988 erlebte ich noch folgendes: Im Diakoniekrankenhaus Schwäbisch Hall hatte man ein todgeweihtes Kind aus Versehen in eine Abstellkammer gebracht, um das neue Zimmer vorzubereiten. Dienstwechsel und der übliche Stress durch Überforderung des Personals führte dazu, dass man das Kind vergass. Nach einer Woche fand eine Putzfrau zufällig das Kind. Alarm, Intensivstation, weil keiner mehr wusste, wie lange das Kind schon tot war. Die Ärzte waren sich einig: das Kind ist seit 5 Tagen tot. Aber eine Schwester, die zufällig bei mir in der Arbeitsgruppe für Sterbebegleitung war, bestand auf einem EEG. Und siehe da, man stellte erstmalig Subdelta-Gehirnwellen fest. Das Kind war also noch nicht tot! Während die Ärzteschaft noch diskutierte, dass dies unmöglich sei, kam eine Krankenschwester auf die einzig vernünftige Idee, sofort die Eltern zu benachrichtigen. Kaum, dass die Mutter das Kind berührte, die kleine schlaffe Hand in die ihre nahm, hörte die Gehirnwellenaktivität auf. Wieder war es der Krankenschwester zu verdanken, dass für das Kind eine dreitägige Totenwache durchgeführt wurde. In den acht Tagen nach dem klinischen Tod waren keine Verwesungszeichen eingetreten. Erst nachdem die Totenwache abgeschlossen war, verfiel der Körper sehr schnell. Der Fall stimmte die Ärzte und das Pflegepersonal nachdenklich. Alle waren sich in einem Punkt einig: Das Kind hatte mit seinem endgültigen Tod gewartet, bis die Mutter kam. Etwas in seinem Bewusstsein wusste, dass sie kam!

Sterben und Tod sind keine rationalen Ereignisse. Um den Wandlungsprozess zu verstehen, braucht man andere Sensorien und vor allem die Gabe, den körperlichen Prozess als den Unwichtigsten anzunehmen.

Es gibt noch einen weiteren Grund, warum es dringend notwendig ist, die Energetik des Sterbens mit ihren sechs wellenartigen Phasen zu begreifen. Krankheitsbilder wie Autismus, Rett-Syndrom, Alzheimer, Parkinson, Epilepsie, Psychosen, Schlaflosigkeit, Panikattacken, Krebs, Wachkoma, Tiefkoma, Locked-In-Syndrom usw. nehmen zu. Kinder inkarnieren nicht vollständig, sondern bleiben „irgendwo dazwischen“ hängen und auch immer mehr Erwachsene ziehen sich in vermeintlich demente Zustände zurück; Heilungsprozesse bei Krebskranken stagnieren häufig. Alles dies nur schulmedizinisch, also analytisch zu betrachten, ist nur die eine Seite. Selbst wenn wieder einmal ein schuldiges Virus oder Bakterium gefunden wurde, das angeblich eine unheilbare Krankheit produziert, drängen die Fragen nach einer ganzheitlichen Sichtweise und Erklärung – und nach Heilung! Betrachtet man diese Krankheitsbilder unter dem Gesichtspunkt des rhythmischen, sechsphasigen Sterbeprozesses, dann erkennt man plötzlich, wie viele Menschen in der ersten und zweiten Wandlungsphase verweilen und damit ihre Todessehnsucht ausdrücken. Ich habe genügend mediale Balancen durchgeführt, um sagen zu können: es ist erschütternd, wie wenige Kinder Lust auf unser Leben haben und wie viele Wachkoma-Patienten ihren Zustand in Ordnung finden, weil ja alles für sie getan wird und sie keine Verantwortung mehr tragen müssen oder auch, wie viele Krebspatienten dem Leben davon laufen, weil sie sich in ihrem Prozess nicht verstanden fühlen. Wie viele Krebspatienten geben einen aussichtslosen Kampf gegen eine imaginäre Wand auf und wenden sich notgedrungen dem Sterben zu?! Der Tod bleibt immer übrig, er darf nur als Produkt der Resignation oder des Fatalismus gelten. Sehnt sich jemand nach dem Tod, kommt er bald in die Psychiatrie. Überall begegnen wir der Generalbremse, Sterben und Tod aus der Heilkunst auszuklammern.

Eine weitere Erfahrung stimmte mich nachdenklich und glücklich zugleich: Wird einem schwerkranken Menschen das Sterben als Möglichkeit der Bewegung in eine neue Richtung angeboten, erfährt er, dass auch darin Heilung liegen kann, erleben wir Heilungsprozesse, die naiverweise als Wunderheilung bezeichnet werden. Allein schon, wenn ein Therapeut das Sterben genau so wie das Leben in seinem Bewusstsein verankert hat, wenn man das Heilende in der Exkarnation genau so wie in der Inkarnation erkennt, finden Heilungen statt, die der Ratio widersprechen. Aber was ist schon die Ratio schulmedizinischen Denkens wert, solange es Ärzte gibt, die einem ohnehin schon schwerkranken Menschen den Todesstoss versetzen, indem sie ihm sagen: „Das könnte ein neuer Tumor sein, das könnte aber auch nur eine Gehirnhautentzündung sein“ oder „Sie haben eine unheilbare Krankheit“.

Einmal im Jahr werden die „Unwörter“ gekürt. Ich bin dafür, dass aus unserem Sprachschatz endlich das Wort „unheilbar“ verschwindet; die menschenverachtende, arrogante Haltung, die darin schwingt, ist unerträglich. Wenn wir „heil“ mit „ganz“ gleichsetzen, kommt uns das tödliche Urteil zu Bewusstsein, das mit diesem Wort gefällt wird. Kein Wort vernichtet so die Lebenskräfte und setzt das Immunsystem schachmatt wie dieses „unheilbar“ aus dem Munde eines Arztes, der doch Stellvertreter der Heilkunst und nicht der Inquisition sein sollte. Was wundert es, dass der Tod als erschreckende „Endlösung“ verstanden wird und dass fast jeder Angst vor dem Sterben hat, vor allem der Arzt selbst, der so etwas sagt!

Persönliche Vorgeschichte

Es gab einige Fügungen, die mich mit dem Thema des Sterbeprozesses konfrontierten.

Die früheste indirekte Berührung mit Sterben und Tod, die nicht einer gewissen Komik entbehrt, geschah am Tag meiner Geburt. Meine damals neunzehnjährige Mutter ging mit ihrer Freundin auf dem Melatenfriedhof in Köln spazieren. Da setzten plötzlich vehement Wehen ein. Beide Mädchen waren nicht aufgeklärt und wussten nichts über eine Geburt. Meine Mutter konnte schliesslich nicht mehr laufen und kam auf die geniale Idee, sich auf ein vergrastes Grab zu legen. Es war der 5. September 1947, ein heisser Spätsommertag. Sie lag dort auf einem Grab, schaute in die alten Bäume hinauf und sagte: „Die Bauchschmerzen gehen sicher gleich vorbei.“ Aber dann kamen doch noch heftigere Wehen, die die Freundin in Panik versetzten. Sie raste los, um ein Taxi aufzutreiben. Wie durch ein Wunder fand sie eines. Als der Taxifahrer meine Mutter sah, wusste er gleich, was los war, schleifte sie schnell zum Auto und sagte: „Wehe, du kriegst das Kind in meinem Auto!“ Meine Mutter sagte zwischen heftigen Schmerzen: „Nein, ich halte schon noch durch. Ist ja toll, dass das Kind jetzt kommt.“

In letzter Sekunde wurde meine Mutter in den Kreisssaal gebracht und eine Minute später ging ich „in carne“ und nahm zu hundert Prozent das Leben an. Es war zwar sehr schwer für meine Mutter, alleine ein Kind gross zu ziehen, aber sie gab mir von Anfang an die wichtigste Wegzehrung mit auf den Lebensweg: du bist willkommen.

Die nächste indirekte Berührung mit Sterben und Tod geschah im Alter von drei Jahren. Ich lebte bei meiner Grossmutter, da meine Mutter arbeiten ging. Grossmutter war ein echtes „kölsches Original“ mit einem unerschütterlichen Humor. Sie hatte zwölf Kinder geboren, vier noch adoptiert und nun noch eine Enkelin. Acht ihrer Kinder starben. Trotz der entbehrungsreichen Zeit, machte sie jedes Jahr eine Wallfahrt nach Kaevelar. Sie brachte stets geweihte Kerzen mit und sprach jeden Tag laut mit Jesus und Maria. Sie lehrte mich zu beten und vor allem, sie war enorm hellsichtig und im ganzen Dorf bekannt als eine mit dem „zweiten Gesicht". Sie lebte in einem sehr katholischen Dorf und hatte den Schneid, dem ansässigen Pastor zu sagen: „In Ihre Kirche komme ich nicht, da ist kein Jesus und auch kein Gott. Kommen Sie zu mir ins Wohnzimmer, da sind beide jeden Tag."

Nun musste Grossmutter Essen für die Bauern aufs Feld tragen. Da sagte sie zu mir: „Ich bringe dich jetzt immer auf einen schönen Spielplatz. Da sind ganz viele Kinder." Sie ging mit mir zum alten Friedhof hinter der Kirche zu den verwahrlosten Kindergräbern und wies mich an, mit den „Kindern" zu spielen. Mit der grössten Selbstverständlichkeit spielte ich dort Tag für Tag, auch im Herbst, auch im Winter bis zum Anbruch der Dunkelheit mit vielen Kindern. Jeden Tag liess sich Grossmutter genau erzählen, was ich alles auf dem Spielplatz erlebt hatte. Ich erinnere mich, dass sie immer lächelte und mit dem Kopf nickte.

Später fragte ich sie, ob sie nie Angst gehabt habe, mich dort zwei Stunden allein zu lassen. Sie antwortete: „Wieso allein? De leeve Jott hätt doch opjepass!" (Der liebe Gott hat doch aufgepasst).

Bezeichnend war auch, wie Oma starb. Sie war 90 Jahre alt geworden und hatte noch alle Zähne und keinen einzigen plombierten Zahn. Der ortsansässige Zahnarzt lud sie wie jedes Jahr ein, den jungen Kollegen das Phänomen eines gesunden Gebisses vorzuführen. Danach sagte sie: „Herr Doktor, jetzt ist es genug. Ich gehe jetzt, denn die da drüben laden mich ein." Der Arzt verstand nicht, was sie meinte. Sie erklärte: „Ich gehe jetzt rüber auf die andere Seite. Ich setze mich in den Sessel und höre auf zu leben." Der Arzt war zutiefst erschrocken. Aber Grossmutter ging auch diesmal unbeirrbar ihren Weg, setzte sich an den Kohleofen, warm eingepackt, nahm weder Wasser noch Speise und starb nach zwei Tagen friedlich, mit lächelndem Gesicht.

Sie war ihr Leben lang völlig selbstverständlich mit der Existenz der jenseitigen Welt umgegangen und lehrte mich, in ihrer humorvollen Art, den ebenso selbstverständlichen Umgang damit.

Aber ich lernte Sterben und Tod auch anders kennen, als meine Tante frühzeitig starb. Im Jahre 1977, noch während meines Studiums, begann ich meine zenbuddhistische Schulung unter Brigitte Koun An D'Ortschy Roshi, der anerkannten Dharma-Nachfolgerin von Yasutani Hakuin Roshi und Yamada Koun Roshi aus Kamakura (Japan). Als ich erfuhr, dass meine Tante im jungen Alter von 47 Jahren unheilbar an Krebs erkrankt war, durchlief ich alle Phasen der Hilflosigkeit, der Wut und der Trauer, die jeder Mensch im Westen kennt. Ich hatte vieles gelernt über Energetik, aber angesichts des Todes reduzierte sich alles auf die Frage: Wie ist dieses Wissen in die Praxis, zum Wohle dieses Menschen, umzusetzen? Da meine Tante sehr sportlich war, hatte sie ein starkes Herz, während der restliche Körper mehr und mehr verfiel. Sie glaubte an nichts, lehnte jede Religion ab und war nicht bereit zu sterben. Sie lag in der Universitätsklinik Köln, d.h. in einer höchst technisierten Tumor-Station, von der bekannt war, dass niemand sie lebend verliess. Die Ärzte gaben meiner Tante zu früh schwerste Morphiumpräparate, und da ihr Schmerz sich täglich steigerte, sagte der Stationsarzt: „Bei ihr wird das Nervensystem wie eine Sicherung durchbrennen, es wird furchtbar für diese Frau, wir können nichts mehr tun, die Schmerzmittel versagen ihren Dienst.“ Die gesamte Situation war deprimierend und hoffnungslos. In dieser düsteren Prognose wuchs mein Wunsch heran, meine Tante in allen Phasen des Sterbens zu begleiten, und so geschah ein Wunder nach dem anderen. Ich wurde Dauergast auf der Tumorstation, lebte schliesslich Tag und Nacht im Zimmer meiner Tante, erlebte, wie eine Patientin nach der anderen im Nachbarbett starb und wurde mindestens dreimal pro Woche von Ärzten und Krankenschwestern gefragt: "Was machen Sie eigentlich die ganze Zeit in dem Zimmer?" Alle Verwandten waren einverstanden, dass keine lebensverlängernden Massnahmen eingeleitet wurden, so dass die Ärzte sich praktisch nicht mehr um meine Tante kümmern mussten. Was tat ich in den drei Monaten intensiver Sterbebegleitung?

Als Koun An Roshi erfuhr, dass ich willens war, einen sterbenden Menschen mit aller Konsequenz zu begleiten, unterwies sie mich in der Lehre des Bardo Thödol, der sechs Wandlungsphasen im Sterben und der sechs Bewusstseinszustände, allgemein bekannt als „Tibetisches Totenbuch". Dieses Weisheitsbuch und die kleinen tibetischen „Totenbücher" bestehen im wesentlichen aus praktischen Anweisungen.

Sie zeigte mir, wie man Atemenergie überträgt, wie man Farben bewusst durch den Körper des Sterbenden sendet und wie man mental kommuniziert. Sie lehrte mich, die Anzeichen des Übergangs von der physischen in die körperlose Existenz wahrzunehmen und bat mich, unter allen Umständen, noch mindestens 6 Stunden den Nachtodzustand wahrzunehmen und mit der Verstorbenen mental in Kontakt zu bleiben. In einem durchorganisierten Krankenhaus bedeutete das, den Abtransport der Toten ins Kühlhaus zu verhindern!

Einen Monat vor dem Tod meiner Tante erwies sich die Praxis der „Totenbücher" als Segen. Der Atem der Sterbenden war flach, in der Kehlgegend lokalisiert, hektisch und unregelmässig. Die Schmerzen waren konstant unerträglich, die Ärzte machten sich und mich auf das Schlimmste gefasst. Ich befolgte die Anweisungen von Koun An Roshi und übertrug tagelang Atemenergie und bestimmte Farben. Ich hatte gelernt, den Schmerz, die Tränen der Sterbenden zu übernehmen, um ihr ihre Situation zu erleichtern. Mit dieser Praxis gibt man dem Sterbenden die Chance, ins Leben zurück zu kehren. Nach einer Woche senkte sich der Atem auf Brusthöhe, das Bewusstsein kehrte zurück. Die Sterbende verweigerte jede Nahrung. Ich träufelte ihr pro Tag 3 Teelöffel Leinsamentee ein, und selbst diese winzige Menge führte zu mehr Entspannung im Gedärm. Eine Woche vor dem physischen Tod kommunizierte ich mit meiner Tante nur noch mental, indem ich sie ermunterte, auf das helle Licht zuzugehen, sich an die schönen Ereignisse in ihrem Leben zu erinnern. Ein lächelndes Gesicht verriet, dass sie die mentalen Botschaften wahrnahm. Der Atem liess sich mittels intensiver Atemübertragung auf Zwerchfellhöhe senken. Die Schmerzen liessen nach und die Ärzte standen vor einem Rätsel, denn die Krebsgeschwulst drückte auf den Ischiasnerv und musste rasende Schmerzen verursachen. Fünf Tage vor dem Tod, wurde meine Tante noch einmal ganz klaren Bewusstseins und sagte nur diesen einen Satz: "Ich will nicht sterben!" Eine zufällig anwesende junge Ärztin sagte: "Ach wissen Sie, wir müssen alle sterben!" und liess die Sterbende jählings in ein psychisches Loch fallen, das den Atem wieder hochschnellen liess und die schrecklichen Schmerzen wie zuvor mobilisierte. Ich war fassungslos über die Kaltherzigkeit dieses Ausspruchs und sagte dieser Ärztin: „Auch Sie werden einmal wie meine Tante im Sterben liegen. Vielleicht nutzen Sie die Zeit bis dahin, um darüber nachzudenken, ob Sie Ihr Ausspruch trösten würde.“

Die letzten vier Tage atmete ich bestimmte rhythmische Sequenzen, die sich auf das Energiesystem der Sterbenden übertrugen und den Atem wie auch den Schmerzpegel rapide senkten. Die letzten 24 Stunden offenbarten mir dann die Erkenntnis, dass der Lehrmeister der grossartigen Kunst des rhythmischen Atmens (Pranayama) der sterbende Mensch ist. Meine Tante starb um 24 Uhr ohne Schmerzen und tief atmend. Als die Nachtärztin den klinischen Tod bescheinigte, bat ich um Erlaubnis, bis zum Morgen die Totenwache halten zu dürfen. Widerwillig wurde mir dies gestattet, doch immerhin war es so möglich, den Nachtodzustand, von dem das Tibetische Totenbuch so viel zu berichten weiss, wenigstens ansatzweise zu erleben. Erst diese Phase der Sterbebegleitung, öffnete mir ganz dic Augen für die ungeheuren Energien, die ein Mensch aufbringt um diese Welt zu betreten, indem er in einen Körper hineingeboren wird und ebenso um diese Welt wieder zu verlassen, indem er die physische Körperhülle abstreift.

Eine zweite, überaus glückliche Fügung entwickelte sich aus zwei Arbeitskreisen, die ich einige Jahre leitete. Ich fand 32 Menschen, die freiwillig die praktischen Anweisungen der kleinen tibetischen Totenbücher lernen wollten, um sie in ihre Arbeit zu integrieren. In diesen Arbeitskreisen waren Menschen zwischen 20 und 65 Jahren, Frauen und Männer, Menschen, die beruflich als Arzt, Psychotherapeut, Krankenpflegerin und -pfleger und Krankenhausseelsorger mit Sterben und Tod in Berührung kommen. Andere Teilnehmer erlebten den Tod in der eigenen Familie. Keiner hatte auch nur einen Schimmer vom tibetischen Buddhismus, sondern alle waren in der christlichen Lehre verankert. Es zeigte sich, dass die Anweisungen und Erklärungen des tibetischen Weisheitsbuches eine universale Sprache sprechen. Zum Inhalt der Arbeitskreise zählten rhythmische Atemübungen des Pranayama, die mentale Übertragung von Meridian-Energie, die Kraftentfaltung von verschiedenen Visualisierungen auf der emotionalen und mentalen Ebene und verschiedene Meditationsarten. Meine Erfahrungen und Erkenntnisse aus diesen Arbeitsgruppen flossen in meine späteren Sterbebegleitungen bei Menschen und Tieren ein.

Die dritte Fügung war die schon erwähnte Begegnung mit den englischen und schottischen Medien Margaret Pearson, Mary Duffy, Chris Batchelor, Ray Williamson und mit dem Heiler Tom Johanson, unseren Lehrern der Englischen Medialschulung (Psychometrie). Durch ihre Sicht der körperlosen Existenz nach dem Tode erhielt ich noch mehr Gewissheit, dass es nötig ist, das Wissen um die Wandlungsphasen bzw. um die Energetik des Sterbens zu erforschen und anderen Menschen zugänglich zu machen.

Die Bedeutung der vierten Fügung begriff ich erst nach einer Phase der Frustration und Traurigkeit. Der Evangelische Krankenhausseelsorger-Konvent Baden-Württemberg hatte erfahren, dass ich mich mit Sterbe-Energetik aus kinesiologischer und medialer Sicht befasse und lud mich 1991 und 1992 ein, im Rahmen seiner Tagung einen Kurs zu geben und einen Vortrag zu halten. Es waren 130 Seelsorger anwesend. Durch diese Menschen wurde mir in aller Deutlichkeit vor Augen geführt, wie ohnmächtig, verzweifelt und ratlos sie angesichts des Todes stehen, wie sie um Erkenntnis ringen, die Phänomene, die sich in Sterbezimmern wiederholen, einzuordnen und zu durchschauen. Ihr Ringen um Wissen äussert sich darin, dass viele, ja die meisten, sich mit östlichen Meditationsformen stillschweigend befassen, dass sie im Grunde ihren eigenen Worten als Pfarrer kritisch gegenüberstehen und sowohl im Dogma der Amtskirche als auch in der Enge pietistischer Kirchenautoritäten eine geistige Zwangsjacke tragen. Das Wunderbare der Begegnung mit diesen Krankenhausseelsorgern war das echte menschliche Bemühen, nicht nur biblische Worte des Trostes, leere Rituale und dogmatische Lehrsätze gleichsam vom hohen Podest der Predigerkanzel auszusenden, sondern innerlich das zu erleben, was gesagt wird. Das Erschütternde dieser Begegnung war die ständige Anwesenheit der Angst, die neuen Ideen, Erkenntnisse und der neue Zugang zum Sterben könnte nicht in das Korsett theologischer Vorstellungen passen. Solange ich Zuhörerin der Seelsorgernöte war, erlebte ich einfühlsame Menschlichkeit. Wenn ich mit den Kursteilnehmern Übungen simpelster Art wie Alpha-Training, Tiefatem und Visualisierung von Farben oder gar einfachste Vorübungen zur Psychometrie durchführte, stiess ich auf Granit. Dieses paradoxe Verhalten war am deutlichsten bei Pfarrerinnen zu beobachten. Ich fühlte mich in die Zeit der Hexenverfolgungen zurückversetzt, denn es kamen Äusserungen wie: "Das kann es nicht geben, das ist doch Teufelswerk... Ich kann das nicht glauben... Ob das in mein theologisches Weltbild passt, muss ich erst prüfen...". Angst und Skepsis den eigenen Kräften gegenüber auf der ganzen Linie! Es ging soweit, dass ich ins Kreuzfeuer harter Kritik geriet und mich rechtfertigen sollte für meine Arbeit. Ich machte den Seelsorgern dann im Vortrag klar, dass es für mich keinen Grund zur Rechtfertigung solch einfacher Energieübungen gibt, dass sie etwas von mir wissen wollen und nicht ich von ihnen und dass sie ihre Augen vor den grandiosen Entdeckungen menschlicher Energetik in Amerika und Europa verschliessen wie ihre kirchlichen Oberhäupter, denen sie Weltfremdheit vorwerfen. Diese Klarstellung bereinigte unser Arbeitsverhältnis, aber es machte mir auch klar, wie tief die Ängste dieser Menschen sitzen, wie wenig sie sich zutrauen und wie antiquiert ihre einseitige Sicht des Menschen ist, weil sie nicht ohne die Glaubenssätze der Amtskirchen auszukommen meinen. Es gab auch mutige Menschen darunter, die mir viel positives Feedback gaben, meist schüchtern und wenn wir alleine waren.

Allem voran danke ich dem Vorsitzenden des Konvents, der überaus klar die Misere in der Evangelischen Krankenhausseelsorge erkannte und schliesslich sanfte Wege ersann, einerseits den Kollegen neue Denkanstösse zu vermitteln und andererseits den Kirchenautoritäten keinen Grund zur Kritik zu bieten. Er und seine engsten Mitarbeiter beschlossen einen nächsten Schritt zu tun, nämlich Margaret Pearson 1993 zu einer "public demonstration" ihrer Medialität einzuladen und damit eine ungeheure Bresche in amtskirchliches Denken zu schlagen. 130 Pfarrer waren anwesend, Margaret Pearson hielt einen einfachen Vortrag zur Existenz im körperlosen Zustand und gab überzeugende Beispiele ihrer medialen Wahrnehmung von sogenannten "Verstorbenen". Waren zu Beginn des Vortrags noch viele Pfarrer skeptisch, herablassend und ablehnend in ihren Äusserungen, was denn diese einfache Frau wohl ihnen als studierte Theologen sagen könne, so war in einem Nu eine hochgradige Spannung im vollen Saal erreicht, als Margaret Pearson mit ihrer medialen Arbeit begann, wildfremden Menschen Details aus ihrem Leben beschrieb und die Anwesenheit von körperlosen Bewusstseinsformen so genau beschrieb, dass die Adressaten sie als verstorbene Partner, Verwandte oder Freunde mühelos wiedererkannten. Am Ende der "public demonstration" beantwortete Margaret Fragen, die sehr interessant waren und erneut zeigten, wie gerade Seelsorger um mehr ganzheitliches Wissen von Sterben, Tod und Nachtod ringen. Es war ein vollkommener Wandel unter den anwesenden Theologen eingetreten, den ein Pfarrer treffend in die Worte kleidete: "Da kommt so eine einfache Frau daher und beantwortet klar und deutlich, was uns seit Jahrzehnten zutiefst bewegt!" Die Anwesenden beeindruckte die Einfachheit und Schlichtheit der Worte eines Menschen, der das lebt, was er sagt. Plötzlich schien die mediale Wahrnehmung, d.h. die Wahrnehmung mit den inneren Sinnen, als etwas Natürliches, wenngleich auch jeder begriff, dass zur Erwerbung dieser Fähigkeiten eine lange Schulung gehört. Margaret Pearson, eines der besten Medien unserer Zeit, entwaffnete die Theologen, als sie ihren Vortrag mit den Worten eröffnete: "As you see, I have no horns, no tail, I am a very normal person." "Wie Sie sehen, habe ich keine Hörner und keinen Schwanz (Sinnbild des Teufels), ich bin ein ganz normaler Mensch."

Medialität und Sterbeenergetik

Ein Medium hebt die illusionäre Trennwand zwischen Diesseits und Jenseits auf, es schaut in die körperlose Dimension, erhält von dort Inspiration und ist der Botschafter der „Welt in einer Welt", wie Margaret Pearson es in unserer Schulung immer wieder erklärte. Die inkarnierte und exkarnierte Dimension existiert gleichzeitig. Darum macht es keinen Sinn, den Geist der Toten nur auf dem Friedhof zu suchen. Die Aufgabe eines Mediums besteht darin, den Menschen die Angst vor dem Tod zu nehmen und die Frage zu beantworten: „Was ist nach dem Tod? Wohin gehen wir?" Abgesehen von der langjährigen Schulung der Hellsinne, muss ein Medium selbst erlebt haben, dass es einen spiralförmigen Kreislauf gibt, in dem sich In- und Exkarnation abwechseln. Eine solche spirituelle Erkenntnis findet während des Lebens, also „in carne = im Fleisch" statt. Der Körper ist der Tempel, in dem der Bewusstseinswandel geschieht. Selbst das höchste, reinste Erleuchtungserlebnis findet in diesem Tempel statt, den wir einst bei der Inkarnation wählten. Ich möchte das hervorheben, weil viele den Lebenstempel missachten oder als überflüssig erachten, um zur Bewusstseinserweiterung zu gelangen. Wie Gautama Buddha's Lebensweg deutlich zeigte, erlangte er erst vollkommene Erleuchtung, als er das Brot ass, das man ihm reichte, als er das Leben annahm und aufhörte, den Körper zu kasteien und abzutöten.

Ein Medium der traditionellen Schulung lernt deshalb, den Tempel der Inkarnation zu ehren und das Leben ganz und gar anzunehmen, seinen Platz im Leben ebenso wie seine Gaben zu achten. Es ist nicht schwer, seine Hellsinne durch entsprechende Übungen, wie sie die Psychometrie bietet, zu entwickeln. Aber es braucht eine tägliche Schulung, das Leben anzunehmen und wie der grosse Zenmeister Basso sagen zu können: „Tag für Tag guter Tag." Hierzu ist der Alltag unser bester Lehrmeister. Auch das hörten wir immer wieder von unseren Lehrern: Von der jenseitigen Welt kannst du dich als Medium nur inspirieren lassen, wenn du die diesseitige Welt, dein Leben, **ganz** annimmst. Medialität erfordert eine profunde Anbindung an die Mutter Erde.

Im fortgeschrittenen Stadium unserer Schulung zum „Sensitiven Lebensenergie Berater“ ist die Sterbeenergetik, der mediale Kontakt zum Sterbenden, auch der Kontakt zu Ahnen, eine zentrale Erlebnisebene. Das wird als Bereicherung, als Beglückung, als Blick in die tiefe Weisheit der Natur erlebt, ohne jede Angst, ohne jeden unangenehmen Nachklang. Das ist nur möglich, wenn die Medialität auf dem sicheren Boden der Sensitivität wachsen kann, wenn die Erdung und die solide Solarplexusenergie selbstverständlich geworden sind. Das tiefgreifende Erlebnis, das Tor zum Jenseits zu öffnen und sich selbst seine Faszination, aber auch seine Ängste einzugestehen, wird durch eine Meditation eingeleitet, die ich zuerst durch eine Zeichnung verdeutlichen möchte:

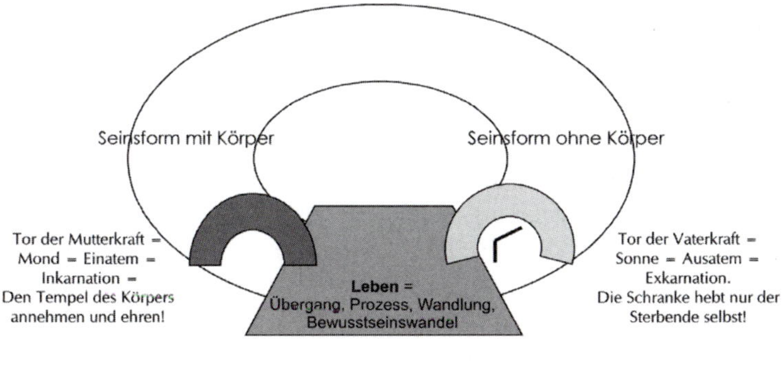

Abb. 1 Das Tor der Vaterkraft und der Mutterkraft

Die Ebene, von der aus wir in die Exkarnationsdimension schauen können, ist das jetzige Leben, die jetzige Inkarnation. Im *Bardo Thödol* wird sie als Übergang von der einen in die andere Seinsform verstanden, die sich kreisförmig wiederholt. Die inkarnierende Kraft ist die Mutter- oder Mondkraft. Sie steht auch für den Einatem, durch den das Leben erweckt wird. Die exkarnierende Kraft ist die Vater- oder Sonnenkraft, die für den Ausatem steht, der Geist und Körper im Sterbeprozess trennt. Medialität hat viel damit zu tun, dass die zu unserer Rechten wirkende Vaterkraft erlöst wird, da sie auch für den inneren Künstler steht. Der innere Künstler ist die Kraft in uns, die nach aussen geht, wenn es Zeit für einen schöpferischen Akt wird. Mediale Arbeit ist ein solcher Akt, denn es wird ein Energiefeld gemeinsam mit einem Ratsucher erschaffen, durch das sich das Tor zur Inspiration öffnet, also zur geistigen, körperlosen Welt. Die Vaterkraft bewirkt das absolute Vertrauen in das, was inspirativ einfliesst, das Vertrauen in den ersten Eindruck und den Mut, dieses an den Ratsucher weiterzugeben.

Medialität kann aber auch nur wirken, wenn die Mutterkraft zu unserer Linken erlöst ist, denn sie ist der innere Heiler in uns. Mediale Arbeit ist ein Akt der Liebe, ein Akt der Annahme des Ratsuchers, so wie er ist, mit seinen Ängsten und Torheiten. Durch die Mutterkraft ist es zum Beispiel möglich, bei einer medialen Kontaktaufnahme mit einem Sterbenden, Tränen für den Leidenden zu weinen, Schmerzen von ihm zu übernehmen, damit es ihm für eine kleine Weile leichter wird. Die Mutterkraft bewirkt das absolute Vertrauen, das Wahrgenommene dem Ratsucher so mitteilen zu können, dass er aufgerichtet, getröstet und zuversichtlich die Sitzung verlässt. Ein Medium trägt diese beiden Kräfte erlöst in sich. Es ist ein Überbringer solcher Botschaften, die den Ratsucher weiter bringen, ihm zu einer höheren Bewusstseinsebene verhelfen und ihm die Angst vor dem Ende, vor Höllenqualen, ja, ihm die Todesangst nehmen, indem das Medium durchlässig ist zu beiden Seiten, die wir Diesseits und Jenseits nennen.

Ein Medium, das jemandem eine Hiobsbotschaft vermittelt, so dass der Ratsucher auf ein Ereignis programmiert wird, Angst bekommt usw., mag vielleicht etwas Richtiges wahrgenommen haben; aber es hat seine Mutterkraft nicht erlöst und ist noch dem Machthunger verhaftet. Es hat nur eine einseitige Schulung – wenn überhaupt eine! – durchlaufen. So wie ein mediales Erlebnis zuerst für den Menschen, dem es zuteil wird, ein Geschenk, aber auch ein Auftrag ist, sein Bewusstsein positiv zu verändern, so dient auch nach reiflicher Schulung jede mediale Arbeit dazu, den Ratsucher aufzurichten, einerlei, wie gravierend und bedrohlich die mediale Wahrnehmung erscheinen mag. Darin liegt die Kunst, darin liegt der Akt der Liebe.

Damit sich die mediale Fähigkeit entfalten kann, muss die Tür zur Exkarnation geschlossen werden. Viele Menschen halten sich das berühmte „Hintertürchen" offen, um das Leben nicht ganz annehmen zu müssen. „Ein bisschen leben, ein bisschen sterben" ist eine häufige, unbewusste Haltung therapieresistenter Patienten. Manche lassen die Türe angelehnt und entwickeln alle Grade der Todessehnsucht. Sie erliegen der Faszination, in die körperlose Dimension zu schauen. Auf natürliche Weise öffnet sich das Tor, wenn jemand schwer erkrankt, medial arbeitet oder schamanistische Arbeit ausführt. Der Heilungsprozess oder die Rückkehr in die Alltagswelt bedeutet, dass sich das Tor wieder schliesst und das Leben so angenommen wird, wie es (gerade) ist.

Der Bardo Thödol oder die Tibetischen Totenbücher

Von allen Totenbüchern, die in der Kulturgeschichte verfasst wurden, um den Wechsel der Körperebene zur körperlosen Ebene, um die Illusion "Tod" und die möglichen Bewusstseinszustände des Menschen zu erklären, ragt das tibetische als besonders praxisnah und leicht verständlich heraus. Deshalb habe ich es in unsere Sprache übertragen und die wichtigsten Aspekte herausgefiltert, die dem Verständnis der Sterbe-Energetik dienen.

Der *Bardo Thödol* oder das "Tibetische Buch der Toten" ist eines der berühmtesten Werke der Weltliteratur geworden, seit man es zu Beginn des 20. Jahrhunderts erstmalig übersetzte. Es beinhaltet die Essenz der tibetischen Philosophie und geht selbstverständlich davon aus, dass jeder weiss, wie ein Sterbeprozess abläuft, was in der jeweiligen Phase zu tun ist, welche Bewusstseinszustände der Sterbende erlebt und was sich im Bewusstsein des Sterbebegleiters positiv verändert. Der Anspruch der Selbstverständlichkeit vermittelt den Eindruck: Da das alles bekannt ist, können wir uns dem Wesentlichen, der Erleuchtung, dem Übergang in die jenseitige Welt, der Weiterentwicklung in der körperlosen Existenz und der Wiedergeburt widmen.

Auch bei uns löste dies etwas Selbstverständliches aus, nämlich eine totale Überforderung, da wir überhaupt keine Energielehre des Sterbens, geschweige denn Bewusstseinsschulung, Erleuchtung und Wiederverkörperung kennen. Alles, was diese Themen tangiert, haben wir aus den östlichen Lehren adaptiert und meistens ohne eigene Basis übernommen. Hinzu kommt noch die typisch bildhafte, symbolische Sprache des tibetischen Buddhismus, die man erst einmal entschlüsseln muss. Dazu hilft nur bedingt eine Übersetzung der Begriffe. Was hilft, ist eine praktische Unterweisung.

Wenn auch sonst meine Studienfächer der Indologie und Ägyptologie mehr dem Luxus als dem Einrichten einer materiellen Existenzbasis dienten, so waren sie doch hinsichtlich des Verstehens der indotibetischen Terminologie und der holistischen Denkweise äusserst nützlich. Deshalb „übersetzte" ich das grosse Bardo Thödol, also das Buch über die sechs Wandlungen des Bewusstseins, in unsere westliche Denkweise, entschlüsselte die Symbole und tat dies ebenso mit den Anweisungen der kleinen Totenbücher. Für meine Arbeit mit Sterbenden und mit Sterbebegleitern war es wichtig, frei von lamaistischen und buddhistischen Religionssymbolen die Essenz dieser Weisheitslehren vermitteln zu können. Das wurde besonders wichtig für Tierärzte, die ganz praktische Alternativen zur Euthanasie in Vorträgen und Seminaren erhofften. Die Übertragung der zeitlos geltenden Weisheit und Erkenntnis, die uns Inder und Tibeter überlieferten, habe ich in der „Sprache" vorgenommen, wie sie den Originalen entspricht: in Bildern. In diesen Weisheitsbüchern geht es um die Erkenntnisse von Naturgesetzen und nicht um Erdachtes oder Erfundenes. Und Naturgesetze kann man in jeder Verbalsprache ausdrücken.

Die essentielle Aussage der tibetischen Totenbücher ist folgende:

Wir erleben in einer irdischen Lebensspanne, je nach Intensität des spirituellen Erwachens, bereits einen Wandel des Bewusstseins, den alle Weisheitslehren als den "Kleinen Tod" bezeichnen. Bewusstseinswandel heisst, sein Wahres Selbst erleben, und sei es auch nur einen Schimmer davon. Doch immer erleben wir uns nach einer inneren Wandlung anders, freier und von einem Glücksgefühl durchdrungen. Sehr selten geschieht dies in der umfassenden Schau grosser Meister wie Buddha, Jesus oder Krishna. Ihre vollkommene Erleuchtung wird auch der "Grosse Tod" genannt, da mit ihm das dualistische und ganzheitliche Bewusstsein verschmelzen. In diesem Prozess kann sich auch der Geist von der Materie lösen, muss es aber nicht. Anders gesagt: Erleuchtung können wir in diesem Leib, in diesem Leben erleben. In der Loslösung von der Körperhülle (Tod) erhält jeder Mensch, ob er sich nun spirituell entwickelt hat oder nicht, die Chance, vollkommene Erleuchtung zu erlangen, denn, was wir Sterben und Tod nennen, ist der grösstmögliche Wechsel der Bewusstseinsebenen. Die körperliche Hülle, die grobe Materie abzulegen, zu verlassen und dabei den Geist zu befreien, ist ein grossartiger Prozess, der die Energie des **ganzen** Menschen benötigt. Ein ganzer Mensch "besteht" aus physischen, emotionalen, mentalen und spirituellen Körpern, die alle durch eigene Energiesysteme versorgt werden und zueinander in Beziehung stehen.

Wenn es in den Totenbüchern heisst, dass es für den Lebenden wie den Sterbenden geschrieben ist, dann will dies sagen: das Einswerden mit seinem Höheren Selbst geschieht durch die Überwindung der Verhaftung an die Materie. Dies kann sich auf zweierlei Weise vollziehen:

- Beim „Sterben“ des kleinen Ichs im Zuge einer Bewusstseinserweiterung oder eines Erleuchtungserlebnisses.
- Im Ablegen der Körperhülle, d.h. beim Sterben.

Da die Überwindung der Verhaftung an die Materie so überaus schwer ist, weil die Materie grobstofflicher Natur und von gröberer Schwingung ist, gilt der Bewusstseinsschulung des Sterbenden die gleiche Aufmerksamkeit wie der des Lebenden. In unsere Denkweise übersetzt heisst das:

- Der Sterbende wird durch Verwandte oder Freunde bewusst durch die geistig-spirituellen Stadien des GROSSEN WANDELS geleitet.
- Der Verwandte oder Freund weiss um diese Stadien.

Hier schliesst sich der Kreis, denn das Wissen des GROSSEN WANDELS oder GROSSEN TODES muss ein Mensch irgendwann und in irgendeinem Masse einmal zu Lebzeiten erfahren haben, damit er es einem Sterbenden weitergeben kann. Damit sind wir bei dem wichtigsten Aspekt des *Bardo Thödol*:

Das Wort 'Tod' kommt im Titel des Bardo Thödol überhaupt nicht vor und verschiebt völlig den Akzent des Werkes, der auf der Idee der Befreiung liegt und zwar auf der Befreiung von den Illusionen unseres egozentrischen Bewusstseins... die verschiedenen Bardos sind nichts anderes als die verschiedenen Bewusstseinszustände unseres Lebens:
der Zustand des Wachbewusstseins,
der Zustand des Traumbewusstseins,
der Zustand des Versenkungsbewusstseins,
der Zustand des Todeserlebnisses,
der Zustand des Erlebnisses der Wirklichkeit,
der Zustand des Wiedergeburtsbewusstseins...
Im Sterben durchlaufen wir die gleichen Stufen, die wir in den fortgeschrittenen Stadien der Meditation erleben.

(aus Eva Dargyay: Das tibetische Buch der Toten)

Obgleich alle sechs genannten Bewusstseinsstufen den Wandel ausmachen, so ist vom Vorgang her der Zustand des Todeserlebnisses – ob nun real im physischen Tod oder im spirituellen Tod – der Augenblick, in dem sich das Bewusstsein „umstülpt“, indem etwas scheinbar verschwindet und etwas anderes scheinbar auftaucht. Wieder haben wir hier die Parallele zwischen Erleuchtungserlebnis und Todeserlebnis. Der Umkehrmoment erscheint wie das Durchschreiten eines Tores. Vorher vermeinen wir ein Tor zu sehen, das es zu durchschreiten gilt. Nachher erkennen wir, dass niemals ein Tor vorhanden war (Zustand des Erlebnisses der Wirklichkeit).

Im physischen Sinne bedeutet der Tod das Ende des irdischen Lebens, aber die Qualität der Körperablösung ist wahrlich mehr als das Versagen von Organfunktionen oder ein physiologischer Zustand. Wir sind fixiert auf den Körper, wettern ein Leben lang gegen ihn, hören nicht auf ihn, haben dauernd an ihm herumgenörgelt, aber wenn es darum geht, ihn "abzulegen", dann wird er uns plötzlich so unerhört wichtig, als unser grösster Schatz, den wir um keinen Preis abgeben wollen. Wie kommt diese beschränkte Sicht zustande? Weil wir im besten Falle die ersten vier Bewusstseinszustände durchlaufen und an die beiden Zustände nach dem Tode entweder nicht glauben oder einfach für Unsinn halten, weil kein Beweis vorliegt. Letzteres stimmt und stimmt nicht. Auch die Reanimierten gehen nur ein kleines Stück Weg des GROSSEN WANDELS, denn sie kehren in den Leib zurück. Sie beschreiben den unmittelbaren Zustand nach dem klinischen Tod, nicht die vollkommene Ablösung der feinstofflichen Körper von der Physis.

Ein Kernsatz des *Bardo Thödol* ist, dass der „Verstorbene" vermeint, durch einen engen, dunklen Tunnel zu gleiten. Er findet sich ausserhalb seines Körpers, spürt allmählich einen leichten, immateriellen Lichtleib, sieht, was um seine Leiche herum geschieht und gewahrt andere immaterielle Wesen, die ihn begrüssen. Menschen, die durch einen Schock oder Unfall sterben, sind in dieser Phase bisweilen verwirrt und begreifen nicht, dass sie tot sind. Dieser ambivalente Nach-Todzustand bringt auf der anderen Seite der Lebenden z.B. das Phänomen der Materialisation von Wesen hervor, die an den Ort ihres Wirkens zurückkehren oder – wie vor wenigen Jahren tausendfach in Spanien bezeugt – an einer gefährlichen Unfallstelle auftauchen, um die Lebenden zu warnen. Nachdem an besagter Unfallstelle der Verkehr neu überdacht, die Kurve abgesichert wurde, tauchte die ehemals Verunglückte nicht mehr auf. Auch wenn Verstorbene eine für sie lebenswichtige Botschaft nicht mehr in der Physis mitteilen konnten, kann es zu solchen Erscheinungen kommen. Der Lichtleib des Verstorbenen enthält gerade soviel Materie, um dem hellsichtigen Auge sichtbar zu werden. Es gibt viele Zeugnisse von diesem Phänomen, bei denen der Verstorbene durch die Sterbeumstände aus seiner Körperhülle sozusagen "herauskatapultiert" wurde und sein Bewusstsein erstaunt fragt: „Bin ich tot? Wo bin ich?"

Interessant ist, dass für diese Fälle die Kuh als tierische Symbolenergie dazu auserkoren wurde, der verwirrten Seele den Weg ins Licht zu weisen. Herrscht Finsternis und wird der Weg immer noch nicht sichtbar, ist der Stier das Sinnbild des Lichtbringers und Vertreibers der Finsternis.

Behalten wir also in Erinnerung: Im *Bardo Thödol* wird vom Begleiter als einem Lehrmeister gesprochen, der die wichtigsten Stationen des Bewusstseinswandels beim Lebenden wie beim Sterbenden kennt und betreut. Wenn wir uns fortan bemühen, die sechs Bewusstseinszustände immer aus der Warte des Sterbenden und des Lebenden zu sehen, wird es leichter, zum einen die Parallelen zwischen diesseitiger und jenseitiger Welt zu verstehen und zum andern die Parallele zwischen Meditation und Sterben zu vergegenwärtigen. Im Idealfall weiss der Betreuer des Sterbenden aus eigener Erfahrung etwas über die sechs Bewusstseinszustände und kann deshalb den Sterbenden leiten. Dies gilt vor allem dort, wo bei uns normalerweise das Wissen aufhört, nämlich nach dem physischen Tod.

Die wichtigste Erfahrung, sowohl in der spirituellen Schulung zu Lebzeiten, als auch im Sterben, ist das Lichterlebnis, das nichts anderes ist als die Geist-Natur aller Lebewesen. Es wird von Reanimierten als ein blendendes, strahlendes Licht, als ein unbeschreiblicher Glanz erlebt. Auch die spirituellen Erleuchtungserlebnisse aller Kulturen sprechen von der Schau eines spontan auftretenden, unirdischen Lichts.

Wir kennen viele Zeugnisse, dass das Antlitz bestimmter Menschen bei besonderen Anlässen zu leuchten beginnt. Die Goldmasken, die man den Toten in Mykene und an anderen Orten der Erde aufs Gesicht legte, sollen dieses Leuchten des Angesichts bezeichnen, denn der Tote ist ja nun ins Lichtreich eingegangen, ist selbst ewiger Glanz geworden... So wird auch immer wieder gesagt, dass das von allen Verblendungen gereinigte Denken dem lauteren Gold gleiche.

(aus Eva Dargyay, Das tibetische Buch der Toten)

Der *Bardo Thödol* spricht sehr ausführlich über den sogenannten "Zwischenzustand". Dieser Bewusstseinszustand hat viele Stufen und fusst auf der Erfahrung, dass das Bewusstsein des Verstorbenen etwa 13 Tage braucht, um diesen Zwischenzustand zu überwinden. Was heisst nun Zwischenzustand, zwischen welchen Polen geschieht hier etwas?

Ausgehend vom Tod als dem Ablegen der Physis, dem Durchschreiten des "Tores", dem Auftakt zum GROSSEN WANDEL, beginnt das Bewusstsein seine Pilgerschaft auf der Lichtebene mit dem Ziel, die vollkommene Befreiung zu erlangen. Vereinfacht ausgedrückt ist der Zwischenzustand des Bewusstseins die Phase zwischen dem klinischen Tod und der Erleuchtung des Bewusstseins des Verstorbenen. Natürlich erlebt nicht jeder nach dem Tode automatisch seine Erleuchtung. Er hat aber die Chance dazu. Ob er sie erlebt, hängt wiederum von dem Reifegrad seines Bewusstseins ab. Doch sollte ihn der Betreuer stets ermuntern. Fehlen ihm – wieder bildlich gesprochen – noch einige "Lektionen", so kann sich das Bewusstsein für eine Wiederverkörperung entscheiden. Das ist der sechste Bewusstseinszustand der Wiedergeburt. Das menschliche Bewusstsein hat also die Wahl, in der Körperform oder in der körperlosen Existenz die innere Befreiung zu erlangen. Wichtig ist hier zu begreifen, dass die Wiederkehr in eine körperliche Hülle völlig wertfrei gesehen wird. Es ist keine Strafe, wiedergeboren zu werden, auch wenn letztlich das Bewusstsein anstrebt, nicht wiedergeboren zu werden.

Der *Bardo Thödol* gibt praktische Anleitungen, wie der Tote im Zwischenzustand zu betreuen sei. Im Idealfall dauert dieser Zustand, wie oben gesagt, etwa 13 Tage. Dies bedeutet nicht, dass wir 13 Tage neben der Leiche verbringen müssen. Die leere Körperhülle ist nicht wichtig. Wir kommunizieren mit dem Bewusstsein, das einst in der Hülle wohnte.

An dieser Stelle kann ich nicht umhin, uns unsere total degenerierte Sterbebetreuung vor Augen zu führen. Einst war es auch in unserer Kultur üblich, drei bis fünf Tage Totenwache zu halten. Allein schon das Wort "Totenwache" weist wunderbar auf das uralte Wissen, dass die Nahestehenden noch über den Verstorbenen wachen, damit sein Weg ins Licht durch nichts aufgehalten oder gestört wird. Uns heutigen ist das Wissen, über das wir wachen sollten, verlorengegangen. Die moderne Zeit fertigt den Toten im Krankenhaus schnell mit Herz-, Pulsmessung und Etikett ab. Das um das Handgelenk geschnürte Etikett sagt äusserlich: *dieser Mensch ist jetzt tot.* Doch eigentlich sagt es: *ich weiss nicht, was jetzt noch sein könnte.* Das Etikett ist der Angst- und Ignoranzriegel, den die meisten Ärzte vor den Tod schieben. Wer etikettiert ist, ist ein transportbereites Gut. Der Tote wird schleunigst nach der Etikettierung ins Kühlhaus verfrachtet. Die Schutzbehauptung, dies geschehe aus hygienischen Gründen, ist lächerlich. Wir wollen die Leiche nicht mehr sehen, weil sie uns an den eigenen Tod erinnert. Dies ist besonders nachts unangenehm.

Nun mag einer frustriert sagen: wie soll ich den Verstorbenen spirituell betreuen, wenn er gleich wegtransportiert wird? Die Frustration ist verständlich, doch es gibt Lösungen. Es gibt selbst im Krankenhaus verständnisvolle Ärzte, die einem gestatten, ein paar Stunden für die Totenwache zu gewinnen. Wenn jemand zuhause stirbt, ist man ohnehin flexibler.

Die seelische Betreuung kann auch an einem Ort, auf einem Platz ausgeführt werden, an dem sich der Verstorbene vorzugsweise aufgehalten hat.

Das Bewusstsein des Verstorbenen ist nicht mehr an Raum und Zeit gebunden. Dort, wo er sich zu Lebzeiten oft aufhielt, schuf er sein Energiefeld, seine Schwingung. Von einem solchen Ort aus ist es leichter, mit dem körperlosen Bewusstsein zu kommunizieren.

Der Sterbeprozess gemäss dem Bardo Thödol

Das Sterben ist ja kein Ereignis, das auf einen Zeitpunkt beschränkt wäre, sondern ein Prozess, der sich oft lange hinzieht. Mancherlei Vorzeichen kündigen das Herannahen des Todes an. Im Text des Bardo Thödol wird dies durch die Auflösung des Körpers in seine Grundbestandteile bzw. Elemente verdeutlicht. Allgemein kann man sagen, dass folgende Zeichen den nahen Tod bedeuten: Der Mensch empfindet seinen Körper schwerer als sonst; Nase und Mund fühlen sich trocken an; die Lebenswärme weicht aus dem Körper; der Geist verdunkelt sich immer mehr, bis er in Ohnmacht versinkt. Ist die Lebenswärme zurückgewichen, dann steigt dem Geist ein dämmriges, weissliches Licht auf, das in etwa dem Himmel zu Beginn der Morgendämmerung vergleichbar ist, ehe noch die Sonne den Rand des Horizontes berührt hat. Dieses grauweisse Licht geht über in ein rötliches, das dem Himmel zur Zeit des Sonnenaufgangs gleicht. Danach umhüllt Dunkelheit den Geist und er versinkt in Ohnmacht. Der Bardo Thödol nennt diesen Zustand, da man dieses wahrnimmt, „die Zeit, da der äussere Atem versiegt und der innere Odem noch nicht unterbrochen ist". Wacht der Geist des nunmehr Verstorbenen aus dieser Ohnmacht auf, dann erblickt er das hellstrahlende Urlicht, das in seiner gleissenden Transparenz dem blanken Himmel vergleichbar ist. Erkennt er dieses Urlicht, dann ist der Tote befreit. Erkennt er es jedoch nicht, dann tritt er in den Zwischenzustand ein.

Liegt ein Mensch im Sterben, dann ist es sehr wichtig, dass er sich seine guten Taten ins Gedächtnis ruft, dass er voll Vertrauen in die Sinnhaftigkeit seines Lebens zuversichtlich dem Tod entgegenblickt. Dann zeigt sein Gesicht ein friedvolles Lächeln, sein Körper ruht entspannt auf seinem Lager. Aus diesem Grund vermeiden die Tibeter jedes Weinen oder Jammern im Zimmer des Sterbenden. Die nächsten Verwandten bleiben daher dem Sterbelager oft fern, denn sie können Zeichen der Trauer und des Schmerzes nicht unterdrücken und würden dem Sterbenden den Gang in die andere Welt erschweren.

Ein Zeichen für den guten Tod ist, dass die Körperwärme zuerst aus den Beinen weicht und sich in die Herzgegend zurückzieht. Das

Gegenteil vom friedvollen Tod ist der unglückselige Tod: Der Sterbende schreit, bäumt sich auf, sucht mit seinen Händen in der Luft nach einem Halt und fällt verkrampft zurück. Beim schlechten Tod zieht sich die Körperwärme aus dem Kopf und dem Oberkörper zurück und bleibt in der Herzgegend.

(aus Eva Dargyay: Das Tibetische Buch der Toten)

Diese treffliche Beschreibung des Sterbevorgangs verlangt dennoch für die meisten von uns eine nähere Erklärung:

- grauweisses Licht
- rötliches Licht
- Ohnmacht
- hellstrahlendes Licht = Urlicht
- Erkenntnis, Zwischenzustand

Die Voraussetzung, um das grauweisse und rötliche Licht zu verstehen, ist die Kenntnis der verschiedenen Energiekörper des Menschen, die sich im Sterbeprozess vom physischen Leib lösen.

Hierbei ist der sogenannte Ätherleib von grösster Bedeutung, da er die physische Energie sichtbar macht.

Der Ätherkörper ist als ein mit Feuer durchdrungenes Netz oder als ein von goldenem Licht beseeltes Gewebe beschrieben worden. In der Bibel wird von ihm als von der "goldenen Schale" gesprochen. Durch den Ätherkörper strömen alle Energien, deren Ziel die physische Form ist und da alles Leben in diese Energieform eingebunden ist, sind wir damit auch mit allen Wesen verbunden. Durch ihn können wir Kontakt zu anderen Wesen herstellen, was vor allem für eine mediale Entwicklung ein bedeutender Punkt ist.... Der Ätherkörper durchdringt den gesamten physischen Organismus, dessen Grundlage er bildet und ragt über die physische Form hinaus, die er wie eine Aura umgibt. Je nach geistiger Entwicklung ist seine Ausdehnung über die Körperhülle hinaus verschieden weit...

Wie ein Netzwerk durchzieht er jeden Teil des physischen Körpers und ist ganz speziell mit dem Nervensystem verbunden, das von seinem ätherischen Gegenstück ernährt, überwacht und mit Energie erfüllt wird. Dieses Gegenstück des Nervensystems besteht aus Millionen von winzigen Energielinien, die die Qualität "Energie" mit sich führen, die wiederum dem Bewusstsein der betreffenden Person entspricht...

Die Aufgabe des Ätherkörpers besteht in der Übertragung solarer Lebensenergie und in der Übertragung von Informationen aus den anderen Körperhüllen an die physische. Unter gewöhnlichen Umständen ist der Ätherkörper sehr eng mit dem physischen Körper verbunden. Im physischen Tod, oder durch Unfall, Anästhesie oder auch Hypnose löst sich der Ätherkörper. Daraus resultieren die Erlebnisse von Patienten bei Operationen, die sich während der Narkose über dem Operationstisch schwebend erlebten. Ein Medium (medial begabter Mensch) lernt durch sein Training ganz bewusst den Ätherkörper loszulösen.

(aus Harald Knauss: Die Energiekörper des Menschen)

Reanimierte Menschen berichten vom Erlebnis eines Tunnels, durch den sie hindurch müssen. Dieser Tunnel steht für den Prozess, bei dem sich der Ätherleib aus dem physischen Leib herauslöst und sich in dieser Phase Physis und Äther sozusagen wie Gummi dehnen. Das Bewusstsein des Sterbenden sitzt nunmehr nicht mehr in der Physis, sondern im Ätherleib und nimmt sich selbst als grauweisses oder gelbliches Licht wahr.

Die drei Stufen grauweisses Licht, rötliches Licht und hellweisses Licht entsprechen dem Bild einer Geburt oder einer Tagwerdung. Gesche Dargyay beschreibt es treffend als erstes fahles Licht vor Sonnenaufgang, rötlicher Schimmer des Morgenrots und das taghelle Licht.

Die Phase des rötlichen Lichts ist nichts anderes als der fortgeschrittene Prozess der Ablösung des Ätherleibs von der Physis.

Aus dem Zitat von Harald Knauss wird klar, dass der Ätherkörper Lichteigenschaft besitzt und ständig in und um den physischen Körper in Bewegung ist. Er ist strahlende Energie. Jeder Körper eines Lebewesens hat eine physische Aura. Wird zum Beispiel ein grünes Blatt von einem Zweig gezupft, so beginnt der Ätherkörper des Blattes in dem Masse zu strahlen wie seine physische Versorgung erlischt und damit das Welken beschleunigt wird. Buchenblätter verstrahlen sich im Sterbeprozess schneller als Eichenblätter, Holunderblätter schneller als Weidenblätter. Im grossen Massstab sehen wir es alljährlich im Herbst, wenn die Laubbäume, kurz bevor sie ihre vertrockneten Blätter abwerfen, noch einmal in verschwenderischer Farbenpracht erstrahlen. Das letzte Aufblühen vor dem Tode gehört zum Sterbeprozess. Durch wellenartige Energien (Wehen) werden wir in die physische Welt geboren und durch ebensolche Wellen werden wir in die körperlose Welt geboren. Das eine nennen wir Geburt, das andere Sterben und Tod. Der Sterbeprozess gilt in seinen wehenartigen Phasen für jedes Lebewesen, also auch für uns Menschen. Im Sterben können wir das Verstrahlen von Materie erleben. Der Sterbende erlebt dies bewusst durch das Licht, in das er eingeht. Ihn dazu zu ermuntern, ihn darin zu begleiten, gehört zu den Sternstunden des eigenen Lebens.

Aus dieser Sicht wird leichter verständlich, welche Anstrengung es für den Sterbenden bedeutet, alle im und um den Körper fliessende Ätherenergie zu konzentrieren und schliesslich abzulösen. Die Physis hat eine recht langsame Schwingung. Schwingt bei einem Sterbenden der Ätherleib langsam, weil sein Bewusstsein nicht gelernt hat, höhere Schwingungen zu erzeugen, dann muss es uns nicht wundern, warum ein solcher Mensch es schwer hat, zu sterben. Ein leichter Tod trotz Krankheit weist immer darauf hin, dass der Ätherleib eine höhere Frequenz als der Körper hat und somit die Trennung leichter vonstatten geht.

Kommen wir zur Phase der Ohnmacht, die Gesche Dargyay beschreibt. Dies ist der Moment, in dem die Ablösung des Ätherleibs vollzogen ist. Zeit seines Lebens war der Mensch die nahtlose Zusammenarbeit zwischen Ätherleib (Nervensystem, Drüsenfunktion) und dem physischen Äquivalent gewöhnt. Plötzlich fehlt der Körper, die Wahrnehmung kann für einen Moment nicht mehr im Yin-Yang-Zusammenspiel stattfinden, sondern „nur“ noch mit den Yang-Kräften. Das Bewusstsein braucht gewissermassen einen Moment der Neuorientierung.

Die Sterbeenergetik

Den Begriff „Sterbeenergetik" habe ich gewählt, weil in keinem lebendigen Prozess so viel Energie frei wird wie im Sterbeprozess. Wie die ersten Wissenschaftler der Sterbeenergetik, die Tibeter und Inder, uns überlieferten, findet beim „idealen" Sterben ein Energiefluss von den Füssen über den Körper zum Scheitel des Kopfes hinaus in den Kosmos statt. Das „schlechte Sterben" wird als ein Vorgang beschrieben, bei dem der Kopf bzw. das Bewusstsein zuerst ausgeschaltet wird und die Energie von dort zu den Füssen fliesst. Für die Inkarnation ist die Reihenfolge Kopf – Körper – Füsse sowohl für die Embryoentwicklung als auch für die physische Geburt richtig. Für die Exkarnation ist die Reihenfolge Füsse – Körper – Kopf richtig. Alles was davon abweicht, bringt Erschwernis und Schmerz.

Warum haben sich gerade Tibeter so intensiv und wissenschaftlich mit dem Sterbeprozess befasst, wieso die alten Ägypter? Eine Grundvoraussetzung ist das Klima, in dem die Auflösung des Körpers langsam geschieht und die Leiche langsam verwest. Das kann nur in einem trocken kalten (Tibet) oder heissen Wüstenklima (Ägypten) geschehen. Die Tibeter erkannten im Sterbeprozess die Umkehrung des Lebensprozesses sozusagen im Zeitlupentempo. Sie studierten die Atemvorgänge des Sterbenden und entwickelten aus diesen Erkenntnissen, zusammen mit den Indern, die einzigartige Atemkunst des Pranayama. Alle tibetischen Tantras (Lehrschriften), die sich mit der Entwicklung physisch-psychischer Kräfte befassen, basieren auf der Kunst, über den Atem die Körperfunktionen und das Bewusstsein zu lenken.

Die trockenen Klimate waren und sind ideal geeignet, um den Nachtodzustand eines Verstorbenen zu erleben. Eine der wichtigsten Erkenntnisse war hierbei, dass es bei jedem Lebewesen verschieden lang dauert, bis das Bewusstsein sich aus der materiellen Hülle gelöst hat und dass Herz- und Atemstillstand oder Totenflecken keineswegs sichere Todeszeichen sind. Wann jemand tot ist, entscheidet die sensitive Wahrnehmung des Begleiters. Das bewegliche „Element“ ist das Bewusstsein, das am Ende des Sterbeprozesses bildlich gesprochen wie Fäden, wie ein Jojo aus dem Körper heraus, wieder hinein, wieder heraus schwingt, bis der endgültige Schritt der Ablösung getan ist. Da es mir vergönnt war, während meiner Medialschulung dies einmal selbst bei Mensch und Tier zu sehen, verstehe ich die Anweisungen der Totenbücher besser. Während das Bewusstsein in immer langsameren Amplituden exkarniert und dieser Vorgang einige Stunden dauern kann, sieht die Leibeshülle tot und leer aus.

Wenn man die tibetischen Totenbücher in eine einfache, bildhafte Sprache umsetzt, so ergeben sich verschiedene Darstellungen der sechs Bewusstseinszustände:

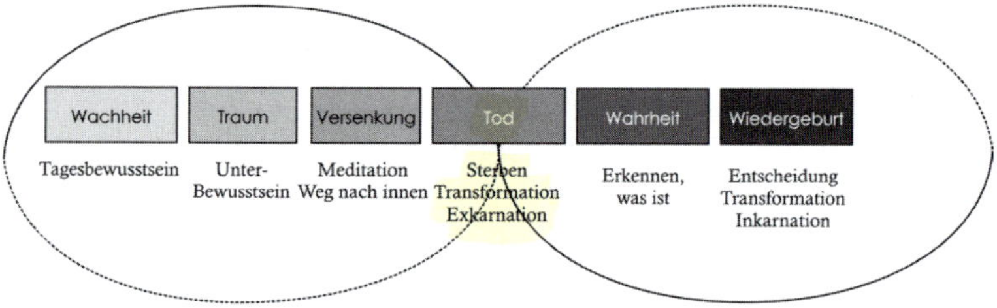

Abb. 2 Der Tod als grosser Wandel

In dieser Darstellung ist der Tod die Schnittstelle, die Trennung zwischen Physis und Bewusstsein. Dies wird als der Grosse Tod bezeichnet, während der Traum als der kleine Bruder des Todes bezeichnet wird. Ferner wird jedes Ausatmen als Begegnung mit dem Tod verstanden. Das Sterben wird, so gesehen, ein Leben lang „geübt“, es ist omnipräsent. Sterben bedeutet Wandel, allerdings der grösste Wandel, der von einem inkarnierten Wesen erlebt werden kann. Wandel bedeutet auch immer Transformation. Ist auch schon zu Lebzeiten klar, dass die materielle Existenz nur eine besonders dichte Seinsform von Energie ist, so wird dies im Sterben noch deutlicher, da die materielle

Erscheinung in eine nichtmaterielle transformiert wird. Solange wir nur mit den physischen Augen sehen, nehmen wir nur die Abnahme und schliesslich die Leerung des physischen Leibes wahr. Daher sprechen wir auch von einer leblosen Hülle, die durch den Tod übrig bleibt. Ausgerechnet den Grossen Wandel = Tod nur mit physischen Sinnesorganen zu betrachten, ist somit unbefriedigend. Wandlung kann nur mit einem wandlungsfähigen Sensorium wahrgenommen werden, das heisst, wir benötigen verschiedene Wahrnehmungsebenen. In einem zyklisch orientierten Weltbild, wie es alle Kulturen ausser der westlichen (!) entwickelten, lernt man, ständig zwischen der materiellen und energetischen Betrachtungsebene zu wechseln, das heisst, mit den physischen und intuitiven Sinnen wahrzunehmen.

In der Zeichnung ist bereits die Koexistenz der materiellen und immateriellen Seinsform durch die Linienart angedeutet. Während der leiblichen Existenz ist das nichtstoffliche Pendant vorhanden. Im Sterben nähern sich beide Seinsformen an und ändern dadurch ihre energetische Qualität. Im Sterben werden ungeheure Energien freigesetzt, um den materiellen Leib zu verlassen. Für solche ausserordentlichen Aktivitäten hat die Natur eine denkbar einfache Lösung, nämlich die der Wandlung und Transformation. Dadurch ändert sich nicht das äussere Erscheinungsbild, sondern die Qualität und Intensität der freigesetzten Energien.

Die Transformation, die wir bewusst erleben, ist die des Sterbens. Je bewusster wir diesen Prozess annehmen und vollziehen – so die indotibetische Lehre – um so leichter können wir den Körper loslassen, denn wir sehen in eine neue Perspektive, eine neue Möglichkeit zu SEIN.

Genau dies ist der Punkt, den ich immer bei Schwerkranken erlebe. Integriere ich in den Heilungsprozess die Möglichkeit der grössten Wandlung, der grössten Heilung im Sinne von Ganzwerdung, so hat der Patient die Wahl. Entweder die Lebenskraft erwacht wieder und nimmt das Angebot der Heilweisen an, oder der Patient kann angstfrei sterben. Die monotheistische Sicht schaltet, wie der Begriff schon sagt, auf Mono, auf nur einen Kanal, in dem die Lebenskraft fliessen darf. Hier gilt der Tod als Generalschnitt, durch den alles versagt und alles zuende ist. Logischerweise baut sich so vor dem Tod der grösste Angststau auf, den wir Menschen produzieren können. Diese Angst sitzt uns so tief in den Genen, dass keine noch so gut gemeinte intellektuelle Verbrämung hilft. Wir wissen alle, dass wir sterben müssen, aber wir haben gelernt, davor Angst zu haben. Schwindet die Angst vor dem Tod, so ist der Weg frei, die Wandlung, die ohnehin geschieht, leichter anzunehmen.

Die obere Zeichnung zeigt noch eine weitere Komponente, die das zyklische Denken aller polytheistischen Kulturen ausdrückt:

Ob wir bei der Inkarnation, also bei der Materialisierung von Energie einsetzen oder bei der Exkarnation, es handelt sich um zwei Prozesse, die einander berühren. Eine Inkarnation kann nur stattfinden, wenn es vorher eine Exkarnation gab, aus der Exkarnation geht wieder eine Inkarnation hervor. Das ist die Lehre der Wiedergeburt. Da in unserer Zeit die „Re-Inkarnations"-Therapie so modern geworden ist, kann es nicht schaden, darauf hinzuweisen, dass das zyklische Weltbild der Polytheisten vorwärts orientiert ist und nicht rückwärts. In der Gegenwart interessiert nicht, wer ich einmal war, sondern, was ich werden will. Damit die Wiedergeburt optimal für die Entwicklung des Bewusstseins verläuft, dienen die ethischen Lebensregeln dazu, mich optimal auszurüsten und zu dem zu werden, wie ich gemeint bin. Das heisst, der Blick ist auf das Jetzt, auf die jetzige Inkarnation gerichtet, damit eine bessere Zukunft für meine Seele, für mein Bewusstsein gewährleistet ist. Der Blick nach hinten ist aus dieser ganzheitlich-zyklischen Sicht unbedeutend, da ich dort nur das sehe, was ich bereits erledigt habe.

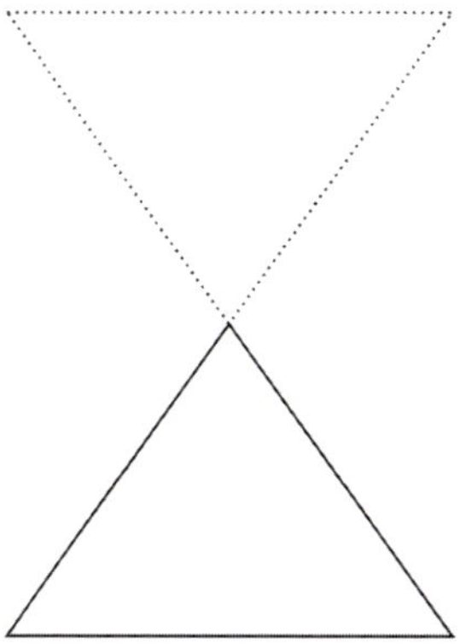

Abb. 3 Der Sterbeprozess als Pyramide

siehe auch Farbbild 1 (alle Farbbilder in der Buchmitte)

Die Pyramide war im Alten Ägypten ein Symbol für die Einheit von Leben und Tod. Der sichtbare Teil von der breiten Basis bis zur Spitze steht für den Lebensprozess, indem allmählich die Materie zugunsten wachsender Energie im Bewusstsein des Menschen abnimmt. Doch die eigentliche Leistung der Ägypter bestand in dem Wissen, dass eine Pyramide ein rein energetisches Pendant besitzt, das nach aussen strahlt. Das ist die auf dem Kopf stehende Pyramide, die in dem Masse wächst, wie die Physis = Materie schwindet. In der Esoterikszene befasst man sich hauptsächlich mit der zweifellos dichten Energie unter der materiellen Spitze einer Pyramide. Doch das ist nur der Umkehrpunkt zu einer noch grösseren, nichtmateriellen Energie. Wenn irgendwo Energie gestaut wird, wie in der Pyramidenspitze, so braucht diese Energie einen Kanal, eine Art Entladung. Dies findet im energetischen Äquivalent der sichtbaren Pyramide statt, und dieses Äquivalent der umgekehrten Pyramide, die wie ein riesiger Sender und Empfangstrichter wirkt, diente als Vorbild für den ägyptischen Totenkult, der wie kein zweiter in der Menschheitsgeschichte das Leben nach dem physischen Tod verherrlichte.

Das Pyramidensymbol, wie es oben abgebildet ist, ist die einfachste Darstellung für den ganzheitlichen Prozess des Sterbens, denn *gleichzeitig* zur schwindenden Physis wächst das Energiefeld eines Lebewesens!

Das bedeutet folgendes:

Vom Blickpunkt der Sterbeenergetik, also des energetischen Prozesses der Exkarnation aus gesehen, ist der Ausgangspunkt unser Körper, der aus Materie und seinem energetischen Doppel besteht. Dieses „Doppel" besteht aus verschiedenen Energieebenen: dem Ätherkörper, den wir heute durch die Kirlianfotografie und ähnliche Methoden sichtbar machen können sowie dem Astral- und Mentalkörper, bei denen es uns dies noch nicht gelingt, wir aber lernen können, die Körper präzise wahrzunehmen.

Wir sehen gemäss der indotibetischen Lehre vom Sterbeprozess sechs Wandlungsstufen, die sich im bzw. mit dem Körper vollziehen. Dafür steht sinnbildlich die untere Pyramide. Im Sterben lösen sich die Elemente auf, aus denen der Körper besteht. Dafür stehen die fünf Elemente Erde, Wasser, Feuer, Luft und der alles durchdringende Äther, der in jedem Element vorhanden ist, und die zugeordneten Farben.

Die Pyramide und ihre Umkehrung ist eine Darstellung des Vorgangs aus dem Erleben des Sterbenden und des Sterbebegleiters. Wir sehen im unteren Teil verschiedene Phasen, die dem physischen Körper entsprechen. Jede Phase der physischen Existenz hat eine energetische Entsprechung in der umgekehrten Pyramide. Dieses einfache Bild bestätigt, dass es in der Natur keinen Stillstand, keine Konstante gibt, sondern ständigen Wandel. Deshalb spricht man in der indotibetischen Kultur vom Tod als dem „Grossen Wandel".

Wir können unschwer erkennen, dass mit der Abnahme der Physis in der unteren Pyramide der Energiekörper in der Umkehrpyramide wächst. Die Pyramidenspitze ist der Moment, wo sich Physis und Energiekörper trennen.

Durch die Nahtoderlebnisse wissen wir, dass es im Sterbeprozess verschiedene Phasen gibt, in denen der Mensch wieder in seinen Körper zurückkehrt. Daran erkennen wir den wellenartigen, beweglichen Prozess. Wir „rasen" also nicht schnurgerade auf unser Ende zu, wie es das kirchliche Dogma angsteinflössend lehrt, sondern erleben im Sterben das gleiche wie bei der Geburt, nämlich Wehen, die sich in wellenförmigen Schüben vollziehen. Das Kind im Mutterleib hat während des Geburtsprozesses durch die Wehen immer wieder eine Entscheidungsfreiheit, die Inkarnation anzunehmen. Das geschieht natürlich unbewusst. Wir kennen aus der therapeutischen Arbeit genügend Beispiele von Menschen, die sich durchaus nicht schlüssig waren, ob sie in diese Welt hinein wollten oder nicht. Die Nahtoderlebnisse sind das Pendant der Inkarnation. Auch hier liegen unzählige Beispiele vor, dass Menschen unbewusst die Entscheidung fällen, ob sie in den Leib zurückkehren wollen oder nicht.

Die Nahtoderlebnisse betrachte ich als einen Akt der Gnade, um uns im Westen eine andere Sichtweise zu lehren. Menschen, die sich aus ihrem Körper bis zu einem gewissen Grade lösten, erlebten Farben, leuchtende Wesen, begegneten verstorbenen Freunden und Verwandten und sahen helle Lichterscheinungen. Sie hatten auch ein Tunnelerlebnis, und dies zeigt anschaulich, dass auch das Sterben einen „Geburtskanal" hat.

Wenn im folgenden die einzelnen Wandlungsphasen vorgestellt und erläutert werden, brauchen wir dazu noch eine zweite, bildhafte Darstellung, wie sie die Tibeter lehren, damit auch der wellenartige Vorgang besser klar wird. Ausserdem möchte ich im folgenden zuerst einmal den Sterbeprozess vorstellen, wie er in der Ordnung der Natur ist und später auf Varianten und Komplikationen eingehen.

Der Ausgangspunkt ist der Mensch, in dem alle Elemente noch wirksam sind.

siehe Farbbild 2

Die erste Wandlungsphase – „Die Elemente geraten in Bewegung"

Die erste Wandlungsphase ist so zu verstehen, dass die Waage zwischen Leben und Tod zu schwingen beginnt und dass alle Elemente in Bewegung geraten. Energetisch zeigt sich das in längeren Alphazuständen auch tagsüber und in einer ersten, sanften Lockerung zwischen materiellem Leib und Ätherkörper. Die Farbe Gelb steht für das Element Erde. Oft verstehen wir als Sterbebegleiter erst im Nachhinein die ersten Anzeichen des Sterbeprozesses, die unabhängig davon sind, ob jemand schwer krank ist oder sehr alt. Sobald die Erdung nachlässt, der Mensch mehr liegt als steht oder sitzt, wird die Traumwelt angeregt und das Erdelement schwächer. Auf der Pyramide sehen wir, dass die physische Existenz (Gelb = Erde) im Vergleich zur energetischen Entsprechung noch dominant ist. Dennoch tauchen in dieser Phase schon erste psychische und mentale Zustände auf, die für den Patienten ungewohnt sind und ihn durchaus verwirren können. In die erste Wandlungsphase geht jeder ein und aus, der schwerkrank ist. So wie wir mit jedem Atemzug, mit jedem Schlaf und Traum, das Sterben ein Leben lang „üben", so „übt" auch der Kranke, vielleicht sogar bewusst mit dem Gedanken: „Wie wäre es, wenn ich jetzt ginge?" Je mehr wir in unserer Ganzheitsmedizin als Therapeut das Sterben als Möglichkeit einräumen, um so besser kann sich ein Kranker entscheiden, ob er/sie wirklich das Leben annehmen und gesund werden will.

Scheinbare Therapieresistenz, Regulationsstarre, Autismus, Wachkoma, die ersten Stufen von Demenzkrankheiten sind Zustände der ersten Wandlungsphase. Durch die mediale Balance (Kommunikation über eine Mediumperson) wissen wir inzwischen, dass dies stimmt, denn die meisten Patienten fühlen sich in dem seltsamen Schwebezustand zwischen Leben und Sterben recht wohl. Sie werden rundum versorgt und müssen keine Verantwortung für ihren Lebensprozess tragen.

Die erste Wandlungsphase macht leichter, trotz aller Beschwerden. Das Bewusstsein driftet, wie ein Pendel, immer wieder zwischen beiden Möglichkeiten hin und her. Erkennt der Betreuer und Therapeut das, so fühlt sich der Kranke verstanden, und dass dies eine enorme Erleichterung bedeutet, habe ich in sehr vielen Sterbeprozessen als Begleiterin erleben dürfen.

Sterben hat mit Loslassen zu tun und macht die Menschen in gewissem Sinne gleich. Solange wir noch auf der Lebensseite verweilen, dünkt es uns, Persönlichkeiten, die sich für spirituelle Dinge interessieren, könnten leichter loslassen. Das ist aber nur eine Vorstellung von uns Beobachtern. Die erste Wandlungsphase lehrt oft das Gegenteil, denn in ihr herrschen andere Gesetze: die der exkarnierenden Geburt. Es kommt nur darauf an, wie ein Mensch auf die Zeichen reagiert, ob mit Angst und krampfhaftem Festhalten am Lebensfaden oder mit Nachgiebigkeit und Gelassenheit. Ich habe alle Varianten bei Mensch und Tier beobachten können und kann keine Regel aufstellen. Eindeutigkeit habe ich nur in einem Punkt erlebt: in der veränderten Wahrnehmung und der enormen Wichtigkeit, dass wir als Begleiter und Therapeuten diese Wahrnehmungen nicht als geistige Verwirrung, sondern als erste Zeichen der Exkarnation verstehen – wohl wissend, dass der Kranke noch ins Leben zurückkehren kann.

Hilfen in der ersten Wandlungsphase

Arsen – Eschenbaum – Orangelicht

Auch wenn es für den Therapeuten ungewöhnlich klingt, aber die zentrale Hilfe in dieser Anfangsphase ist die Öffnung des Therapeuten für die Möglichkeit, dass der Patient den Sterbeprozess wählt. Indem sozusagen zwei Türen aufgehen, kann sich der Patient entscheiden. Wie die Erfahrung lehrt, kehren die meisten Schwerkranken ja auch tatsächlich aus dieser ersten Berührung mit der exkarnierenden Kraft zurück ins Leben.

Homöopathisch braucht der Patient ein Mittel, das seine Entscheidungsfähigkeit fördert. Nach meiner Erfahrung ist das häufig Arsenicum album. Bei vielen Menschen erlebte ich, dass Arsen C30 sehr schnell die Türe zur anderen Seite öffnet. Tagträume von Feuer, von Verstorbenen und das Gefühl von Leichtigkeit kündigen den Exkarnierungsprozess an. Schmerzen, Unruhe, Ängste schwinden, der Patient kommt zur Ruhe und kann sich auf die neue Energetik einlassen.

Ich habe Arsen C30 oder auch C200 in etwas Wasser aufgelöst stündlich eingeben lassen. Wenn der Patient nichts nehmen will, reicht es, einen Tropfen Arsen auf die Stirn zu reiben oder auf den Handrücken.

Hinsichtlich der Potenzen muss jeder seine eigenen Erfahrungen vertrauen. Ich bitte nur zu bedenken, dass im Sterbeprozess höhere energetische Verhältnisse herrschen und deshalb das Simile auch schon in mittleren Potenzen eine hohe Wirkung zeitigt, denn die Physis, die Materie wird immer unwichtiger. Wo wenig Materie ist, kann mehr schwingen.

Schauen wir uns die sensitive Phänomenologie von Arsen an:

- Tastsinn wird überempfindlich
- Versucht, Gegenstände zu ergreifen
- Meint, Haus sei voller Menschen
- *Spürt, die Zeit zum Sterben sei gekommen*
- Spürt fremde Person neben sich
- Sieht abwesenden Bekannten auf dem Sofa sitzen
- Sieht Personen, tote
- Sieht Feuer
- Sieht körperlose Wesenheiten (Geister, Gespenster), Tag und Nacht
- Hat Visionen, fantastisch, beim Schliessen der Augen
- Hört Glocken
- Hört Stimmen
- Meint, jemand ruft

- Meint, jemand rufe beim Erwachen

Die Sensitivität ist bei Arsen-Persönlichkeiten eher mit Angst besetzt. Um so wichtiger ist es, im Sterbeprozess gleich zu Beginn alle Wahrnehmungen des Patienten zu respektieren. Für ihn öffnet sich, vielleicht zum erstenmal in seinem Leben, der Vorhang zu anderen Dimensionen. Er/sie möchte sich mitteilen und vor allem verstanden werden. Auch wenn wir die Phänomene nicht selbst fühlen, hören oder sehen, so reicht es schon zu wissen, dass es sie in dieser wie auch in allen Wandlungsphasen gibt.

Abb. 4 Die Esche

Baumessenz Esche

Dem Arsen steht als wichtigste Baumenergie die **Esche** zur Seite. Die Essenzen des Germanischen Baumkreises nach Harald Knauss sind von allen Anteilen des Baumes hergestellt. Im Sterbeprozess sind Bäume insofern hilfreich, als sie die Verbindung von Erde und Himmel darstellen. In der alten Volksheilkunde wurden bestimmte Bäume mit dem Sterbeprozess sehr sinnvoll in Verbindung gebracht, was uns zeigt, dass das Wissen darüber auch bei uns vorhanden war. Die Esche steht für die Kraft der Drehung und der Wende. Ihre Essenz nimmt die Angst vor dem Tod, hilft, die Orientierung zum Licht zu finden und die Gesetze kosmischer Ordnung zu erkennen.

Die Esche ist Sinnbild des sogenannten „Scheidemonds". Im folgenden einige aufschlussreiche Details zu dieser Baumenergie:

- Der Weg des Wissens
- Das Finden des Lebensweges
- Weg der inneren Bestimmung
- Die entsprechende Rune ist die Tyr-Rune = ↑

Die Weltenesche Yggdrasil war Schöpfungsbaum. Die Esche hiess auch „Asch". Aus Esche wurden Totengeleitschiffe gebaut.

Mit der Esche ist der Lichtheld verbunden, der aus einer anderen Welt als Befreier geschickt wird. Gemäss einer nordischen Sage, wächst auf dem Friedhof jedes Jahr eine kleine Esche heran, um die in der Neujahrsnacht ein weisser und ein schwarzer Reiter kämpfen, nämlich der Gott Freyr und der Gott Surtr. Lange gelingt es Freyr, den Eschensprössling zu retten und ein neues Erdenjahr kann beginnen. Aber es wird der Tag kommen, an dem ihm das nicht mehr gelingt. Dann kommt es zur entscheidenden Schlacht zwischen Licht und Finsternis, der sogenannten Götterdämmerung.

Die Tyr-Rune ist Sinnbild des Sonnenhelden Tyr, der mit der Esche verbunden ist. Tyr kämpft mit dem Wolf, dem Sinnbild der gefährlichen Leidenschaften. Diesen Vorgang finden wir in der Alchemie im Prozess der Veraschung (Calcination) wieder.

Die Esche ist der Weise, der die Zukunft sieht und zu höheren Zielen lenkt.

Die Eschenessenz wird nötig, wenn das Wollen, das Verlangen und Streben keinen Erfolg hat... Die Strebekraft kann sich in einen Zustand der Hoffnungslosigkeit, in ein Gefühl von Wut und Zorn wandeln... Die Esche hilft, Niederlagen zu verdauen und gibt die innere Kraft, nach neuen, übergeordneten Werten zu suchen...

Die Esche galt als einer der Weltenbäume und steht für den Zyklus des Lebensfeuers, das entsteht, lebendig brennt und schliesslich zu Asche wird, um als Phönix zu einem neuen Leben daraus hervorzugehen...

Die Esche ist ein Feuerbaum, der unseren Willen im Feuer verbrennt, ihm alles Verlangen (Wasser) entzieht. Im spirituellen Sinne verkörpert die Esche den Leitsatz: Ich, der Weg und das Ziel sind eins. Sie gibt dem Menschen die Kraft, seine Orientierung zu finden...

Mit der Esche beginnt der Weg in die Unterwelt, beginnt der Weg zurück zum mütterlichen Urgrund. In der Esche verbrennen wir alle überflüssigen Bindungen an die Welt der äusseren Kräfte und folgen dem eigenen Stern.... Im Zeichen der Esche wird die Zeit aufgehoben, gilt nur noch die zeitlose Welt der Urbilder.

(aus Harald Knauss: Die Urkraft der Bäume)

Die Eschenessenz kann täglich mehrmals mit etwas Wasser eingenommen oder aufgerieben werden, zehn Tropfen genügen.

In dieser Darstellung der Eschenenergie wird sehr deutlich, was wir bei einem Menschen in der ersten Wandlungsphase oft erleben: das Tauziehen der Kräfte. Alle Elemente sind in Bewegung. „Warum muss ich gerade so krank sein?" oder „Warum muss ich sterben, da ich doch nicht will?" Oder „Ich will nicht sterben!" sind Worte, die wir hören und die verständlich sind, wenn sich ein Mensch sein Leben lang nie mir der Tatsache befasst hat, dass eines Tages die Grosse Wandlung ansteht.

In der ersten Wandlungsphase erwacht deshalb der Kampfgeist, der unsere gesamte westliche Medizin durchdringt: Kampf gegen den Krebs, Kampf gegen den Tod, Kampf gegen das Alter – lauter Windmühlenkämpfe. Weder Arsen noch Eschenessenz, noch irgendein anderes Heilmittel sind dazu gedacht, den Tod herbeizuführen, sondern den Blick nach innen zu richten, der inneren Stimme zu vertrauen und sich zu entscheiden. Niemand entscheidet sich so ohne weiteres für das Sterben. Ich meine eine Entscheidung auf der Basis von Annahme zweier Möglichkeiten, nämlich ins Leben zurückzukehren und zu inkarnieren oder zu exkarnieren und sich dem Sterbeprozess hinzugeben.

Ich wurde oft von Sterbenden mit ängstlichen Augen gefragt: „Muss ich denn sterben?“ Darauf habe ich immer geantwortet: „Ich weiss es nicht. Nur Sie wissen das.“ Damit habe ich lediglich signalisiert, dass ich auch bei mir die geistige Türe zur Exkarnation als Möglichkeit öffne und es der Eigenautorität des Patienten überlasse, sich damit zu befassen.

Wann tauchen die quälenden Fragen nach dem kommenden Schicksal am häufigsten auf? Natürlich in der Nacht. Deshalb sollten sowohl Arsen in flüssiger Form als auch die Eschenessenz für den Patienten bequem erreichbar sein, indem er sie einnimmt, aufreibt oder sie zumindest nah bei sich hat, wie zum Beispiel neben dem Kopfkissen.

Wer nicht mit der Eschenessenz behandeln möchte, kann dies auch mit der Esche als Homöopathikum tun. Fraxinius americana, die Weissesche, ist zwar geprüft worden, aber gibt nur einige wenige Symptome wieder, die auf die tiefere Bedeutung der Esche hinweisen. Hierzu folgende Hinweise:

- Angst beim Erwachen aus einem schrecklichem Traum
- Angst und nervöse geistige Ruhelosigkeit
- Schwermut
- Muss reden
- Fieber, Schwindelgefühl, Verstopfung, Lungenschmerzen, Fusskrämpfe sind einige wichtige Körpersymptome

(nach Armin Seideneder: Mitteldetails)

Fraxinius können wir gut als Komplement zu Arsen einsetzen.

Farblicht Orange

Die wichtigste Farblichtbestrahlung zu Beginn des Sterbeprozesses ist **Orange**, die Heilfarbe par excellence. Sie stimuliert sanft das Drüsensystem und steht symbolisch für das Abend- oder Morgenrot. Orange unterstützt nicht nur physisch die Lebensfunktionen, sondern hilft, sich zu entscheiden: mit dem Morgenrot wieder ins Leben zurück zu kommen oder mit dem Abendlicht zu scheiden.

Im Bardo Thödol spielt Orange eine essentielle Rolle in der Sterbebegleitung – wie überhaupt in der tibetischen Religionsphilosophie. Orange als Mischung aus Rot und Gelb entspricht der Verbindung von Körper (Rot) und Geist (Gelb). Sie symbolisiert die Klarheit, wenn beide im Einklang sind. Im Orangelicht wird der Sterbende ermuntert, sich seiner guten Taten zu erinnern. Man stellt in Sichtweite frontal vor den Liegenden einen kleinen erhöhten Altar und darauf Bilder aus der Blüte seiner Lebenszeit. Niemand spricht über Leiden, Sterben, Tod, sondern weckt das Gute, das Positive, das was immer ganz und vollkommen ist, denn Sterben wird hier als Läuterung, als grosse Chance verstanden, zur Erleuchtung zu gelangen.

Ich konnte in allen Fällen der Sterbebegleitung erleben, dass auch bei uns grosse Erleichterung eintritt, wenn man aufhört, dauernd über Laborwerte, Messbefunde, bange Fragen, Krankheit und Leiden zu sprechen, sondern es so arrangiert, dass der Sterbende auf Orange schaut, sei es ein Bild oder ein Tuch. Im Krankenhaus kann nicht immer eine Lichtbestrahlung durchgeführt werden, aber wenn wir wissen, was der Moment gebietet, überträgt sich diese innere Sicherheit auch auf das Krankenhauspersonal.

Über das Gute bzw. die guten Taten des Patienten zu sprechen, hat nichts mit Verdrängung zu tun. Koun An Roshi sagte mir damals: „Über das, was selbstverständlich ins Auge springt – Schwäche, Unruhe, Angst – müssen wir uns nicht unterhalten. Helfen Sie dem Kranken oder Alten, das verbleibende Licht ganz zu sehen."

Schauen wir uns abschliessend noch einmal die sensitiven und medialen Phänomene an, die in der ersten Wandlungsphase typischerweise auftauchen. Zu den bedeutsamen hellsichtigen Wahrnehmungen gehört auch das momenthafte Auftauchen von Gesichtern, die teils erkannt werden oder fremd sind. Dieses Phänomen kennen wir aus den Berichten der Nahtoderlebnisse. Es sind (noch) nicht ganze Gestalten, sondern Gesichter, die aus der körperlosen Welt plötzlich auftauchen.

Sagt ein Mensch in der ersten Wandlungsphase, dass er im Spiegel nicht mehr sein eigenes Gesicht, sondern jemand anderen sieht oder sieht er Gesichter im Raum, an der Wand, im Traum usw., so versichern wir ihm, dass er/sie den Blick in eine andere Dimension gewagt hat. Fürchtet er sich, empfehlen wir ihm, das Gesicht anzusprechen: „Wer bist du, warum bist du da?" Sehr oft verschwinden die Erscheinungen. Wenn aber ein Gesicht bleibt und der Sterbende eine Antwort bekommt, beruhigt und entspannt er sich.

Wenn die Gesichter im Spiegel oder an der Wand zum Problem werden, hat sich Anacardium bewährt.

Bei manchen Patienten erlebte ich, dass die Gesichter nur nachts im Dunkeln auftauchen und deshalb Furcht vor Dunkelheit entsteht. Hier ist Lac caninum sehr hilfreich. Das Gesichter-Sehen kommt so häufig vor, dass es sinnvoll ist, noch einige weitere Homöopathika bereit zu halten. Während unsere Materia medica hier einfach nur Mittel aufzählt, weil nie genau bei der Prüfung hinterfragt wurde, welcher Art die Gesichter sind und welche Botschaft sie senden, möchte ich dies aufgrund eigener Erfahrungen in der folgenden Tabelle etwas präzisieren:

Arznei-Persona	Hellsichtige Wahrnehmung von Gesichtern
Agaricus Tag u. Nacht	die Gesichter ähneln Tieren und Pflanzen. Manche Patienten erkennen Naturgeister wie Kobolde, Zwerge, Elfen und Feen.
Anacardium Tag u. Nacht	Die Gesichter sind ernst, misstrauisch, furchterregend bei sensiblem Gemüt; können auch wie eine Maske oder Fratze erscheinen.
Aurum Tag u. Nacht	Die Gesichter erscheinen wie von einer Aureole umgeben (hellsichtige Wahrnehmung der Kopfaura!), sind ernst, mit offenen grossen Augen. Manche meinen Gottvater, Jesus, Maria oder einen Heiligen zu sehen, manche beschreiben die Goldmaske von Tut Anch Amun oder sonst ein altägyptisches Pharaonengesicht (z. B. Ramses II u.ä.).
Calcium Carb. Tag u. Nacht	Die Gesichter sind von mildem, beruhigendem Ausdruck, mitunter engelhaft, auch von verstorbenen Familienangehörigen. Es können auch Fratzen oder Fantasiegesichter aus Fantasieromanen auftauchen (Herr der Ringe, Nebel von Avalon u.ä.).
Causticum Tag u. Nacht	Die klar erkennbaren Gesichter sind meistens von bekannten Verstorbenen und Familienangehörigen, die mentale Botschaften durchgeben wie z. B. „komm zu mir“. Es können lächelnde Gesichter sein.
Cuprum Tag u. Nacht	Es tauchen ausgewählte Gesichter auf, die zu problematischen Personen gehören wie z.B. der Vater des Patienten oder der ehemalige Chef oder der schwierigste Lehrer aus der Schulzeit.
Lac caninum Nacht	Dunkle, undeutliche Gesichter, manchmal mit Kapuze, so dass man das Gesicht nicht gut erkennen kann. Gesichter ohne Augen oder mit geschlossenen Augen. Auch Totenschädel können erscheinen.

Lachesis Tag u. Nacht	Gesichter von Verstorbenen, bekannte, unbekannte, freundliche, furchterregende. Der Mund bewegt sich, aber der Patient kann die Worte nicht verstehen bzw. hören, möchte aber gerne wissen, was gesagt wird.
Lycopodium Tag	Gesichter aus dem Menschen- und Tierreich (verstorbene Tiere, die zum Haushalt gehörten), Vorgesetzte, Vatergestalten aus der Familie.
Mercurius	Harte, faltige Gesichter, die Mut und Willen ausstrahlen, manchmal Helden aus Westernfilmen, statischer Ausdruck, bedrohlich oder das Gefühl von „Schutzgeist" vermittelnd.
Phosphor Tag u. Nacht	Helle, undeutliche Engelgesichter, die der Patient mehr ahnt als real sieht, auch Fantasiegesichter, freundliche und düstere.
Pulsatilla Tag u. Nacht	Babygesichter, die ernst blicken und wissend.
Stramonium Nacht	Gesichter wie aus Stein (Granit) gehauen, Teufelsgesichter so wie der Patient sich den Teufel vorstellt: schwarz, behaart, bebartet, mit glühenden Augen, hässliche Fratzen, aber auch Göttergesichter wie z.B. Buddha, Krishna, Kali, Vishnu, Ramses u.ä.
Sulfur Tag u. Nacht	Gesicht des weinenden Clowns Pierrot, lachendes Clowngesicht, Theatermasken.

Das ist nur eine kleine Auswahl, aber sie hilft, die visuellen Erscheinungen der Gesichter etwas besser einzuordnen und dem Patienten leichter begegnen zu können. Ganz davon abgesehen wird im Sterbeprozess alles deutlicher, weil sich die Lebensprozesse verlangsamen. Dadurch werden auch die Konstitutionen klarer. Allerdings setze ich die oben genannten Mittel im Sterbeprozess als Akutmittel ein, wenn die hellsichtigen oder sonstigen sensitiven Phänomene den Patienten zu sehr ängstigen. Es reicht hier die C30, mehrmals pro Tag verabreicht.

Aufgrund der Tatsache, dass im Sterbeprozess höhere energetische Gesetze herrschen, muss man sich keine Gedanken um die Kompatibilität der Homöopathika mit anderen Medikamenten machen, die der Patient eventuell bekommt. Es ist völlig egal, ob noch Antibiotika, palliative Schmerzmittel oder sonstige Massnahmen, zum Beispiel schulmedizinisch, verordnet werden. Zum einen wirken die Homöopathika, die Baumessenzen und die Farblichtbestrahlung auf wesentlich höheren Ebenen und zum andern müssen die Homöopathika oder Baumessenzen nicht eingenommen werden, sondern wirken schon dann, wenn sie auf die Stirn gerieben oder in die Nähe des Sterbenden gestellt werden.

Die zweite Wandlungsphase – „Die Erde geht in das Wasser ein“

Auf der Energiepyramide (Farbbild 1) sehen wir, dass die Physis kleiner geworden ist und das Energiefeld grösser. Vergleichen wir den Sterbeprozess mit der Geburt, so entspricht die erste Wandlungsphase den ersten Wehen, die noch in längeren Abständen kommen. Die zweite Wandlungsphase ist den schon etwas häufigeren Wehen vergleichbar. Es entsteht ein deutlicherer Sog in Richtung Exkarnation. Das wühlt die Emotionen insofern auf, als der/die Sterbende dies spürt und mit seinem Leben ins Reine kommen möchte. Von Zeugen des Nahtoderlebnisses wissen wir, dass sie ihr Leben wie in einem Film sahen, dass ihnen leuchtende Farben erschienen, dass sie laute, knallende Geräusche oder engelhafte Musik hörten und erstmals ein Gefühl für die körperlose Existenz hatten, das sie nicht ängstigte, sondern erleichterte.

Da die zweite Wandlungsphase nicht unabdingbar in den Tod führen muss, also eine Rückkehr ins Leben potentiell möglich ist, erhalten wir auch von einem Sterbenden noch Kunde, was er/sie wahrnimmt.

Die Farbe Blau steht für das Wasserelement und dieses für die Emotionen. In der zweiten, emotional betonten Wandlungsphase wird der innere Frieden angestrebt, die Klärung, die Erleichterung, die Ruhe. Energetisch wird nicht nur das physische Doppel, der Ätherkörper vom materiellen Leib gelockert, sondern auch der astrale Energiekörper, den wir auch den Emotionskörper nennen. Dabei kommt es zu elektrischen Entladungen, denn die Energiekörper aller Lebewesen sind elektromagnetische Felder. In der Regel nimmt nur der Sterbende die Entladungen als akustische Phänomene wahr und ist erstaunt, dass wir sie nicht hören. Nichts ist schlimmer für einen Sterbenden, als in seinen Wahrnehmungen nicht verstanden zu werden. Wir tun gut daran, alles ernst zu nehmen, was uns der Exkarnierende mitteilt. Was er/sie sucht, ist Verständnis und die Möglichkeit, die neuen Erfahrungen miteinander zu teilen. Die Schmerzerleichterung steht weit hinter der Erleichterung zurück, von den Lebenden um sie/ihn herum angenommen und verstanden zu werden.

In den tibetischen „Totenbüchern“ hat die zweite Wandlungsphase den Titel: „Die Erde geht in das Wasser ein“. Übertragen in die bildhafte Sprache bedeutet das folgendes:

siehe Farbbild 3

Es ist wichtig, diesen Vorgang sprachlich zu verstehen. Es heisst, dass das Erdelement aktiv gegen den Uhrzeigersinn in das Wasserelement eingeht. Das bedeutet, die physische Lebenskraft wird in ihrem Vorwärtsfluss gebremst, es entsteht erstmalig ein Impuls in das Geschehen hinein, was die Chinesen den „Zerstörungszyklus“ nennen, wenn die Elemente aus der Balance geraten. Aber in der Sterbeenergetik haben wir es nicht mit einem destruktiven Prozess zu tun, sondern mit einem notwendigen Vorgang, um Physis und Energiekörper zu trennen. Das Element Erde geht also freiwillig und bewusst in das Wasser ein und löst sich darin auf. Die Folge ist, dass das Wasserelement das Erdelement im Uhrzeigersinn überflutet und vereinnahmt.

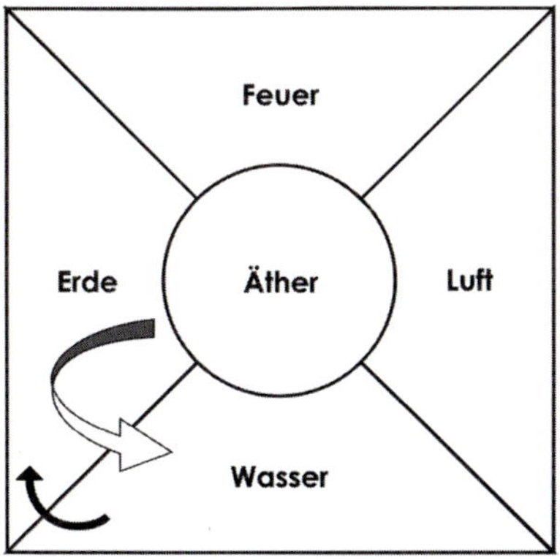

Abb. 5 Die Dynamik der zweiten Wandlungsphase

Der emotionale Zustand in dieser Wandlungsphase wirkt wie aufgewühltes, dann wieder gleichmässig fliessendes Wasser. Besonders die hellhörigen Phänomene machen deutlich, dass der Sterbende Kontakt mit der „anderen Welt" aufnimmt und uns nur bruchstückhaft sagen kann, was er/sie wahrnimmt...

Auch die hellsichtigen oder hellfühligen Phänomene zeigen die Kommunikation mit der körperlosen Welt, die der Sterbende ganz real erlebt. Wie bei den Nahtoderlebnissen begegnet er Verwandten, Freunden oder Helfergestalten, die er je nach seinem Bewusstseins- und Erfahrungsniveau im Leben als Engel, Geister oder Gespenster beschreibt.

Ein sicheres Zeichen für uns als Begleiter der/des Sterbenden ist die Mitteilung, zu schweben, denn so werden die ersten Versuche der Loslösung vom physischen Körper beschrieben. Können wir angstfrei mit den Wahrnehmungen umgehen, überträgt sich dies ***eins zu eins*** *auf den Sterbenden. Nach meiner Erfahrung sind die negativ gedeuteten Wahrnehmungen in den meisten Fällen Projektionen eigener Ängste oder negative Glaubenssätze der Begleiter auf den Sterbenden. Man bedenke, es herrschen im Sterbeprozess erhöhte energetische, mediale Zustände. Der Sterbende hat somit nicht nur seine „Antennen" auf das gerichtet, was vor ihm/ihr liegt, sondern nimmt auch intensiv und im vergrösserten Massstab Gefühle und Gedanken um ihn herum wahr. Das bedeutet, selbst kleine Zweifel oder Ängste von uns übertragen sich vergrössert auf den Sterbenden!*

(aus R. Sonnenschmidt: Mediale Mittel in der Homöopathie)

Die bildhafte Auflösung von Erde in Wasser bedeutet eine Verdünnung, eine Auflösung stabiler Funktionen. Eine Weile ernährt sich der Organismus von seinen Nährstoffdepots, aber allmählich erlahmt der Stoffwechsel, was dazu führt, dass das Blut von Giftstoffen überflutet wird. Im fortgeschrittenen Stadium entströmt dem Körper ein Acetongeruch, ein sicheres Zeichen für die Auflösung der Materie und Zunahme der energetischen „Feldstärke".

Hilfen in der zweiten Wandlungsphase

Phosphor – Lachesis – Carbo vegetabilis – Weidenbaum – Gelb- und Blaulicht

Eines der wichtigsten Merkmale dieser Phase sind Abmagerung durch Nahrungsverweigerung, zeitweise Bewusstlosigkeit und Todesangst. Der Patient ist sehr schreckhaft, weil die Sinneswahrnehmungen überscharf werden. Er/sie will nicht alleine sein und hat Angst, nicht mehr genügend Zeit zu haben, emotionale bzw. persönliche Angelegenheiten zu regeln. Das wichtigste Mittel ist hier Phosphor C30 oder C200, je nach Dringlichkeit stündlich oder einmal täglich verabreicht.

Da die zweite Wandlungsphase nicht unabdingbar in den Tod führen muss, also eine Rückkehr ins Leben potentiell möglich ist, erhalten wir auch von einem Sterbenden noch Kunde, was er/sie wahrnimmt. In dieser, oft von starken Emotionen durchdrungenen Wandlungsphase, ist es für den Patienten von existenzieller Bedeutung, dass wir seinen Wahrnehmungen vertrauen und sie niemals – wie es leider oft in Krankenhäusern geschieht – als geistige Verwirrung abtun. Solange der Patient sich noch mitteilen kann, erhalten wir höchst wertvolle Hinweise auf die dynamischen Gesetze des Sterbens. Darum ist es auch wichtig, dass Morphine nicht zu früh verabreicht werden, nicht etwa, weil sie die Macht hätten, das Bewusstsein zu trüben, sondern, weil der Sterbende sich nicht mehr mitteilen kann. Seine Ausdrucksorgane werden sediert. Das Bewusstsein darunter ist klar und rege und leidet entsetzlich, weil der gewohnte verbale Kontakt gerade in der zweiten Wandlungsphase unterbrochen wird.

Ich kann es dem Leser nicht ersparen, an dieser Stelle anzudeuten, was in einem Unfallopfer vor sich geht, wenn Organe zwecks Transplantation entnommen werden, ohne dass der Sterbende gefragt wird. Organentnahmen müssen in der ersten oder spätestens zweiten Wandlungsphase durchgeführt werden, weil sonst die Organe nicht mehr genügend durchblutet sind. Der Transplantationswahn im Lichte der

Sterbeenergetik betrachtet, ist das Lebensverachtendste, dessen der menschliche Geist der Neuzeit fähig ist. Selbst die „humanitäre" Anästhesie vor der Operation ändert nichts an den Gesetzmässigkeiten der Exkarnation, denn sie treibt lediglich den Menschen voran, sich gewaltsam von seinen Energiekörpern zu trennen. Es ist bezeichnend für unsere reduktionistische Medizin, dass wir einen Sterbenden nicht nur in seiner Würde entmündigen, sondern auch im nächstliegenden Sinne, nämlich ihn ent-mündigen, ihn seiner Fähigkeit, mit dem Mund zu sprechen, berauben.

Eines der deutlichsten Phänomene, das der Sterbende beschreibt, ist ein Schwebegefühl, ein Leichtwerden des Körpers. Phosphor in seiner ganzen heilenden Grösse erlebe ich hier als Angebot, sich wieder zu inkarnieren. Die meisten Nahtoderlebnisse spielen sich in der zweiten Wandlungsphase ab, und wir erfahren, wie der Patient sich von seinem Körper löst und über ihm schwebt. Wenn es für ihn bestimmt ist, wieder in den Körper zurück zu kehren, spürt er einen Sog und alsbald wieder alle Pein und alles Leiden seiner leiblichen Existenz. Aber er/sie geht mit einem verwandelten Bewusstsein daraus hervor.

Die Kenntnisse über Nahtoderlebnisse geben uns wichtige Hinweise darauf, was man im Falle der Sterbebegleitung leichter machen kann. Meine Erfahrungen mit Phosphor oder Phosphorverbindungen (Mag-phos., Calc-phos., Kal-phos., Phos-acid.) in der zweiten Wandlungsphase haben mich gelehrt, dass, im Falle einer Rückkehr in unser Leben, diese Rückkehr sanft geschieht. Der Mensch gleitet in seinen Körper, die Annahme der damit verbundenen Schmerzen ist ebenfalls gleitend und schonend. Im Falle des Exkarnationsprozesses hilft Phosphor, den Körper sanft zu lösen und genügend Zeit zu schaffen, um noch emotionale Themen zu ordnen.

Jeder hat es schon einmal erlebt oder gehört, dass der/die Sterbende nicht eher „ging", bis eine bestimmte Person erschien. Alte Feindschaften, Dinge, die man vor seinem Gewissen verantworten muss, schlechte Taten, Schuldgefühle –

alle diese starken, emotionsgeladenen Themen will der Sterbende in der „Wasserphase“ des Sterbeprozesses bereinigen. Es besteht der Drang, sich von aller Last zu befreien und leicht zu gehen. Es ist für uns Therapeuten und Sterbebegleiter gar nicht wichtig, im Detail zu verstehen, worum es geht, sondern alles daran zu setzen, die Erfüllung der Bedürfnisse zu ermöglichen. Wie die Praxis zeigt, herrschen nicht nur rund um den Sterbenden höhere energetische Gesetze, sondern auch im Makrokosmos. In dem Masse, wie der Sterbende „übt“, den Körper abzulösen, kann sein Bewusstsein auf Reisen gehen und telepathisch den anrühren, der kommen soll. Wie ein Yogi, der es Jahrzehnte übt, astral zu reisen, kann dies auch der Sterbende, denn alle diese Yoga – oder Siddhi – Künste haben Inder und Tibeter vom Sterbeprozess gelernt. Die „Magie des Alltags“, wie der Homöopath Andreas Krüger es nennt, wirkt hierbei besonders eindrucksvoll. Selbst wenn der Sterbende sich in Apathie oder gar Koma befindet, geht sein Geist auf Reisen und es erscheint derjenige auf geheimnisvolle Weise, um dem es dem Sterbenden geht. Die Exkarnation wirkt sich eben auch auf unsere vereinbarte Raum-Zeit-Dimension aus, indem jenseits von räumlicher und zeitlicher Begrenzung Phänomene wahr werden.

Schauen wir auf die sensitiven Phosphor-Zustände, die besonders in der zweiten Wandlungsphase relevant werden:

- Hält sich für körperlich leicht
- Meint, er schwebe in der Luft
- Wahrnehmungen tauchen besonders abends auf
- Sieht Feuer
- Sieht Gestalten, besonders abends, im Zwielicht
- Hört Glocken
- Hört Uhrschläge
- Hört Gegenstände sich bewegen
- Hört Lärm, Geräusche

- Hört Töne, Klänge, Laute kommen aus einer anderen Welt

Wir erkennen hier unschwer die Dominanz hellhöriger Phänomene, die eine Allianz mit der Hellfühligkeit eingehen. Das zu begreifen, erfordert das Verständnis dafür, dass jede Wandlungsphase ein eigener Prozess ist, mit einer Einstimmungsphase, einem Höhepunkt und einem Ausklang, der nahtlos in die nächste Phase übergeht. Der Beginn der zweiten Wandlungsphase oder Wasserphase wird durch hellfühlige Phänomene eingeleitet wie die erwähnte körperliche Leichtigkeit und das Gefühl zu schweben. Zum Höhepunkt gehören die hellhörigen Phänomene, die sehr eindrucksvoll sein können, aber auch minimal. Wichtig ist, auf sie zu achten, weil sie den energetischen „Standort" der Wasserphase anzeigen. Wie schon weiter oben gesagt, gehören die elektromagnetischen Entladungen hierher, die als knallende oder zischende Geräusche beschrieben werden. Die Hellhörigkeit äussert sich aber nicht nur in der eigenen auditiven Wahrnehmung, sondern auch in dem Bedürfnis zu sprechen – sowohl mit dem Betreuer als auch mit Wesenheiten, die wir nicht sehen oder wahrnehmen. Ich habe Menschen in verständlicher, unverständlicher und Fantasiesprache mit Wesenheiten reden hören. Es hat mich stets tief berührt, wie emotional diese Dialoge waren. Sie müssen von grosser Bedeutung sein, denn anschliessend folgt eine grosse Entspannung. Diese Dialoge werden mental mit Verstorbenen, aber auch mit Lebenden geführt, die für den Sterbenden real anwesend sind.

Der sich neigende Bogen der zweiten Wandlungsphase kündigt sich dadurch an, dass Stimmen, Klänge oder Töne aus der körperlosen Welt gehört werden, da sich der Sterbende dieser Ebene und Dimension immer mehr zuneigt.

Normalerweise flössen die hellhörigen Phänomene keine Angst ein, wenn sie aber Probleme bereiten und die Kräfte des Sterbenden zu erschöpfen drohen, sollten folgende Mittel als akute Hilfen bedacht werden:

Arznei-Persona	Hellhörige Wahrnehmungen, akustische Phänomene
Agaricus Aurum Belladonna Calcium Hyoscyamus Lachesis Stramonium Thuja Veratrum	Redet (unaufhörlich) mit abwesenden Personen und Verstorbenen, will sie anfassen und greift dabei ins Leere.
Digitalis	Redet nachts mit abwesenden, lebenden Personen.
Hyoscyamus	Ruft nach abwesenden, lebenden Personen.
Medorrhinum	Sieht Personen hereinkommen, die ihn anschauen und ihm zuflüstern „Komm!".
Belladonna Natrium mur. Acidum nitricum Stramonium	Redet mit körperlosen Wesen und beschreibt sie als Heilige, Engel, Feen, geistigen Helfern, je nach persönlichem Weltbild. Der Patient weiss, dass sie immaterieller Natur sind.

Es kann somit sein, dass entweder ein zweites Mittel unterstützend zu Phosphor nötig ist oder aber eines anstelle von Phosphor tritt. Das hängt von der Persönlichkeit des Patienten und von weiteren Symptomen des physisch-psychischen Befindens und Verhaltens ab. Die in der Tabelle genannten, von mir etwas ausführlicher beschriebenen Phänomene, finden wir auch in der Rubrik „Wahnidee" des Repertoriums. Sie wirken aber nur für den wahnhaft, der nichts von den medialen Zuständen weiss, die einen Sterbeprozess auszeichnen.

Die hellsichtigen Phänomene unterscheiden sich von der ersten Wandlungsphase insofern, als anstelle der Gesichter nun Gestalten den Raum bevölkern. Zu dieser Wahrnehmung eignet sich besonders die Dämmerung, und tatsächlich unterstützt hierbei Phosphor den Sterbenden, dies nicht als bedrohlich zu erleben. Wenn alles seinen natürlichen Gang nehmen darf, braucht der Sterbende gar keine Mittel. Es kommt darauf an, wie intensiv sich ein Bewusstsein schon zu Lebzeiten mit erweiternden Wahrnehmungen angefreundet hat oder nicht.

In der zweiten Wandlungsphase tauchen noch andere Phänomene auf, die meistens missverstanden werden, Angst einflössen und deshalb akut behandelt werden sollten. Eines der eindrucksvollsten Erlebnisse ist für den Sterbenden, dass ihm helfende Hände entgegen gestreckt werden. Wir „draussen“ sehen nur, dass der Sterbende dauernd in die Luft greift. Machen wir uns folgendes klar:

Der Sterbende liegt. Was immer er wahrnimmt, geschieht über ihm, was aber für ihn frontal bedeutet:

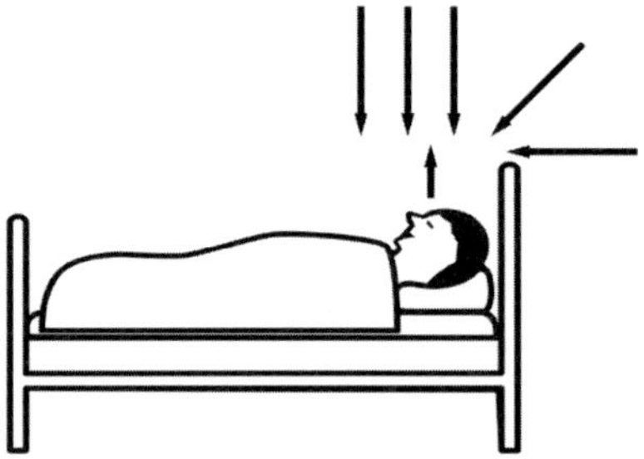

Abb. 6 Die frontale Wahrnehmung beim Sterbenden

Arznei-Persona	Hellsichtige Wahrnehmung
Arsen **Belladonna** **Hyoscyamus** **Stramonium**	Versucht die Hände zu ergreifen oder auch ihm dargereichte immaterielle Gegenstände.
Belladonna **Camphora**	Die Gegenstände werden als leuchtend, durchsichtig beschrieben.
Stramonium	Versuch, farbige Wesenheiten anzufassen. Versuch, im Raum befindliche Personen zu berühren.

Arznei-Persona	Hellsichtige Wahrnehmung
Cuprum	Sieht Gegenstände im Zimmer schweben.
Medorrhinum	Sieht nachts grosse Personen im Zimmer bzw. sie kommen ihm gross vor, weil sein Körper sich kleiner werdend anfühlt.

Das zweite charakteristische, grosse Mittel für die Wasserphase ist Lachesis, wenn der Patient meint, keine Luft zu bekommen, Enge am Hals spürt oder zu ersticken droht. Auf der psychischen Ebene gerät der Sterbende in Verwirrung über seinen Zustand. So kann es sein, dass der Patient sich für tot hält und meint, im Jenseits zu sein. Er spürt aber, seine Zeit ist noch nicht gekommen. Diese Bedrängnis lösen wir mit Lachesis. In der zweiten Wandlungsphase ist der Patient sehr mit sich selbst beschäftigt, emotionale Wellen schlagen hoch. Er ist ruhelos, fährt aus dem Schlaf hoch und zittert. Wenn dazu noch eine ausgeprägte Abneigung gegen Berührung kommt, ist Lachesis sehr hilfreich. Auch jede zyanotische Verfärbung des Gesichts oder auch nur der Lippen sollte beachtet werden. Im Sterbeprozess können sich daraus nahtlos sogenannte „Totenflecken“ am ganzen Körper ergeben. Sie bereiten keine Schmerzen, aber sie sind ein Hinweis auf die stattfindende Exkarnation und müssen nicht behandelt werden. Kommen aber starke Herzarrhythmien und Erstickungsgefühle hinzu, sollte man Lachesis verabreichen.

Nux Vomica ist ein ausgezeichnetes Heilmittel, wenn der Sterbende sich Rechenschaft über sein Leben, seine Taten ablegt, was bisweilen sehr dramatisch sein kann, und dabei seine Kräfte überfordert. Er steht im Dialog mit Menschen, die wir nicht sehen und er hat das Gefühl, er muss „Rede und Antwort stehen“. Wenn das den Menschen zu sehr belastet, sollten wir mit Nux Vomica C30 lindern helfen.

Ein interessanter Lycopodium-Zustand kommt in der zweiten Wandlungsphase des öfteren vor. Der Patient erlebt sein ganzes Leben wie in einem Film. Das können auch Patienten eines Nahtoderlebnisses berichten. Während für uns nur eine halbe Minute vergangen ist, erlebt der Sterbende den

Rückblick in seine Vergangenheit als lange Zeit. Sollte den Menschen dieser Rückblick zu sehr erschüttern, ist Lycopodium C30 oder C200 sehr hilfreich.

Carbo vegetabilis C30 hilft als Reanimationsmittel, wenn Sterben noch nicht angesagt ist.

Typische Anzeichen sind:

Ist wie leblos, ohnmächtig, völlig erschöpft, völlig ausgetrocknet, völlige Kälte (DD Aranea diadema), Puls extrem schwach, grosse Angst vor Dunkelheit.

Abb. 7 Die Weide

Baumessenz Weide

In der zweiten Wandlungsphase hat sich die Baumessenz der **Weide** als sehr wirksames Heilmittel erwiesen. Die Weide ist ein Wasserbaum. Ihre Essenz steht für Hingabe, Loslösung und sanftes Hinübergleiten. Der Sterbende liegt gleichsam in einem Weidenkorb, der ihn auf den Wellen der Gefühle sicher trägt.

Die Eoh-Rune der Weide sieht aus wie ein M, das auch als Welle oder wie ein liegendes Sinuszeichen abgebildet wird. Sie ist ein Wasserideogramm und stellt das Auf und Ab der Wellen dar. Es geht um Umwandlung von Energien... Die Rune bedeutet sowohl „Wasser" als auch „Ross"... Das Ross und sein Reiter, der

Lichtgott und Heilsbringer, waren von jeher mit dem Wasser und Weltmeer verknüpft. Im nordischen Mythos schlägt das Ross mit seinem Huf Wasser aus dem Stein. Die Weidenbäume säumten die Weiden im heiligen Bezirk, auf denen die heiligen Rosse grasten. Der wintersonnwendliche Gott senkt seine Arme, wie auch die Weide ihre Äste, weit nach unten, dem Boden entgegenstreckt...

In vielen Kulturen wurde die Weide zum Trauerbaum und galt der Unterwelt zugehörig... Aber die Unterwelt ist auch ein Ort der Fruchtbarkeit. Ob die Unterweltgöttin Persephone oder der germanische Ase Widar waren gemeinsames Sinnbild für Tod und Wiedergeburt zugleich. Der schweigsame Ase Widar herrschte über einen grossen Wald aus Weidenbäumen...

Die Weide war wie alle Wasserbäume ein Baum der Grossen Mutter... Sie spendet Leben und Kraft und steht auf der Grenze zwischen Ober- und Unterwelt. Die Weide ist mit der Musik verknüpft, mit Gesang und Flötenspiel, und schläfert das Wachbewusstsein ein. Dadurch tut sich die Welt des Unbewussten auf. Diesen Aspekt finden wir auch in der Gestalt des „Weidenmannes" in Tolkiens Trilogie „Der Herr der Ringe"...

Mit der Weide betreten wir die Welt der Träume und Bilder. Das Leben zieht sich mit dem Zeichen der Weide ins Innere. Die Bilderwelt der Weise ist fliessend und in steter Veränderung begriffen...

Die Weiden-Essenz steht dem Menschen hilfreich zur Seite, der jeglichen Halt im Leben verloren hat. Er bewegt sich auf schwankendem Grund und weiss nicht, wohin er sich orientieren soll, welche Entscheidung er fällen soll. Die Zukunft ist unklar und ungewiss. Das Gefühl, das einem das Leben entgleitet, ist sehr gross... Es sind Menschen, die ein ganz nebeliges, unklares Gefühl über sich selbst haben... und noch nicht ganz auf der Erde angekommen sind. Sie leben noch stark in der astralen Ebene... Die Essenz wirkt stärkend auf die eigene Bilderwelt... Es sind zwei Welten, die in der Weide aufeinander treffen, die begrenzte objektive Welt und die unbegrenzte Welt des Unbewussten. Die Weide hilft, sicheren Stand zu finden zwischen beiden und fördert die Fähigkeit, die Ebenen zu wechseln.

(aus Harald Knauss: Die Urkraft der Bäume)

Die Weidenessenz hat schon oft gute Dienste geleistet, wenn in der zweiten Wandlungsphase hysterische Zustände und Verwirrung ausbrachen und der Patient nicht zu beruhigen war. Sie wird entweder eingegeben (10 Tropfen) oder aufgerieben auf die Stirn oder in die Ellenbogenbeuge.

Wer nicht mit die Essenz anwenden möchte, kann auch die „homöopathischen Weiden" wählen, Salix alba, Salix nigra, Salix mollissima und Salix purpurea. Die Gemütssymptome entsprechen im wesentlichen dem oben Gesagten, finden sich aber nicht in der gängigen Materia medica. Wir haben uns mit der Silberweide, Salix alba C200, in unserem Heilerkreis ausführlich befasst und ausser den Angstzuständen, nicht zu wissen, auf welcher Seinsebene man sich befindet, viele sensitive Wahrnehmungen erlebt, die typisch für die Wasserphase sind. Salix kann sehr gut helfen, wenn der Patient unmässig schwitzt und dabei stumpfsinnig wirkt. Das tritt zum Beispiel ein, wenn jemand aus einem Morphium-Zustand wieder aufwacht, nicht weiss, wo er/sie ist, stark schwitzt und gleichzeitig träge und unruhig ist. Salix kann gut Lachesis komplementieren, wenn die Durchblutung stark nachlässt und blaue Flecken auftreten.

Farblicht Blau und Gelb

In dem Zustand der Apathie, wenn das Erdelement in die nächste Stufe des inneren Rückzugs, in das Wasserelement eingeht, ist als Farblicht Blau angesagt. Blau zeigt an, dass ein Organismus sich nach innen zurückziehen kann, dass alle physischen Wachstumsprozesse verlangsamt werden können bis zum Stillstand. Der Sterbende ist in dieser Phase entweder bereit, das Sterben anzunehmen oder resigniert und ist nahe der Verzweiflung. Blaulichtbestrahlung aus etwa zwei Meter Entfernung hilft, wenig oder gar keinen Schmerz zu empfinden und sich zu entspannen. Man kann zu diesem Zweck eine blaue Glühbirne mit 15, 20 oder maximal 40 Watt einschalten und das Zimmer abdunkeln, dann ist die Wirkung am grössten. Da der Sterbende sich nicht mehr selbstständig aus dem blauen Lichtschein fortbewegen kann, wählt man besser kurze Bestrahlungszeiten von 30 Minuten. Es gibt keine Regel, wie oft dies zu wiederholen ist, weil bei jedem Lebewesen das Verweilen in dieser Phase des Sterbeprozesses verschieden lang ist. Sie kann ein paar Stunden oder mehrere Tage dauern.

Blau ist die Farbe des freien Fliessens von Emotionen. Der Sterbende braucht die Versicherung, dass wir ihn verstehen. Deshalb sollten wir ihn sanft mit seinem Namen ansprechen und ihm versichern, dass wir ihn verstehen. Gemäss dem *Bardo Thödol* spricht man in das linke Ohr: „Ich bin bei dir und begleite dich. Geh nur auf das helle Licht zu, das du siehst!"

Bisweilen ist man verunsichert, wenn der Sterbende zu jammern oder zu stöhnen beginnt. Das ist ein gutes Zeichen, denn es lindert die Schmerzen und erleichtert die Ablösung des elektromagnetischen Feldes vom Körper. Es gibt keinen Grund, in Panik oder Hysterie zu verfallen, wie dies allenthalben geschieht. Die jammernde, stöhnende Lautäusserung gehört zum Wasserelement und bringt Erleichterung. In einigen südlichen und östlichen Kulturen Europas gibt es noch die Klageweiber, die eben diese Funktion übernehmen, durch Jammern das Sterben und den Nachtodzustand zu erleichtern. Doch steckt darin noch eine viel tiefere Weisheit. Wenn der Sterbebegleiter jammert und stöhnt, wird es dem Sterbenden leichter. Man übernimmt also bewusst für eine Weile die Not des anderen.

Wichtig ist zu wissen – und das steht in keinem „Totenbuch", sondern gehört zur mündlichen Tradition der Praxis der Sterbebegleitung, dass der Kontakt zum Sterbenden auf der linken Seite stattfindet. Man spricht ins linke Ohr. Im Sterbeprozess wird nicht nur viel Energie frei, sondern auch viel Energie verbraucht. Der Begleiter muss seine Leberenergie schützen, weil der Sterbende bis zum Nachtodzustand über die Leberenergie mit unserer Welt verbunden ist und unbewusst von der Leberenergie des Begleiters lebt. Das lernte ich im Krankenhaus von einer thailändischen

Nachtschwester, die mir viele sinnvolle Erklärungen zu Phänomenen gab, die bei Sterbebegleitern auftreten. An vorderster Stelle sind starke Erschöpfungszustände und Leberschwäche immer dann zu beobachten, wenn der Begleiter ständig auf der rechten Seite (Leberseite) des Sterbenden sitzt oder agiert.

Es hat sich in der zweiten Wandlungsphase oftmals auch der Wechsel zwischen Gelb- und Blaulichtbestrahlung bewährt. Gemäss der süd- und ostasiatischen Elementenlehre, wird das Erdelement mit der Farbe Gelb und der Mitte gleichgesetzt. Gelb ist die heisseste Farbe, die flächendeckend ihre Energie verteilt und für das Lebendige schlechthin steht. In den physischen Prozessen regiert Gelb das Nerven- und Atemsystem. Die organische Tätigkeit von Magen, Milz, Zwölffingerdarm, sowie die Wirkung auf das Leberparenchym und das Drüsensystem werden Gelb zugeordnet. Die Stabilität der Umsetzung von fester Nahrung in Körperenergie und sämtliche Verdauungsfunktionen sind Ausdruck des Erdelements. Man könnte auch sagen, Gelb als Erdelement steht hier für die physischen Bedürfnisse eines Biosystems. Gelb- und Blaulicht wirken auch anregend auf die Gehirntätigkeit im allgemeinen und auf das Sprachzentrum im besonderen, und das ist im Sterbeprozess segensreich, wenn der Patient zu früh sediert wurde und Mühe hat, seine Gedanken und Gefühle mitzuteilen.

Die dritte Wandlungsphase – „Das Wasser geht in das Feuer ein“

In der Sterbeenergetik erleben wir wie in der menschlichen Inkar-nation wellenartige, pulsierende Bewegungen. Pulsation ist das wichtigste Zeichen von Leben, ob in die physische Welt hinein oder aus ihr heraus. Auf der Energiepyramide sehen wir, dass sich in der roten Phase, die dem Element Feuer entspricht, physischer und Energiekörper die Waage halten. Der Mensch steht an der Wegscheide zwischen Leben und Tod. Im Nahtoderlebnis ist das der Moment, in dem der Mensch wieder einen Sog in seinen Körper spürt oder andere Zeichen erlebt, die ihm deutlich sagen: Du musst in deinen Leib zurück. Deine Zeit zu gehen ist noch nicht gekommen, aber du hast einen Vorgeschmack bekommen, wie schön es ohne Körper sein kann. Die momenthafte Rückkehr in den physischen Körper wird als schmerzhaft empfunden.

Das gleiche erlebt die/der Sterbende im letzten Aufgebot seiner physischen Kraftreserven. Die Feuerphase ist ein letztes Aufblühen und für uns ein sicheres Zeichen, das der Tod nahe ist. Dennoch wird keine Wandlungsphase so oft missverstanden wie diese, denn es kommt zu wahren Wundern der Kräftemobilisierung. Ich nenne es das „Lazarus-Phänomen“, denn ich habe Menschen erlebt, die schon dem Tode nahe schienen, die aufstanden, das Krankenhaus oder Sterbezimmer verliessen und noch drei Monate lebten. Die längste Feuerphase, die ich je erlebte, war die eines Mannes mit Rückenmarkkrebs, der für zwei Jahre die Tumorstation verliess. Bei dem, zur grössten Verblüffung der Ärzte, die Krankheit von den Röntgen- und CT-Aufnahmen verschwand. Es kommt zu Spontanheilungen, die für eine bestimmte Zeit wirksam sind.

Was hat sich die Schöpferkraft dabei „gedacht“, eine solche gigantische Energiewelle im Sterbeprozess zu erschaffen?!

(aus R. Sonnenschmidt: Mediale Mittel in der Homöopathie)

Immer wenn ich bei Mensch und Tier die Feuerphase erleben durfte, sank ich voll Demut und Andacht auf die Knie vor so viel Weisheit, so viel Güte. Die Lebenskraft gibt uns bis zum letzten Augenblick die Wahl zur Heilung. Dies erlebt der/die Sterbende als Chance, zum Beispiel in seinem Leben noch Dinge zu ordnen, sich einen sehnlichsten Wunsch noch zu erfüllen, noch einmal etwas zu erleben, das ihm/ihr so viel bedeutete. Die Lebensenergie kommt an den Wendepunkt, ihre physische Existenz ist nur noch ein Hauch, ihre energetische Existenz ist angewachsen und bietet sozusagen ein gleichwertiges Pendant zum physischen Leben (siehe die mit Rot in der Pyramide gekennzeichnete Phase).

Ist der Sterbende schon mit sich ins Reine gekommen, muss und will er nicht mehr in die physische Welt zurück, so bedeutet die Feuerphase im Sterbeprozess das anstrengende Abschütteln des materiellen Leibes, das sich für uns draussen durch heftige Konvulsionen, Aufbäumen, Schreien mitteilen kann. Die dritte Phase kann aber auch ganz sanft vonstatten gehen, indem die/der Sterbende noch einmal sanft errötet, die Augen aufschlägt, uns musternd anschaut und lächelt. Die dramatische Welle der Exkarnation kann ganz klein und ganz gross sein. Entscheidend ist, dass wir den Menschen auffangen durch Zusicherung, dass dies alles seine Ordnung hat. Wir meinen fast immer, der Sterbende leide, weil er stöhnt oder einmal schreit und sich aufbäumt. Die Natur ist weise. Sie lehrt, wie man geboren wird, sie lehrt wie man stirbt und sie agiert immer zum Besten eines Lebewesens. Wir draussen haben viel mehr Probleme mit der dritten Wandlungsphase als der Sterbende. Ja, es können noch einmal Schmerzen auftauchen, die wir mit bewusstseinserhaltenden Schmerzmitteln, am besten Homöopathika wie Arsen oder Phosphor mildern sollten. Nach meiner Erfahrung leidet der Sterbende gerade in dieser Phase am meisten, wenn zu früh Morphium gegeben wird. Der Mensch wacht aus einem diffusen, vernebelten Zustand auf und versteht nicht, was mit ihm geschieht.

Man kann diese Situation ungefähr mit einer Steisslage des Kindes bei der Geburt vergleichen. Mutter und Kind geraten in Todesängste, weil beide spüren, dass etwas ausserhalb der Ordnung abläuft. Das Kind kann dadurch traumatisiert werden und noch als Erwachsener alle möglichen Wahnideen im echten Sinne produzieren.

Im Sterbeprozesse herrschen energetische Ausnahmezustände, die wir am besten meistern, indem wir keine Ängste auf den Sterbenden übertragen und ihm Verständnis entgegenbringen. Was ich in Krankenhäusern oder in Sterbezimmern während der Feuerphase erlebte, war pure Angst und Ignoranz, die Ärzte und Pflegepersonal – von den Verwandten ganz zu schweigen – dazu veranlassen, den Sterbenden mundtot zu machen, ihn zu entmündigen. Sterbehilfe ist keine Entmündigung, sondern an erster Stelle verstehen, was vor unseren Augen abläuft, um sanft zu assistieren.

Ich sage dies mit aller Deutlichkeit, weil ich mediale Balancen mit Sterbenden durchführte und dabei erlebte, wie furchtbar sie es empfinden, wenn „draussen" niemand ihren Zustand versteht und wie glücklich sie sind, wenn man sie ihren Prozess mit allen Zeichen, die ihnen physisch zur Verfügung stehen, erleben lässt. In keinem Bereich der Heilkunst betrachte ich die Möglichkeit, einen medialen Kanal zu Menschen legen zu können und ihn, den oftmals Sprachlosen, zu verstehen als grosses Geschenk wie bei Sterbenden. Viele können sich nicht mehr verbal mitteilen, aber sie wollen sich mitteilen, selbst die, die ihr Leben lang Probleme mit Kommunikation hatten!

siehe Farbbild 4

Wenn wir nicht wie die Tibeter oder Inder hellsichtig den Sterbeprozess miterleben können, so ist es doch tröstlich, dass wir über eine Mediumperson die Bedürfnisse des Sterbenden erfahren und die Gewissheit, dass unsere Wahrnehmungen richtig sind.

Die Tibeter beschreiben durch den Titel zu der dritten Wandlungsphase, was dynamisch geschieht: Das Wasser „schwingt" aktiv ins Feuer, also im Uhrzeigersinn, geht darin auf, und so bleibt Feuer übrig:

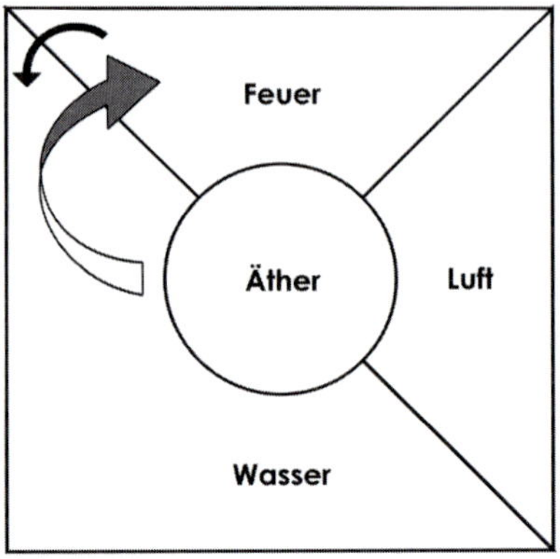

Abb. 8 Die Dynamik der dritten Wandlungsphase

Wieder entsteht die wellenartige Bewegung, die noch dazu enorme Energien freisetzt, wenn wir uns bildlich vorstellen, wie Wasser und Feuer heissen Dampf erzeugen.

Im Zusammenhang mit der Farbe Rot, hörten wir von seiner Qualität der Aufzehrung und dem Verbrennen von Materie. Dies geschieht jetzt mit Vehemenz. Herz und Kreislauf kommen für eine kurze Zeit auf „Hochtouren" und ermöglichen das Aufblühen. Aber dahinter verbirgt sich die nächste Phase der Auflösung, die „Veraschung". Es werden einerseits physische Kräfte aufgebraucht und energetische vom Feuer genährt. Aus dieser Verwandlung geht der Sterbende geläutert hervor. Wenn wir die Phase „Erde löst sich in Wasser auf" und „Wasser löst sich in Feuer auf" zusammen betrachten, könnte man das Bild „der Ruhe vor dem Sturm" zu Hilfe nehmen. Das grosse Missverständnis der stürmischen Phase besteht darin zu glauben, dass sich der sterbende Mensch oder das sterbende Tier gegen den Tod aufbäume, zumal durch das Feuerelement, das zum letzten Auflodern fast aller Körperfunktionen führt, auch die Schmerzempfindlichkeit für eine kurze Weile ansteigt.

(aus R. Sonnenschmidt: Farb- und Musiktherapie für Tiere)

Hilfen in der dritten Wandlungsphase

Arsen – Cinis ligni – Erlenbaum –
Orange- und Blaulicht

Die Feuerphase ist in vielen Fällen behandlungsbedürftig, sowohl beim Patienten wie beim Betreuer oder Therapeuten. Keine Phase verunsichert uns westliche Menschen so sehr wie das plötzliche Aufblühen der Körperkräfte. Wir assoziieren mit Sterben immer noch ein entkräftetes Verscheiden. Wenn aber der Patient plötzlich die Augen aufschlägt und sagt: „So, jetzt gehe ich nach Hause und mache eine Bergtour", halten wir das für utopisch oder schalten alle möglichen Massnahmen zur Lebenserhaltung ein. Im Exkarnationsprozess hat die Feuerphase eine energetische Logik: Damit auch die letzten Schritte der Trennung zwischen Leib und Energiekörper getan werden können, muss der Leib noch kleiner und leichter werden. Die Natur setzt in ihrer grenzenlosen Weisheit die einfachste Lösung ein, indem die physischen Reserven aufgebraucht, also Kalorien schnell verbrannt werden. Da der Sterbende in der dritten Phase normalerweise keine feste Nahrung mehr zu sich nimmt, werden die Depots nicht aufgefüllt; der Körper verwertet die letzten Fett- und Eiweissdepots. Dadurch werden allerdings oftmals erstaunliche Kräfte mobilisiert. Wie schon erwähnt, kann es hier zu auffälligen Körperreaktionen kommen wie Aufbäumen, Konvulsionen und Schreien.

Ich weiss aus eigener Erfahrung, dass es nicht einfach ist, durch diese Geschehnisse hindurch auf das tatsächliche Geschehen, nämlich die Anstrengung des Leibabschüttelns zu schauen. Dennoch sollten wir gerade jetzt der Weisheit der Natur vertrauen, denn die Natur hat mit dem Sterbeprozess nicht im Sinn, ihre Geschöpfe zu martern. Wir „draussen" sind nur schnell gefangen von der Angst, der Patient könnte leiden und Schmerzen haben. Nach meiner Erfahrung ist der wichtigste Störfaktor die eigene Angst, die sich auf den Patienten überträgt. In keiner Wandlungsphase ist unsere Fähigkeit, sensitiv wahrzunehmen, so gefragt wie in der dritten Phase.

Wenn eine Behandlung nötig ist, empfehle ich immer den Angehörigen die Einnahme des gleichen Mittels, das auch der Patient nimmt, gleich welcher Art es auch sei.

Das Mittel mit den umfassendsten Phänomenen in der Feuerphase ist wiederum Arsenicum album. Es lindert das letzte Aufbäumen, lindert Angst und Schmerzen.

Typische Anzeichen sind:

- Unkontrollierte Zuckungen, hervorgerufen durch die elektrischen Entladungen des Nervensystems und der Muskulatur (DD Agaricus)
- Konvulsionen
- Rastlosigkeit
- Schreien
- Totale Erschöpfung
- Letztes Aufblühen, wirkt plötzlich gesund
- **Fauliger Geruch**!
- Kann noch einmal aggressiv werden

Die medialen Phänomene der dritten Wandlungsphase sind fast ausschliesslich hellsichtiger Natur. In der Tat gibt es auch für uns als Betreuer ein sicheres sichtbares Zeichen neben dem letzten Aufblühen. Steht der Patient tatsächlich auf wie Lazarus, so achte man auf die Augen. Sie haben einen veränderten Ausdruck, sie schauen in eine andere Dimension, sie sind auffällig glänzend. Auch hinsichtlich der häufigen Träume mit dem Thema „Feuer“ gibt es einen deutlichen Unterschied: In der ersten und zweiten Wandlungsphase ist der Patient beunruhigt oder geängstigt, weil er (noch) weiss, dass Feuer zerstörerisch wirkt. In der dritten Phase erwähnt der Patient das Feuer gelassen oder fasziniert, aber nicht in Panik.

Die folgende Tabelle gibt eine Übersicht der hellsichtigen Phänomene, um die beeindruckende Vielfalt und drei weitere wichtige homöopathische Helfer vor Augen zu führen: Stramonium, Lachesis und Belladonna.

Hellsichtige Wahrnehmung	**besondere Umstände**	**Mittel**
sieht Feuer		alum., ars., **bell**., calc., **lach**., mag-m., nat-m., op., phos., plat., puls., **stram**., sulf.
sieht Feuer	nachts	**lach**
sieht schemenhafte Gestalten (Phantome)		alum., calc., graph., hyos., ign., **lach**., lyc., merc., ph-ac., phos., puls., **stram**., sulf., thuj.
(Schemen) Phantome	tagsüber	lyc.
(Schemen) Phantome	nachmittags	lyc.
(Schemen) Phantome	beim Mittagsschlaf	lyc.
(Schemen) Phantome	abends	calc., lyc.
(Schemen) Phantome	nachts	calc., camph., graph., ign., lyc., merc., phos., puls., thuj.
angenehme Schemen (Phantome)		**lach.**
Schemen (Phantome) beim seitwärts Blicken		**stram**.
Schemen (Phantome) im Dunkeln		puls., stram.
sieht Schemen (Phantome) kommen und gehen		nit-ac.
sieht Schemen (Phantome) beim Hinlegen	tagsüber	arg-n., cupr., laur.
sieht viele Bilder, Schemen (Phantome)		**bell.**, calc., graph., hyos., nat-m., op.

Hellsichtige Wahrnehmung	**besondere Umstände**	**Mittel**
sieht Bilder an der Wand		lyc.
sieht wechselnde Bilder		graph., lyc.
sieht zukünftige Bilder		oleander
Gestalten kommen	aus der Ecke	**stram.,**
steht unter mächtigem Einfluss		hyos., **lach**., **stram**., thuj., verat.
sieht Engel		aether, bani-c., cann-i., **stram**.
déjà vu		kali-br.
sieht körperlose Wesen (Geister, Gespenster)		agar., alum., anh., arg-n., ars., **bell**., calc., camph., cann-i., cann-s., caust., cupr., cup-acet., hyos., ign., kali-br., kali-c., kali-j., **lach**., lyc., mag-m., merc., nat-m., phos., plat., psor., puls., sep., sil., **stram**., sulf., tarent., thuj., verat.,
sieht körperlose Wesen (Geister)	Tag und Nacht	acon., ars., puls.
sieht körperlose Wesen (Geister)	abends, im Zwielicht	phos.
Sieht körperlose Wesen (Geister)	nachts	hell., merc.,
sieht nie zuvor gesehenen Ort		sil.
sieht Personen		ars., **bell.,** calc., cupr-acet., hyos., kali-c., Kola, **lach.,** lyc., lyss., mag-c., mag-s., med., merc., nat-m., op., puls., sep., **stram**., tarent., thuj., verat.
sieht Personen	morgens	sulf.
sieht fremde Personen		**bell**., mag-s., tarent.

Hellsichtige Wahrnehmung	besondere Umstände	Mittel
sieht Personen	beim Eintreten in ein Zimmer	lyc.
sieht viele Personen		nat-m., stram.
Fantasiegebilde tauchen scharenweise auf		berb., psor.
Fantasiegebilde drängen sich auf	bei leichtem Schlaf	berb.
sieht Tiere		u.a. **bell**., hyos., **stram,** cann-i., med.
Visionen		alum., alum-sil., anac., anh., arg-n., ars., **bell**., calc., camph., cann-i., cann-s., canth., caust., croth-c., graph., hyos., ign., kali-br., kali-c., lac-c., **lach**., lyc., mag-m., mag-s., merc., nat-m., nit-ac., nux-m., nux-v., op., ph-ac., phos., plat., psor., puls., sep., sil., **stram**., sulf., tarent., thuj., verat.
Visionen	tagsüber	**bell**., lac-c., lyc., nat-m., **stram**.
Visionen	morgens	hep.
Visionen	abends	cupr., ign., phos., puls.
Visionen	nachts	camph., canth., **stram**., thuj.
Visionen farbenfroh		anh.
Visionen von Farbwolken		**lach.**
Visionen fantastisch		arg-n., ars., **bell.,** hyos., **lach**., nit-ac., op., sep.
Visionen	beim Wachliegen	arn.
Visionen	im Schlaf	nat-m., **stram.**

Hellsichtige Wahrnehmung	besondere Umstände	Mittel
Visionen beim Schliessen der Augen		anh., arg-n., ars., bani-c., **bell.**, calc., camph., caust., graph., ign., **lach.**, lyc., op., psor., puls., sep., **stram.**, sulf., tarent., thuj.
Visionen schön		**bell.**, cann-i., cann-s., lac-c., **lach.**, op., sulf.
Visionen	beim Einschlafen und Erwachen	ign.
Visionen	bei Licht	lac-c.
Visionen	an der Wand	**bell.**, cann-i.
Visionen wunderbar		calc., calc-acet., calc-ar., camph., cann-i., **lach.**

(aus R. Sonnenschmidt: Mediale Mittel in der Homöopathie)

Schauen wir uns auch noch gezielt die Gemeinsamkeiten und Unterschiede der hellsichtigen Phänomene bei den drei Mitteln Stramonium, Lachesis und Belladonna an:

Stramonium	**Lachesis**	**Belladonna**
Sieht Feuer	Sieht Feuer, nachts	Sieht Feuer
Sieht tote Personen	Sieht Personen	Sieht Personen, fremde
Sieht körperlose Wesen	Sieht körperlose Wesen	Sieht körperlose Wesen
Sieht Tiere		Sieht Tiere
Hat Visionen, tags-über, nachts, im Schlaf, beim Schliessen der Augen	Hat Visionen, von Farbwolken, fanta-stische, schöne, wunderbare, beim Schliessen der Augen	Hat Visionen, tagsüber, fantastische, beim Schliessen der Augen, an der Wand
Sieht Phantome beim Seitwärtsblicken	Sieht Phantome, angenehme	

Stramonium	Lachesis	Belladonna
Sieht Phantome im Dunkeln	Einbildungen, abends, beim Einschlafen	
Sieht Engel	Das Haus erscheint voller Menschen	Sieht leuchtende Farben

Wenn auch nicht immer alle hellsichtigen Phänomene auftauchen und nicht immer eine Dramatik zu erwarten ist, so zeichnet sich dennoch die Feuerphase durch den eindeutigen Blick in die „andere", körperlose Dimension aus. Die genannten Mittel wähle der Betreuer nur dann aus, wenn der Zustand des Patienten durch die ungewohnten Wahrnehmungen überfordert wird. Lachesis und Belladonna zeigen in der Feuerphase auffällig leuchtende, wie fiebrig glänzende Augen und wirken beruhigend auf eventuell auftretende Konvulsionen. Stramonium ist nötig, wenn die Erlebnisse dramatisch gehäuft ablaufen oder der Patient meint, seine Visionen und sein Eintauchen in die jenseitige Welt seien Zeichen des Wahnsinns. In dieser Situation sollte man den weisen Ratschlägen des *Bardo Thödol* folgen und dem Patienten immer wieder ins linke Ohr flüstern: „Geh mit Mut den Weg ins strahlende Licht. Schaue nicht auf die Schatten, nicht auf das trübe Licht. Sieh das Licht!"

Stramonium habe ich in Fällen erlebt, wo der Sterbende zwar von Natur aus ein grosses kreatives und sensitives Potential hat, diesem in seinem Leben jedoch keine Beachtung geschenkt hat und wo sich dieses gewaltige Potential nun entfaltet. Gerade diese Beispiele lehrten mich, dass in der Feuerphase eine noch viel stärkere Läuterung der Seelenkräfte stattfindet als in der Wasserphase und der Mensch nicht eher exkarniert, bis alles für ihn in eine Ordnung gebracht worden ist, mit der Botschaft: „Ja, so kann ich gehen."

Natürlich sind Arsen, Lachesis, Stramonium und Belladonna auch die wichtigsten Helfer, wenn die Geschehnisse eine überwältigende Angst auslösen, denn alle Wahrnehmungen können auch negativ erlebt werden. Nach meiner Erfahrung ist es für den Prozess der dritten Wandlungsphase entscheidend, ob man von Anfang an den Sterbeprozess begleiten konnte oder ob man erst in der dritten Phase begreift, dass derjenige/diejenige im Sterben liegt. Der Verdrängungsmechanismus ist gerade bei noch relativ jungen Schwerkranken und in deren Umfeld so stark, dass jede Regung zum scheinbar Besseren sofort mit allen möglichen lebenserhaltenden Massnahmen aufgeputscht wird und so erst das energetische Chaos entsteht, in dem man manche Patienten antrifft. In dem von der Natur gebotenen Exkarnationsprozess ist ein Todeskampf nicht vorgesehen. Wozu auch gegen natürliche Prozesse kämpfen?! Nur wir Menschen erschaffen die Scheingefechte, die alles nur unnötig mühselig machen. Kein Tier kämpft gegen den Tod, nur der Tierhalter interpretiert dies in die Vorgänge hinein. Kein Kind, kein alter Mensch, kein Schwerkranker, gleich welchen Alters, hat im Sterbeprozess Zeit und Energie, gegen etwas anzukämpfen, da ja alle Tore zur neuen Dimension offen stehen. Es ist nur ungewohnt, durch diese Tore zu schauen. Und vor allem wir Lebenden in unserer Dimension sind blind und klammern uns an unsere Angstbilder von Sterben und Tod. Die angstverzerrten Vorstellungen von Todeskampf und Höllenqualen kann man niemandem wegnehmen. Was hilft, sind eigene Erfahrungen, durch Äusserlichkeiten hindurchzuschauen. So erging es auch mir. Als ich vor zwanzig Jahren im Krankenhaus zum erstenmal durch eine Konvulsion, durch eine panikbesetzte Wahrnehmung des Patienten hindurchschauen konnte auf die Energetik des Sterbeprozesses, fiel ein Alb von meiner Seele.

Je nach Krankheitsbild mit starken Schmerzen müssen wir allerdings ein Mittel bereit halten: Tarantula cubensis C30 oder C200. Es ist sozusagen der Verstärker von Arsen in der dritten Wandlungsphase, wenn folgende Symptome auffällig werden:

- Schwerste Arten von Entzündung und Schmerz
- Todesschmerz: beruhigt die letzten Krämpfe, vor allem nachts
- Delirium bei Schmerzen
- Unmässige nervöse Ruhelosigkeit

Tarantula verkörpert das, was wir als „Agonie vor dem Tod" bezeichnen. Es kann zum Beispiel sein, dass der Patient über dumpfe Schmerzen auf dem Scheitel bzw. auf der hinteren Fontanelle klagt. Dies ist ein sicheres Zeichen der Feuerphase. Die Tibeter im *Bardo Thödol* erklären dies damit, dass der natürliche Tod von den Füssen aufwärts, durch den Körper, durch den Kopf, aus der hinteren Fontanelle heraustritt und manchmal blockiert ist. Dann tauchen geradezu höllische Schmerzen auf, vergleichbar der Geburt, wenn die Presswehen unerträglich werden. Es ist kein sichtbares Hindernis da, dennoch besteht eine energetische Bloc??kade.

In den letzten Jahren setzte ich ein neues grossartiges Mittel ein, wenn in der Feuerphase der Eindruck entstand, der Patient kämpfe einen aussichtlosen Kampf gegen etwas Unsichtbares, Unfassbares: Cinis ligni C30 (Holzasche). Damit habe ich beste Erfahrungen sowohl in der Krebstherapie als auch im Sterbeprozess gemacht. Cinis machte mir noch einmal die energetische Situation auf der Pyramide und Umkehrpyramide (Farbbild 1) klar. Das Energiepotential der physischen und energetischen Ebene halten sich die Waage. Es steht für das Lebewesen die letzte Entscheidung an, entweder ins Leben zurückzukehren oder die letzten Schritte auf der Regenbogenbrücke zu tun und den „alten Wintermantel", wie Koun An Roshi es nannte, abzulegen. Es wird durch dieses Bild leichter zu verstehen, dass ein ängstlicher Mensch vor dieser Wahl zurückschreckt. Aber dennoch dient die Feuerphase dazu, die Trennung des physischen Leibes vom Energiekörper leichter zu machen. Darin müssen wir den Sterbenden bestärken. Mit Cinis ligni wird es tatsächlich leicht, den Kampf gegen nicht vorhandene Widerstände aufzugeben und anstatt zu resignieren loszulassen, *ES* geschehen zu lassen, sich der Weisheit der Natur anzuvertrauen.

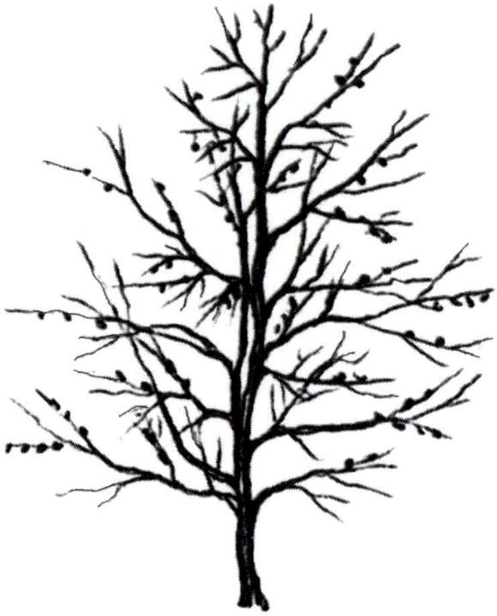

Abb. 9 Die Erle

Baumessenz Erle

Das Thema der Erlenenergie ist:

- Einbildungskraft
- Magie
- Verwandlung des eigenen Schattens
- Erlösung
- Mut

Die Rauhe Else, Frau Eller oder Ellhorn sind einige Namen der Erle. Sie gehört zur unterirdischen Mutter und herrschte über die neun Räume der Welt. Die Urmutter der Tiere und Riesen soll sie gewesen sein...

Von jeher galt die Erle als Grenzbaum zwischen Diesseits und Jenseits. Schamanen kauten Erlenrinde. Zauberinseln waren von Erlen umgeben. Die Erle ist Sinnbild des Herbstes mit seinen Nebel-

schwaden. Der Sturmriese jagt die gelbe Ellefru, eine Elfe (ele=gelb), schwingt sie auf sein Ross und verschwindet mit ihr im Sturm...

Die Erle führt hin zur zeitlosen Erinnerung, zur Ebene der parapsychologischen Erscheinungen... Die Erle passt zu dem Menschen, dem alles sinnlos geworden ist, der jede Mühe für vergeblich hält... Es ist die Angst vor dem Nichts, die ihn treibt. Die Einbildungskraft ist sehr stark. Leicht tauchen aus dem Schatten angsterregende Gestalten auf... Das unvorhergesehene Schicksal, die Auseinandersetzung damit und seine Annahme gehört zum Leben des Erlenmenschen, in dem Erlösung eine wichtige Rolle spielt... Die Erlen-Essenz passt zu dem Menschen, dessen Leben sich konfus gestaltet, in dem es keinen Mittelpunkt gibt... Ein weiteres Merkmal ist, dass der Erlenmensch auf Erleuchtung wartet oder auf die Hilfe höherer Kräfte. Im spirituellen Sinn bedeutet das, da ist die Erinnerung an die Lichtebene, von der man herabgestiegen ist zur Erde... Die Erlen-Essenz ist besonders wirksam in besonderen Lebenssituationen wie zum Beispiel beim Sterbeprozess. Sie erleichtert die Ablösung vom irdischen Körper und hilft den Anwesenden, da sie spirituelle Stärke gibt. Die Erle ist ein besonderer Baum, da sie dem violetten Licht zugeordnet ist. Über dieses Licht fliesst Heilkraft von Helfern und Heilern der anderen Seite ein. Da die Erlen-Essenz sehr stark ist, sollte sie nicht kontinuierlich über einen längeren Zeitraum eingenommen werden.

(aus Harald Knauss: Die Urkraft der Bäume)

Ich konnte in der Praxis die Kraft dieser Essenz besonders in der dritten Wandlungsphase bestätigt sehen. Hier geht es auch darum, die innere Mitte zu finden, aus der heraus man Ja zum Sterben sagen kann.

Die physisch-psychischen Zustände der Feuerphase kann man sich einmal vergegenwärtigen, indem man eine Tonaufnahme des „Erlkönigs“ von Johann Wolfgang Goethe, vertont von Franz Schubert anhört. Der galoppierende Rhythmus, weil der Vater um das Leben des Kindes „durch Nacht und Wind“ reitet, das Fieberdelirium des Knaben und die Fantasiegebilde von „Erlkönigs Töchter“ sind ebenso eindrücklich wie der Versuch des Vaters, das Kind zu beruhigen: „Mein Sohn, es ist ein Nebelstreif“. Aus dem

= oder unten fühl

Nebel, der zwischen den Erlen wabert, steigt sogar der Erlkönig selbst hervor, was das Kind in helle Panik versetzt: „Mein Vater, mein Vater, jetzt fasst er mich an, Erlkönig hat mir ein Leids getan!"

Visionen und alle möglichen hellsichtigen Wahrnehmungen sind typisch für die dritte Wandlungsphase und können den Sterbenden ängstigen; er fühlt sich bedrängt und empfindet die Nähe zur anderen Welt noch bedrohlich. Im „Erlkönig" erfahren wir auch, wie das Ende der Feuerphase energetisch aussieht, nämlich die grosse Ruhe nach dem Sturm, indem die Exkarnation mit einem grossen Schritt voranschreitet: „In seinen Armen, das Kind war tot." Ohne Drama, ohne Pathos, ganz leise sind die Worte im Gedicht und in der Vertonung zu sprechen.

Sowohl Goethe als auch Schubert lebten in einer Zeit, als die Syphilis wieder einmal grassierte und man den Sterbeprozess noch in allen Phasen erleben konnte. Was oft nicht bedacht wird, ist, dass die Romantik des 19. Jahrhunderts auch eine sehr degenerierte Todessehnsucht besass, den Tod verherrlichte und die Syphilis herbeisehnte, weil sie im Endstadium oft dramatisch ablief (vgl. im Kapitel „Todessehnsucht", Seite 201). Da es sich um eine Geschlechtskrankheit handelt, wehte in den Darstellungen der Sterbeszenen immer die Erotik herein – so auch beim Erlkönig. Für das Verständnis der dritten Wandlungsphase ist dieser Aspekt wichtig, da noch einmal alle physischen Reserven aktiviert werden, daher auch die Libido noch einmal stark angeregt werden kann.

Der Homöopath Dr. Gerhardus Lang, hat in einem Vortrag über das Arzneimittelbild Belladonna den Bezug zwischen Erlkönig und dem Fieberdelirium von Belladonna anschaulich dargestellt. Ich füge nun den Bezug zur dritten Wandlungsphase hinzu, in der sowohl Belladonna, als auch die Erlenessenz ausserordentlich gute Dienste leisten.

Wie bei allen Essenzen muss der Sterbende sie nicht einnehmen, sondern sie sollte auf die Stirn oder in die Ellenbogenbeuge gerieben werden.

Wer nicht mit der Erlenessenz behandeln möchte, kann auch das homöopathische Äquivalent Alnus serrulis C30 oder C200 nehmen. Wir haben es in unserem Heilerzirkel neu geprüft, da die Gemütssymptome in der einschlägigen Literatur sehr dürftig sind. Ich stelle unsere wichtigsten Prüfungsergebnisse in der Tabelle (nächste Doppelseite) vor.

Als Essenz dieser Prüfung fanden wir: Rad der Ewigkeit, Karma, drehende Energie.

Farblicht Orange und Blau

Es leuchtet ein, dass in der Feuerphase die Bestrahlungsfarbe Rot entfällt, da sie zu sehr an- und aufregt. Entweder man wählt ein mildes Orange, wenn der Patient beim letzten Aufblühen friert oder zittert oder durch ein aufflackerndes Fieber Schüttelfrost hat. Oder man wählt Blaulicht, wenn Hitzewallungen und grosse Unruhe dominieren. Das Blaulicht unterstützt die Hellsichtigkeit und die Energien der Mentalebene. In der englischen Medialschulung wird Blau ganz bewusst eingesetzt, um diese Fähigkeit zu schulen. Es erzeugt eine kühle Atmosphäre, in der sich die Luft wie Nebelschwaden wellenartig bewegt. Man fühlt sich leichter und meint, sanft zu levitieren. Was in der Medialschulung dazu dient, hellsichtige Wahrnehmungen von Sinnestäuschungen zu unterscheiden, ist im Sterbeprozess ein grosses Hilfsmittel, den hellsichtigen Phänomenen angstfrei zu begegnen. Es hat sich bewährt, mehrmals täglich eine Stunde Blaulichtbestrahlung einzusetzen.

ERLE Alnus g.

Erster Eindruck	Körperebene	Astralebene, Psyche	Mentalebene	Spirituelle Ebene	Symbolik	Essenz
Gnomenhafte Gesichter, Engelhaar, das sich im Wind sanft bewegt, etwas Herunter-ziehendes	Kopf, Hals heiss, Herzklopfen, Magen wird leichter, Claudicatio intermittens, periphere Durchblutung	Erstarrt, unbeweglich, müde, gleichgültig, Zeit ist stehengeblieben	Jenseits-gedanken, Nahtoderlebnis	Weisses Licht, Nebel Träumen, Schweben	Nebel, Raupe	Bringt Klarheit, Entscheidung
Kreis mit Rechtsdrehung, Nase trocken, Kribbeln	Nieren, Extremitäten kraftlos, kalte Füsse werden warm Körperschwere	Träge, DD calc carb, möchte tanzen	kann schwer konkrete Gedanken fassen	Violett, Schwere des Körpers, Leichtigkeit des Geistes	Alte Zeiten, Märchenbilder, vergangenheits-orientiert	
Müdigkeit, Depression, Last auf den Schultern	Schleim in der Kehle, Hals wie zugeschnürt, Lungen-entzündung, rauhe, schuppige Haut	Mittel wirkt aufhellend; mässigend bei manischer Depression	Klarheit im Denken, bereit, sich dem Problem zu stellen		Feuer, Hoffnung, alles wird gut	

Erster Eindruck	Körperebene	Astralebene, Psyche	Mentalebene	Spirituelle Ebene	Symbolik	Essenz
Entspannung, angenehmer Wind weht	Druck in der Kehle, Atemprobleme, Arme und Hände kribbeln, Beine und Füsse heiss, will keine Feuchte		Frische, Wohlgefühl	Gefühl der Ausdehnung, Innehalten	Grüne Landschaft mit Teichen	
Eruptive, wallende Kraft	Blutwallung, Leere im Kopf, Schwindel, Puls wird ruhig, macht steife Gelenke weich, Haut hat schwarze Flecken, bei Erbrechen, Krebs, ziehende Schmerzen in den Füssen	Erdend, beruhigend, phobisch, ängstlich, diagonale Einseitigkeit Schwarz-Grün, alles ist dunkel, düster, fühlt sich eingesperrt	Diffus, verwirrt, will in die Weite fliessen, will keine Bewegung, will sich nicht aufraffen	Lunares Äusseres, fliessende Energie	Rappe, grün leuchtende Augen; der Teufel mit den 3 goldenen Haaren	

Die vierte Wandlungsphase – „Das Feuer geht in die Luft ein“

Diese Phase ist die Ruhe nach dem Sturm.

Auf der Energiepyramide sehen wir erstmals eine Umkehrung der Energien. Der materielle Körper nimmt deutlich ab, das Energiefeld deutlich zu. Diese Phase wird dem Element Luft zugeordnet. Die Luft steht für Leichtigkeit und Bewegung nach oben. Aus dieser Wandlungsphase erfahren wir nur in Ausnahmefällen verbale Mitteilungen. Wenn wir aber mit dem Sterbenden zum Beispiel über eine Mediumperson Kontakt aufnehmen, erfahren wir von der Bereitschaft zu gehen, von innerem Frieden und starken Lichteindrücken. In dieser Phase kommen alle Körperfunktionen zur Ruhe; der letzte Herzschlag und der letzte hörbare Atemzug kündigen das Finale des Sterbeprozesses an. Das Bedürfnis, mit uns und unserer Seinsebene zu kommunizieren, versiegt allmählich. Die Sinne des Sterbenden sind nun in die körperlose Dimension gerichtet.

Die Loslösung vom physischen Körper sehen wir als Begleiter in der Regel nicht hellsichtig, aber die meisten berichten, dass sie es spüren und automatisch nach oben schauen, wenn sie mit dem Sterbenden sprechen. In der Tat schwingt der Sterbende wie ein Jojo aus dem Körper heraus und wieder in ihn hinein. Die erhöhte Energie im Sterbezimmer lässt mediale Wahrnehmungen beim Sterbebegleiter zu, so dass viele Bewusstseinszustände, die vormals beim Sterbenden stattfanden, nun bei ihm/ihr geschehen.

Für uns als Therapeuten ist wichtig, dass wir auf den Begleiter ein Auge haben, ob er mit der Situation zurecht kommt oder nicht, ob Ängste oder Hysterie auftauchen. Für den Sterbenden ist auch im äusseren Umfeld Ruhe wichtig, darum sollten wir, wenn nötig, dem Begleiter im eventuellen Loslösungsschmerz beistehen.

Geschieht der Sterbeprozess für den Sterbenden und den Begleiter in der Ordnung der Natur, zeichnet sich die vierte Wandlungsphase durch Harmonie und Frieden aus.

Zwischen beiden Menschen kommt es zu einer Annäherung des Bewusstseinszustandes insofern, als die sensitive Kommunikation auch den Begleiter leichter macht. Er/sie begleitet den Sterbenden gleichsam auf einem Regenbogen auf die „andere Seite“ und nimmt Abschied. Der/die Sterbende betritt eine neue Welt und lässt den „alten Wintermantel“ zurück. Für eine kleine Weile ahnen wir als Begleiter, dass Sterben der grösste Wandel ist, den wir erleben können und dass seine Erhabenheit grösser ist als aller Schmerz, einen lieben Menschen zu verlieren.

Diese Wandlungsphase entsteht, indem „ das Feuer in die Luft eingeht“. Die Dynamik beginnt im Uhrzeigersinn, dann bleiben nur noch Luft und Äther:

siehe Farbbild 5

Sie bezeichnet die Ruhe nach dem Sturm oder Gewitter. Das Bewusstsein eines Lebewesens hat sich nun eindeutig für den Tod entschieden. Es zeugt von tiefer Weisheit, dass die Tibeter die Farbe Grün wählten, das bekanntlich vollendete Harmonie bedeutet. Es ist wie eine Waage, auf deren einer Seite Wachstum, Regeneration und Luft zum Atmen und auf deren anderer Seite Stagnation, Innehalten, Loslassen regieren. Der /die Sterbende wächst in eine andere, körperlose Dimension hinein, während alle physischen Funktionen innehalten. Buchstäblich alles kommt zur Ruhe, aber die Luft ist das beweglichste, grenzenlose Element.

Was bewegt sich? Auf der physischen Ebene erleben wir die letzten Atemzüge mit einer deutlichen Betonung des Ausatmens und einer längeren Pause vor dem Einatmen. Es kann aber auch ein flacher Hechelatem sein, der uns nicht beunruhigen muss. Wenn ich dieser Wandlungsphase eine Überschrift verleihen sollte, dann diese: „Den Menschen der weisen Natur überlassen“. Der Sterbebegleiter tritt nunmehr als aktiver Teil der Hilfe in den Hintergrund.

Auf der emotionalen Ebene herrscht ebenfalls wesentlich mehr Ruhe, auch eine natürliche Erschöpfung wie bei der Geburt. Die Beweglichkeit des Luftelements ist für das ungeübte Auge nicht so leicht zu bemerken, denn es geht hierbei nicht um die tatsächliche Atemluft, sondern um die vibrierende Energie des elektromagnetischen Feldes. Sie ist für den Aussenstehenden geradezu physisch spürbar und wird von allen, die sterbende Menschen oder Tiere begleiteten, bestätigt. Es fehlt uns noch das geeignete Vokabular, um diese Vorgänge zu benennen. Ich möchte es so beschreiben, dass der Eindruck der sich steigernden Ausdehnung und Intensität des Energiefeldes bzw. der umgekehrten Pyramide entsteht. Gleichzeitig wird die Physis, die wir von dem Sterbenden sehen, unbedeutend. Sie wirkt kleiner und scheint zu schrumpfen. Gewiss, der Wasserhaushalt neigt sich dem Ende zu und das Fett ist abgebaut, wir haben einen abgemagerten Menschen vor uns, aber, anstatt sich an diesem äusseren Anblick festzuhalten, ist es wichtiger, die Sinne auf die nicht sichtbaren Vorgänge zu richten, denn dort geschieht sehr viel, was wir als lebende Menschen vom Sterbenden lernen können. Der wichtigste Schritt ist, den Eindruck von mehr Energie im Raum, ausdehnenden Kräften, die ja nicht kontinuierlich, sondern momenthaft auftauchen, nicht als Einbildung beiseite zu schieben, sondern sich auf sie einzulassen. In der Luftphase wird der Begleiter unweigerlich eine Weile mit sich alleine sein.

Energetisch gesehen bedeutet „Das Feuer geht in die Luft ein“, dass – wie in der Feuerphase – wieder ein Impuls im Uhrzeigersinn stattfindet (vgl. Abb. 10 nächste Seite).

Diese letzte Aktivität der Lebenskraft hat zur Folge, dass die Luft das Lebenslicht ausbläst, aber nicht gewaltsam, sondern als natürliche Reaktion.

In den vielen Fällen der Sterbebegleitung ist in der Luftphase keine Behandlung nötig. Die Entscheidung ist gefallen. Der Sterbende löst sich nun von seinem physischen Leib und geht ganz und vollkommen in die körperlose

Dimension ein. Wir sehen von aussen nur wenig, aber es ist wichtig, die vierte und fünfte Wandlungsphase in Ruhe zu begleiten, weil energetisch viel passiert und der Sterbende dies zum erstenmal bewusst erlebt und die Sicherheit braucht, dass alles in seiner Ordnung ist. Der Ablösungsprozess hat seine eigene Zeit und ist noch längst nicht abgeschlossen, wenn Herz-, Atem- und Gehirnwellenstillstand eingetreten sind. Im *Bardo Thödol* wird Wert auf das Verebben des „inneren Atems" gelegt. Damit ist einmal die Zellatmung gemeint und das Vorhandensein von Residualluft im Atemapparat. Zum andern sind es schwingende Funktionen, die zum Beispiel über die Meridiane den physischen Leib noch mit den Energiekörpern verbinden. Man kann sich das so vorstellen, dass im Organismus die Hauptlichter ausgegangen sind und nun überall in den feinsten Bereichen noch kleine Lämpchen ausgeschaltet werden. Die Tibeter sahen hellsichtig, wie die Meridianenergie versiegt und sich Schritt für Schritt die physischen Entsprechungen des Ätherkörpers voneinander lösen.

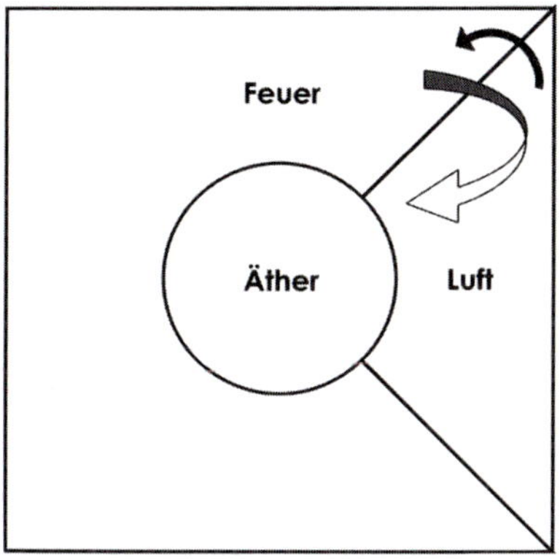

Abb. 10 Die Dynamik der vierten Wandlungsphase

Dem Sterbenden wird wieder ins linke Ohr geflüstert, er möge sich dem strahlenden Licht zuwenden und guten Mutes in die neue Welt eintreten.

In dieser Phase haben Sterbebegleiter oftmals mediale Wahrnehmungen, indem sie farbige Wolkenschleier sehen (lach.) oder den Sterbenden als Person im Raum sehen (ars., bell., calc., cupr-acet., hyos., kali-c., Kola, lach., lyc., lyss., mag-c., mag-s., med., merc., nat-m., op., puls., sep., stram., tarent., thuj., verat.). In dieser letzten Wandlungsphase habe ich selten erlebt, dass jemand ausrastet und deshalb sofort behandelt werden muss. Viel häufiger sind die genannten Mittel nötig, wenn der Begleiter wieder in seinem Alltag ist und den Verstorbenen im Raum, im Traum, vor der Türe oder sonst wo plötzlich hellsichtig wahrnimmt und damit nicht klarkommt. Dieses Phänomen taucht öfter auf als wir vermuten. Deshalb ist es für uns Therapeuten wichtig, zu fragen, ob die Patientin oder der Patient jemanden im Sterben begleitet hat und sollte darüber aufklären, dass in der Sterbebegleitung ein grosses Energiefeld aufgebaut wird, das, wie in der Sensitivitätsschulung, dazu dient, die eigene Wahrnehmung und die des Sterbenden zu verstärken. Postmortal wirkt das Energiefeld nach, so dass sich in diesem „morphogenetischen Feld" der Verstorbene noch einmal manifestieren kann.

In der Zeit, als ich Sterbebegleiter (Ärzte, Heilpraktiker, Psychotherapeuten, Pflegepersonal, Pfarrer) darin schulte, die einzelnen Wandlungsphasen wahrzunehmen, wies ich von Anbeginn auf die Möglichkeit hin, dass der Verstorbene sich im gemeinsam aufgebauten Energiefeld zeigt. Dadurch wurde auf der einen Seite bei den Skeptikern das Vertrauen in die eigenen sensitiven Fähigkeiten gestärkt und auf der anderen Seite der Schreck und Schock ausgeschlossen. Diese so vorgebildeten Sterbebegleiter konnten dies wiederum an die Angehörigen weitergeben – mit dem positiven Feedback, dass auch bei ihnen weniger Angst vor diesen Phänomenen entstand.

(aus R. Sonnenschmidt: Mediale Mittel in der Homöopathie)

Hilfen in der vierten Wandlungsphase

Secale cornutum – Psittacus erithacus – Haselnussbaum – Grünlicht

Wie schon gesagt, ist in der Regel die Ruhe der vierten Wandlungsphase nach der stürmischen Feuerphase nicht behandlungsbedürftig. Aber es kann energetische Probleme geben, die Erleichterung verlangen. Das wichtigste Hilfsmittel, um den materiellen Körper abzulösen, ist Secale cornutum C30 (Mutterkorn). Seine wichtigsten Merkmale im Sterbeprozess sind:

- Alles zieht sich zusammen
- Atemstillstand
- Empfindungslosigkeit am ganzen Körper
- UNLÖSCHBARER DURST (mit Wasser Mund benetzen!)
- Totale Schwäche
- Erbrechen von schwarzem Blut

Diese Symptome können bei vollem Bewusstsein auftreten, solange noch kein Atemstillstand eingetreten ist, aber alles geschieht ohne jede Dramatik. Der Patient teilt uns mit, wie er sich fühlt. Der Körper ist durchs letzte Lebensfeuer gegangen, fühlt sich trocken und leer an. Ich habe in solchen Fällen immer ein weiches Schwämmchen mit etwas lauwarmem Kräutersud auf die Lippen gelegt. Es ist nicht so, dass der Sterbende wirklich trinken will, sondern er/sie möchte Feuchte spüren, weil der Körper immer empfindungsloser wird.

Das wichtigste äussere Zeichen der vierten Wandlungsphase ist das Zusammenschrumpfen des Körpers; es zieht sich alles zusammen. Der Körper wird erstmalig völlig unwichtig. Die wichtigen Prozesse sind rein energetischer Art. Die Luftphase selbst hat etwas sehr Flüchtiges an sich, weil die Körperfunktionen rapide nachlassen und schliesslich Ruhe einkehrt. Dennoch spüren wir ganz deutlich, dass der

Sterbende seine Körperhülle noch nicht verlassen hat. Er verweilt mehr in seinem Energiekörper und schwebt über dem physischen Leib. Wir als Betreuer schauen ebenfalls mehr nach oben als auf den Leib im Bett. Wir müssen in dieser Phase ganz unserer Intuition vertrauen und abwägen, was ausser dem flüsternden Ermuntern ins linke Ohr zu tun ist, wenn Herz, Atem und Beta-, Alpha- und Theta-Gehirnwellen stille stehen. Delta- und Subdeltawellen können noch auftreten und mahnen uns vor allem im Krankenhaus, den Sterbenden noch nicht ins Kühlhaus abtransportieren zu lassen. Ein oder zwei Stunden können hier viel bewirken, die letzten Schritte der Ablösung in Ruhe geschehen zu lassen.

Wenn man den Eindruck hat, der Sterbende benötige eine weitere Unterstützung, um den Körper leichter zu verlassen – was wir natürlich am besten über eine Mediale Balance erfahren können – empfehle ich ein Mittel, dem ich im Sterbeprozess grösste Bedeutung beimesse: Psittacus erithacus (Graupapagei).

Hier eine kurze Auflistung seiner wichtigsten Charakteristika, die mit dem Sterbeprozess zu tun haben:

Sensitive Wahrnehmungen auf der C2- Ebene

Allgemein:
Alle Sinne sind geschärft

Hellfühlig:
Freie Entscheidung, den Körper zu verlassen
Freie Entscheidung, wieder in den Körper zurückzukehren
Spüren von Luftzug
Kann Klänge auf der Haut fühlen

Hellhörig:
Summen, Töne
Geräusche
Schöne Klänge
Klangschalen

Stimmen aus dem Jenseits, aus einer anderen Welt
Rufen von Stimmen aus dem Jenseits
Gregorianischer Gesang
Mönchsrezitationen
Glockengeläut
Sausen in der Luft
Hohe Schwingungen

Telepathie:
Kann Gedanken lesen

Hellsichtig:
Kann entfernte Räume sehen
Kann räumlich visualisieren

Sensitive Wahrnehmungen auf der C3 – Ebene

Hellhörig:
Glocken
Mit dem ganzen Körper hören können
Telefonklingeln, Radiosprecher
Gebetsmühlenartige Klänge, monotone Sphärenmusik
Rezitationen (Mantren)
Höre Gedanken als Stimmen

Telepathie:
Mentale Kommunikation
Telepathisches Internet

Hellsichtig:
Weisses Licht, wie von Nebelschwaden durchzogen
Farben um Dinge und Menschen werden strahlender
Beliebige anatomische Details im Körper sehen

Sensitive Wahrnehmungen auf der C4 – Ebene

Hellfühlig:
Kann leicht in Trance gehen

Hellhörig:
Höre den Auftrag, das Leben eines Graupapagei zu schreiben
Flüsternde Vogelstimme diktiert
Glocken
Gebetsmühlen
Klangschalen
Narrentreiben (kleine Glöckchen und grosse Glocken)

Hellsichtig:
Dunkles leuchtendes Gesicht
Augen mit den verschiedensten Ausdrücken, tief, weise
Augen von Schamanen
Augen von Meistern
Felsen als Wesenheiten
Spürt und sieht seinen Geistführer, einen Hirten

Zeiteindruck
Zeit ist ewig lang
Warten, dass etwas geschieht
Entrückt, zeitlos
Atemberaubendes Tempo
Riesenwelle, alles gehört zusammen
Zeit ist Rhythmus
Hellwach im Jetzt

Symbol
Pyramide, Umkehrpyramide
Phönix, der Göttervogel: greift immer ein, wenn Lebensenergie zu sterben droht
Ägyptischer Falke = Horus, der die Sonne trägt

Botschaft, Erkenntnis
Keine Fragen – keine Antworten – keine Resonanzen
KEIN „KEIN"

Essenz
Klarheit
Ich weiss, ich kann jederzeit den Körper verlassen
Freisein im leeren Raum
Alles wird ganz leicht

Es reicht, das Mittel in der C200 oder in irgendeiner anderen sensitiv oder radionisch aufgeschwungenen Information neben den Patienten zu stellen oder die Stirn bzw. den Scheitel damit sanft zu betupfen. Inzwischen ist das Mittel homöopathisch verrieben und zwei Monate lang geprüft worden (eine umfassende Darstellung von Psittacus ist erhältlich).[1]

Was mich bewogen hat, Psittacus in der Sterbebegleitung einzusetzen, waren viele Papageienvögel, die ich in ihrem Sterben begleitet habe. Ich erlebte hierbei alle Wandlungsphasen geradezu wie im Bilderbuch, so als sollte ich es von diesen Geschöpfen lernen. Nach dem letzten Aufblühen der Feuerphase folgte eine kurze Luftphase mit einem deutlichen Moment des Loslassens. Ich konnte deutlich spüren: Jetzt ist der Körper leer. So stand bald der Vogel ganz allgemein als Sinnbild des leichten Körperverlassens. Bis zum Zeitpunkt der Arzneimittelprüfung hatte ich den Papagei radionisch als Remedium ganz nach Bedarf hergestellt und damit sehr schöne Erfolge erlebt.

[1] Erscheint 2002 beim Verlag Homöopathie und Symbol.

Abb. 11 Der Haselnussstrauch

Baumessenz Haselnussstrauch

Der Haselnussbaum oder -strauch steht für den Wanderstab und Wegweiser in die körperlose Existenz, er vertreibt die Schwere der Materie und bringt Leichtigkeit. In der Baumsymbolik ist der Haselnussbaum der Prüfstein für die Seele an der Schranke ins Jenseits. In der alten Radiästhesie nahm man Haselhölzer, um zu Ruten, also um Wasser oder Erze zu suchen. Daran können wir schon erkennen, dass es bei diesem Baum um feinste Schwingungen geht. Die Kraft der Verjüngung und Wiedergeburt sah man im Haselstrauch ebenso verkörpert wie die Kraft der Wunscherfüllung. Deshalb galt er auch als Wunschbaum.

Die Hasel-Essenz kann dazu verhelfen, die Gefühle wieder in Fluss zu bringen, die Verfestigungen rationaler Muster aufzuweichen... Früher gebrauchten die Menschen das Haselöl zusammen mit anderen Pflanzen, um Feen sehen zu können. Unter dem Haselstrauch hat man Wachträume. Alles dies kann man nur erleben, wenn man offen ist und das Verhältnis zwischen Gefühl und Verstand ausgeglichen ist... Die Hasel-Essenz hilft dem Menschen, der die Welt schon für sich abgezirkelt hat, in festen Glaubenssätzen und Verhaltensmustern steckt... Er lächelt über die „Spinner", die von fernen Welten und feinstofflichen Energien reden...Die Essenz ist dienlich, wenn neue Eindrücke auf den Menschen einströmen. Sie erhöht seine Aufmerksamkeit. Die Hasel hilft, sich schneller auf die neuen Schwingungen einzustellen.

(aus Harald Knauss: Die Urkraft der Bäume)

Wenn man den Text liest, ist unschwer zu erkennen, dass die Haselnuss-Essenz besonders dem Sterbebegleiter anzuraten ist, vor allem, wenn er zum erstenmal alle Phasen erlebt. Es bleibt von einem unkreativen Gedankengebäude kein Stein auf dem anderen, und das ist gut so. Der Sterbende braucht bis nach dem Tod die Gewissheit, dass wir ihn verstehen und ein Stück Wegs geleiten. Spätestens in der vierten Wandlungsphase wird klar, dass wir in der Regel dem physisch Sichtbaren oder Messbaren versklavt sind. Aber hier ist gegen Ende der Luftphase nichts mehr zu sehen, nur etwas zu spüren und mit den Hellsinnen wahrzunehmen.

Schon alleine für das Geschenk, im vierten und fünften Sterbeprozess wahrnehmen zu können, wie sich Physis und Energiekörper lösen, bin ich täglich für meine Medialschulung dankbar. Es ist ein unbeschreiblich erhabenes Gefühl zu erleben, dass trotz allen Leides der Mensch geläutert geht und seinen alten Wintermantel zurücklässt, während sich sein Energiekörper im ganzen Raum ausdehnt. In dieser Phase fühle ich mich vom Sterbenden beschenkt, an seiner Verwandlung teilhaben zu dürfen. Das Mysterium des Sterbens verliert seine Düsternis, da grosse Helle herrscht.

Es kann daher nicht schaden, wenn der Begleiter die Hasel-Essenz genau so sich selbst zugute kommen lässt wie dem Sterbenden, der vielleicht nur noch einen sanften Impuls braucht, um der neuen Dimension entgegen zu gehen.

Mit der homöopathischen Entsprechung des Haselnussbaumes, Coryllus avellana, habe ich leider keinerlei Erfahrung. Im Rahmen unserer grossangelegten Prüfung des „Germanischen Baumkreises", einer Gruppe von 24 heimischen Bäumen, werden wir sicher mehr darüber erfahren.

Farblicht Grün

Grün als Farbe des Luftelements wird hauptsächlich in zentral- und südasiatischen Kulturen verwendet. In der jüngeren TCM gibt es kein Luftelement, sondern ein Holzelement, dem die Farbe Grün zugeordnet ist. Aber der tiefere Sinn von Grün, Luft- und Holzelement ist gleich: Wachstum, Regeneration und Aufhebung von Schwächen auf der einen Seite und Stagnation, Innehalten, Ausgleichen auf der anderen Seite. Auf der physischen Ebene korreliert Grün mit Ernährung, Vegetativum, Speiseröhre und Mageneingang. Auf der emotionalen Ebene stehen Grün und das Luftelement für die Fähigkeit, Wut, Aggression und explosionsartige Entladung von Gefühlen zuzulassen. In der TCM gehört die Lautäusserung des Rufens und Schreiens zum Grün (Leber, Galle). Dieses Naturell ergibt sich aus der Vereinigung der aktiven, zentrifugalen Farbe Gelb mit dem passiven, zentripetalen Blau. Bei uns modernen Menschen ist das Schreien als natürliche, befreiende Lautäusserung am meisten blockiert und stressbesetzt. Was Wunder, dass uns ein schreiendes Tier entsetzt! Das Schreien verbraucht stets alle zur Verfügung stehende Atem- und Körperkraft. Es mündet in die Erschöpfung, in einen Moment absoluter Stille.

(aus R. Sonnenschmidt: Farb- und Musiktherapie für Tiere)

In der traditionellen Medialschulung setzt man bei der Zirkelarbeit Grünlicht ein, um das Gefühl der Levitation und Leichtigkeit noch deutlicher zu erleben als unter Blaulicht. Allerdings findet man im Grünlicht wesentlich schwerer zur Erdung zurück, weshalb man mit diesem Licht sehr sparsam umgeht. In der Krebstherapie wird Grünlicht gezielt eingesetzt, um Krebszellen abzutöten. Wird es zu lange eingesetzt, greift es auch die gesunden Zellen an. In der Sterbeenergetik kann man sich die Fähigkeiten mangelnder Erdung und der Auflösung von Zellen zunutze machen. Grünlicht hilft, die innere Atmung im Sterbenden zum Stillstand zu bringen, so dass das Verlassen des Körpers deutliche Erleichterung erfährt.

Während die Tibeter und Inder den Sterbevorgang hellsichtig wahrnahmen und alle Details durch mediale Schau mitteilen konnten, haben wir im Westen die Möglichkeit, über eine Mediumperson Kontakt zum Sterbenden aufzunehmen, wie ich dies im Rahmen der Therapeutischen Kinesiologie entwickelt habe. Durch diese befriedigende Arbeit fand ich nicht nur jedes Detail des *Bardo Thödol* bestätigt, sondern erfuhr auch immer direkt, welche Bedürfnisse der Sterbende (noch) hat. In der vierten Wandlungsphase hörte ich meistens die Bitte, die Menschen im Umfeld sollten aufhören zu trauern, da es ihm/ihr doch so gut gehe. Alles sei leicht und erlösend. Es gebe keinen Grund zur Trauer. So sehr das auch für den Sterbenden stimmen mag, so wichtig ist es dennoch, die Zurückbleibenden in ihrer Trauer zu verstehen und anzunehmen. Selbst wenn der Sterbeprozess optimal begleitet wird, entsteht der natürliche Gefühlsausdruck der Trauer, wenn ein Mensch unwiderruflich geht. Die Trauer gehört zu unserer Dimension und sollte auch gebührend gewürdigt werden.

Die fünfte Wandlungsphase – „Die Luft geht in den Äther ein“

Auf der Energiepyramide (vgl. Farbbild 1) sehen wir das letzte verbleibende Körperzeichen in der Pyramidenspitze, die in die Umkehr mündet. Atem- und Herzstillstand haben bereits stattgefunden. Im Vergleich dazu entsteht ein grosses Energiefeld, das sinnbildlich dafür steht, dass das Bewusstsein des Sterbenden bzw. soeben Verstorbenen im Begriff ist, in das grosse Bewusstsein der Natur einzugehen. Die vierte und fünfte Wandlungsphase gehen meistens nahtlos ineinander über. Es gibt keine äusserlich sichtbaren Lebenszeichen mehr, wohl aber noch Subdelta-Gehirnwellen, die gemessen werden können. In dieser Phase haben Sterbebegleiter oftmals mediale Wahrnehmungen, indem sie farbige Wolkenschleier sehen oder den Sterbenden als Person im Raum sehen.

siehe Farbbild 6

Die fünfte Wandlungsphase trägt den Titel „Die Luft geht in den Äther ein“ und macht deutlich, dass die materielle Existenz beendet ist. Selbst wenn alles in der Ordnung des Sterbens verläuft, wird der klinische Tod meistens schon in der vierten Wandlungsphase festgestellt, das heisst, der Herz- und Atemstillstand. Die Tibeter beschreiben jedoch ganz genau, was sich noch ereignet, während die Körperfunktionen schon zur Ruhe gekommen sind. Ist die äussere Atmung schon verebbt, dann braucht es noch längere Zeit, bis auch der „innere Atem“ zum Stillstand kommt. Damit ist der ausklingende Prozess der Zellatmung gemeint und die vollkommene Trennung von Physis und Energiekörpern bzw. Bewusstsein. Das ist nur verständlich, wenn man von der Existenz eines Ätherfeldes ausgeht, das physische Doppel, in dem alle Meridiane verlaufen. Hört der physische Kreislauf auf zu fliessen, so währt der Energiefluss in den

Meridianen durchaus noch weiter. Zuerst versiegt die Energie in den Yang-Meridianen, den Entsprechungen der Hohlorgane wie Magen, Dünn- und Dickdarm, Gallenblase, Blase, dann kommt der Energiefluss der Yin-Meridiane, der energetischen Entsprechung der lebenswichtigen Organe wie Herz, Niere, Leber und Lunge zum Stillstand. Aber wir haben auch noch acht Urmeridiane, die letzten Energiereserven. Die Tibeter meinen mit dem inneren Atem genau diesen Prozess, der sich in der fünften Wandlungsphase vollzieht.

Vergleichen wir es mit der Inkarnation in unsere Welt: Das Kind hat schon den Mutterleib verlassen, aber es ist noch über die Nabelschnur mit der Mutter verbunden. Bei Naturvölkern wird diese Schnur nicht aktiv durchschnitten, sondern gewartet, bis das Kind selbstständig atmet. Dadurch verändert sich die Nabelschnur und zeigt eine natürliche Einschnürung, die dann entweder von alleine durchbricht oder mit einem kleinen Schnitt getrennt wird. Schliesslich folgt noch die Nachgeburt. Erst danach ist der Geburtsprozess abgeschlossen.

Das gleiche gilt auch für den Sterbeprozess, also die exkarnierende Geburt. Für die Nabelschnur steht die letzte energetische Verbindung zwischen Physis und Ätherfeld durch die Urmeridiane. Die Nachgeburt wird ausgestossen. Dem entspricht im Sterbeprozess die impulshafte Befreiung des Bewusstseins von seiner ehemaligen materiellen Existenz.

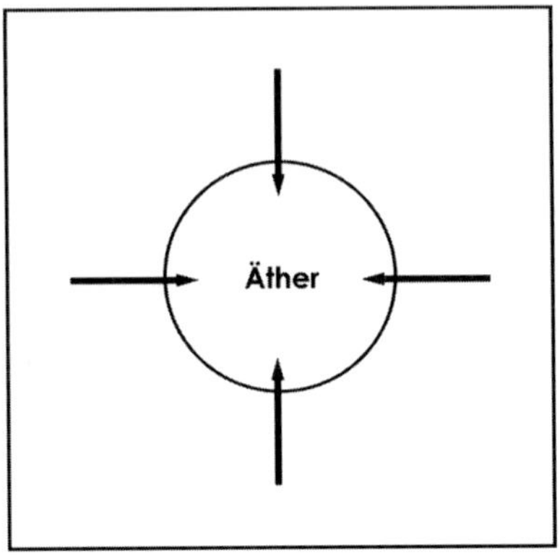

Abb. 12 Die „Implosion“ der Elemente in die Quintessenz

„Die Luft geht in den Äther ein“, das ist wie eine Implosion der Elemente in die Quintessenz, aus der sie stammen. Was nun noch existiert, ist der Äther, der keine separate „Substanz“ ist, sondern das, was die Inder „Prana“, die Chinesen „Qi“ nennen, also Lebensenergie, die alle Elemente durchdringt. Da der Äther in der aristotelischen und tibetischen Elementenlehre als die Quintessenz verstanden wird, weist die fünfte Wandlungsphase bereits auf das Naturgesetz, dass nach einer Trennung wieder die Vereinigung folgt. Die Trennung zwischen Physis und Energiefeld ist vollzogen. Wohin „geht“ das Energiefeld? Wohin entschwindet die Lebensenergie in der Exkarnation? Natürlich geht sie in das Ganze ein. Das Universum verliert nichts. Die kleine Welle = Mensch geht wieder in die grosse Welle = Kosmos ein. Aber die kleine individuelle Welle hat Bewusstsein. Es hat keinen Körper mehr, wohl aber die Erfahrung, in einem Körper gewesen zu sein.

Hilfen in der fünften Wandlungsphase

Psittacus erithacus – Agraulis vanilli – Holunderbaum – Violettlicht

Der Eindruck, im Körper sei noch ein Fünkchen Leben, kann bisweilen recht lange dauern. Wenn man in solchen Fällen mit dem Sterbenden Kontakt aufnimmt, erfährt man die erstaunliche Tatsache: „Ich will ja loslassen, aber es gelingt nicht." Immer bleibt noch ein Fädchen übrig.

Ich nenne dies den Jojo-Effekt. Der Mensch verlässt den Körper, gleitet wieder in ihn hinein und wiederholt diesen Vorgang wie in einer langsamen Wellenbewegung. Die fünfte Wandlungsphase ist abgeschlossen, wenn der letzte Kontakt zur Physis gelöst ist. Dann haben wir auch den klaren Eindruck, da ist nur noch eine leere Hülle.

Sollte der Eindruck entstehen, hier müsse noch eine Hilfe der Schwingungsmedizin mithelfen, empfehle ich noch einmal Psittacus erithacus oder den Schmetterling, Agraulis vanilli. Beide Mittel sind ideal für die sanfte Trennung von Energiekörper und Materie und müssen nur ins Energiefeld des Sterbenden bzw. soeben Verstorbenen gestellt werden. Ich konnte keinen Bezug zu irgendeiner speziellen Potenz herstellen, da in der Ätherphase oft schon der Gedanke an ein Mittel ausreichte, um seine Heilkraft zu manifestieren. Es leuchtet ein, dass die beiden Helfer für den Sterbenden gedacht sind und nicht für den Betreuer, der eher etwas Handfestes braucht, um mit Trauer, Übermüdung und Überforderung angesichts des Ungewohnten fertig zu werden. Doch bewirken Papagei und Schmetterling, dass es dem Betreuer in der Atmosphäre reiner Energie leichter ums Herz wird. Es bleibt nichts zu tun. Es herrscht Stille bei gleichzeitiger faszinierender Energielage.

Psittacus erithacus steht für das bewusste Loslassen des Körpers und das sanfte Hinübergleiten in die körperlose Dimension. Agraulis steht für die ersten „Schritte" in dem ungewohnten Energiefeld ohne Körper und ist der Inbegriff für die Leichtigkeit des Seins.

Abb. 13 Der Holunder

Baumessenz Holunder

Der Holunder ist der Verbindungsweg zwischen Diesseits und Jenseits. Das grosse Thema des Holunders ist die Konsonanz, die Einheit... Die Holunder-Essenz bringt Himmel und Erde zusammen, also Seele und Körper. Er fördert das Ganz- und Heilsein... „Ich bin eins mit dem Kosmos" – der Holunder ist ein spiritueller Baum. Begeben wir uns auf die Suche, können wir schnell auf ganz tiefe Ebenen kommen, die im Bereich der Delta-Wellen des Gehirns liegen. Es sind die Zustände der Trance, der Selbstvergessenheit, die wir dort finden und die uns den Weg unserer eigenen Wahrheit führen können. Dort können wir der Stimme unserer Seele begegnen.

(aus Harald Knauss: Die Urkraft der Bäume)

Der Holunder hat noch eine andere, heitere Komponente. Es heisst, in ihm treiben es die Naturgeister toll und es herrscht eine fröhliche Vermehrung. Die Baumenergie des Holunder erinnert an die Vorstellung vieler Kulturen, vor allem der Tibeter, dass nach der Lösung vom irdischen Dasein sich die Seele zunächst einmal ausruht und ansonsten ein paradiesisches Leben der Leichtigkeit und des Spiels geniesst, bevor die „Arbeit" an der Seelenqualität wieder einsetzt. Der Verstorbene hat somit das neue Land betreten, Freunde begrüsst und muss sich darin erst orientieren.

Für uns als Begleiter bleibt nur, dem Verstorbenen zu versichern, dass er nun in der Lichtwelt ist und ihn zu ermuntern, seinen Weg zu gehen.

In mehreren Medialen Balancen konnte ich dies alles bestätigt sehen, denn, wie meine Lehrerin, Margaret Pearson so treffend sagte: "It is a world in a world." Die jenseitige Welt ist nicht ausserhalb der unsrigen, sie ist mitten unter uns, nur auf einer höheren Schwingungsebene.

Farblicht Violett

Die Farbe Violett steht für das Ätherelement, dem in der TCM das Meridianpaar Lunge-Dickdarm entspricht. Der Äther wird in Zentral- und Südasien „Prana", in der TCM „Shen, Qi" und „Jing", im Abendland „Od" genannt. Es ist schwierig, diese feinstofflichen Energien in ein Wort zu fassen, da Äther mehr als Luft ist, Luft ohne Äther nicht existieren kann. Das moderne Wort ist „Lebensenergie" oder „Vitalenergie", die sich aus energetischen Nahrungskomponenten zusammensetzt wie Licht, Erdstrahlung und kosmischer Strahlung. In den asiatischen Kulturen wird diese Synthese aus verschiedenen Energiequellen mit mystischen Erlebnisebenen aufgrund von Bewusstseinserweiterung in Verbindung gebracht. Dies spiegelt sich in der Wahl von Violett wider. Im Äther verlieren Körper und Materie ihre Bedeutung. Violett symbolisiert Erhabenheit und Distanz zum physischen Leben. Es ist deshalb in Klöstern die Farbe der Entsagung bzw. des spirituellen Geistes.

Auf der physischen Ebene geht es bei Violett mehr um psychoenergetische Zustände, um die Ausgleichung einer inneren Unruhe. In der TCM ist die dazugehörige Lautäusserung das Weinen in seiner erlösenden Qualität. Von welcher Ebene wir es auch betrachten, das Violett des Ätherelements heisst Abschiednehmen, Loslassen. Deshalb ist diese Lichtfarbe vor allem für den Sterbebegleiter ideal, um innere Stärke zu gewinnen. Man kann den gesamten Raum mit Violett ausleuchten, so dass auch der Sterbende bzw. soeben Verstorbene in den Genuss dieses Lichts kommt. Sensitive Wahrnehmungen sind bei diesem Licht und in dieser Wandlungsphase fast die Regel, da der Verstorbene ein grosses Energiefeld aufbereitet hat.

Violettlicht und Totenwache

In diesem Licht kann man noch ein weiteres Phänomen beobachten, wenn es möglich ist, eine Totenwache durchzuführen – in Krankenhäusern oft sehr schwierig. Die fünfte Wandlungsphase, in der ja die vollkommene Trennung von Physis und Energiekörper stattfindet, verläuft selbst in einer speziellen Dynamik. Für die Trennung ist ein Höchstmass an Energie nötig. Deshalb dehnt sich der Energiekörper maximal aus während der materielle Körper sogar sichtbar schrumpft. Wenn aber die Ablösung vollzogen ist, zieht sich auch der Energiekörper zusammen. Diesen Vorgang kann man hellsichtig zum Beispiel als flammenähnliche, rauchfarbene Gebilde oder als amorphe Lichtgestalt wahrnehmen. Dazu verhilft das Violettlicht. Die Totenwache war seit Menschengedenken eine sinnvolle Einrichtung, weil sich in dieser Zeit der Energiekörper allmählich von seinem ehemaligen physischen Leib wegbewegt. In der englischen Medialschulung ging man seit 150 Jahren ganz selbstverständlich mit dieser Tatsache um und empfahl, diese Vorgänge im violetten Lichtschein zu verfolgen, da dieses bewegliche Zwielicht dem Trauernden bzw. Totenwächter die Vorgänge erlebbar macht. Es entsteht noch ein angenehmes Gefühl der Nähe zwischen uns in unserer Dimension und dem Verstorbenen in seiner Dimension. Es fällt leichter, auf diese Weise Abschied zu nehmen. Das leuchtet ein, wenn man sich die übliche Situation vorstellt: Der klinische Tod wird festgestellt; vielleicht hat noch einer das Gefühl, der Körper ist noch nicht ganz leer. Dann ist er plötzlich leer, aber wo ist der Mensch, den du gekannt, geliebt hast? Das Gefühl einer grenzenlosen Leere tut sich auf. Die Leiche wird abtransportiert, und unsere meist sinnentleerten Begräbnisrituale nehmen ihren Lauf. Alles ist jetzt nur noch auf die Leiche ausgerichtet. Sie wird von einem Menschen des Begräbnisinstituts ansehnlich hergerichtet, damit jeder in der Aussegnungshalle den Toten noch einmal anschauen kann. Was sehen die Betrachter da? Sie schauen in die eigene Vergänglichkeit, in den eigenen Tod und sind von Angst und Schrekken durchdrungen. Sie schauen das Unwichtigste an – die leere Hülle. Denn, könnten Sie „sehen", dann könnten sie den Energiekörper des Verstorbenen wahrnehmen, der ratlos in der Nähe des aufgebahrten Körpers schwingt und so gerne Botschaften des Trostes, der Freude, der Erlösung mitteilen würde. Aber niemand kümmert sich um ihn. Statt dessen ertränken und verstopfen wir beim Leichenschmaus die unangenehmen und desolaten Gefühle.

Die ersten Schritte, diese degenerierten Rituale wieder zu füllen, beginnen in der Totenwache. Tränen dürfen fliessen, Trauer darf sein. Das braucht seine Zeit. Aber immer wieder durfte ich erleben, wie der Trauernde zur Ruhe kommt, wenn er unter Violettlicht „spürt" oder „sieht", dass sich allmählich der Verstorbene von seinem materiellen Leib verabschiedet und sich für unsere Dimension unsichtbar in das Ganze eingibt. Hat der Verstorbene sozusagen den ersten Schritt zum Abschied getan, fällt es auch dem/den Hinterbliebenen leichter, Abschied zu nehmen. Durch das Violettlicht wird noch eine kostbare Kommunikationsebene geschaffen, ein Band der Zuneigung zwischen beiden Welten. Und das ist etwas ungemein Trostvolles.

Natürlich kann man diese Phänomene der fünften Wandlungsphase auch ohne Violettlicht wahrnehmen, wenn man seine Hellsinne schult. Ein Medium übernimmt in der Tradition die Aufgabe des Violettlichts, indem es die Dichte der Energie in der Ätherphase nutzt und so eine Brücke zwischen Verstorbenem und Hinterbliebenem baut.

Erst wenn man einige Male den Prozess der Sterbeenergetik in seiner natürlichen Ordnung erlebt hat, kann man auch mit den Variationen oder Abweichungen vom Normalfall besser umgehen.

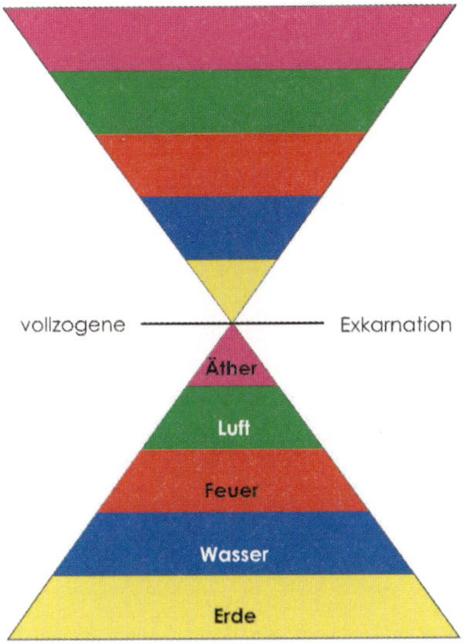

Farbbild 1
Der energetische Prozess der Exkarnation

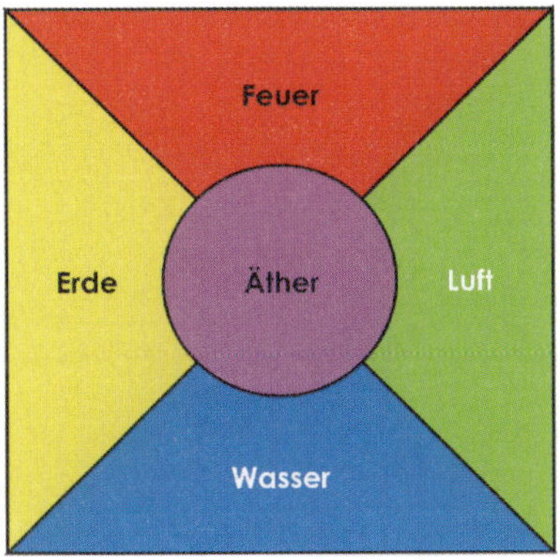

Farbbild 2
Die fünf Elemente der ersten Wandlungsphase

Farbbild 3
Zweite Wandlungsphase: Die Erde geht in das Wasser ein

Farbbild 4
Dritte Wandlungsphase: Das Wasser geht in das Feuer ein

Farbbild 5
Vierte Wandlungsphase: Das Feuer geht in die Luft ein

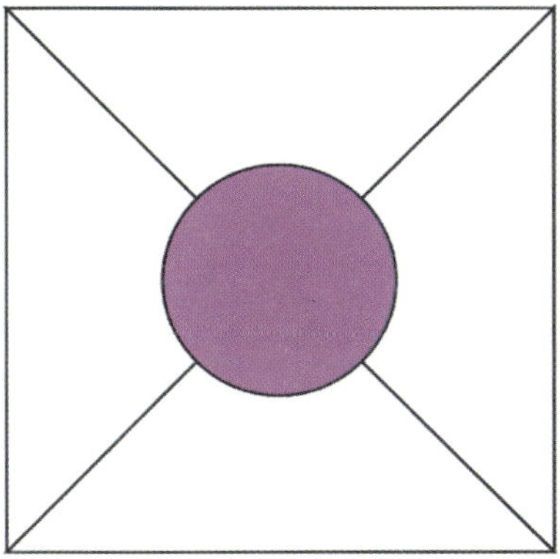

Farbbild 6
Fünfte Wandlungsphase: Die Luft geht in den Äther ein

Farbbild 7
Sechste Wandlungsphase: Der Äther geht in das Ganze ein

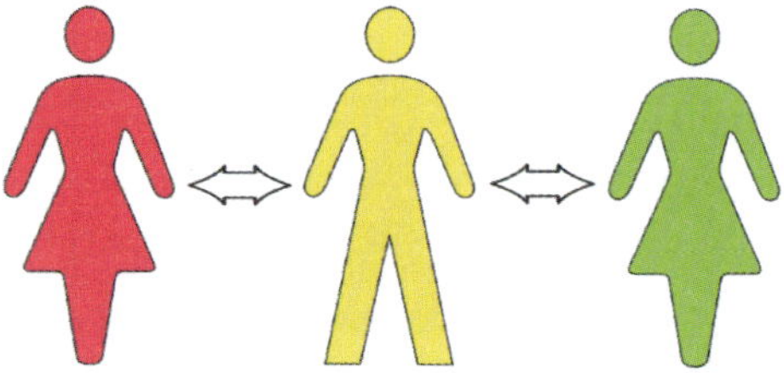

Farbbild 8
Aufbau einer Medialen ESA

Farbbild 9
Sitzung für einen Sterbenden
(Surrogatperson in der Mitte)

Farbbild 10
Sitzung für einen Krebspatienten
(Surrogatperson in der Mitte, assistierende Heilerin rechts)

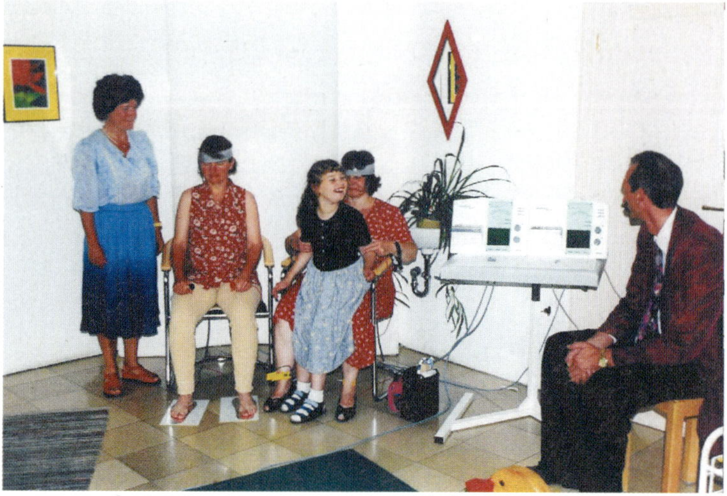

Farbbild 11
Sitzung für ein Kind mit Rett-Syndrom
(v.l.n.r. Testerin, Surrogatperson, Patientin mit Mutter)

Farbbild 12
Sitzung für eine Wachkoma-Patientin
(v.l.n.r. Patientin, Surrogatperson, Testerin)

Die sechste Wandlungsphase – „Entscheidungsfreiheit zur Inkarnation“

Für die Tibeter und Inder ist es dank des zyklischen Verständnisses von Leben und Sterben kein Problem, auch den nächsten Schritt zu erklären, nämlich den, dass das Bewusstsein nach der Exkarnation wieder zur Inkarnation schreitet. In einem neuen Körper macht man neue Erfahrungen.

In der Pyramidendarstellung ist die Spitze der Transformationspunkt und nicht im eigentlichen Sinne eine Sterbephase. Mit „Sterben“ wird in den tibetischen Totenbüchern der Prozess der Ablösung des Bewusstseins von seinem materiellen Körper bezeichnet. Das geschieht in den bereits beschriebenen wehenartigen, wellenartigen fünf Phasen. Aber, wie jeder beim Lesen des Weisheitsbuch der Tibeter schon staunte, schliessen sich dem physischen Ableben 49 Tage an, in denen die Seele des Toten von kundigen Lebenden auf ihrem neuen Pfad begleitet wird. Die Zahl 49 ist symbolisch zu verstehen, da die Tibeter, ähnlich wie in unserer Kultur, von einem siebenjährigen Zyklus ausgehen und die Zahl 49 = 7 x 7 Tage bedeutet. Darin drückt sich die Achtung vor dem Nachtodzustand aus, der weit mehr bedeutet als unsere „Totenwache“, die maximal drei bis vier Tage währt – wenn überhaupt! Den Tibetern war klar, dass in der körperlosen Existenz keine Raum- und Zeitbegrenzung mehr besteht. Deshalb war für den kundigen Sterbebegleiter eine intuitive, mediale Sicht des Sterbeprozesses wichtig. Durch diese Sichtweise wurde klar, dass ein versierter Sterbebgleiter, während der „49“ Tage, mentale Botschaften an den Verstorbenen richtet, die diesen darin bestärken,

- dass er/sie tatsächlich tot ist,
- dass er/sie auf das zugehen möge, was der Weiterentwicklung seines/ihres Bewusstseins *dient,*

- dass er/sie sich zum richtigen Zeitpunkt für eine Inkarnation entscheiden möge.

Ausserdem soll durch die Totenwache von mindestens einer Woche (!) dem Verstorbenen energetisches Geleit gegeben werden, damit alles optimal verläuft. Schliesslich soll durch eine gebührende Zeitspanne den Angehörigen die Gelegenheit gegeben werden, emotional Abschied zu nehmen. Durch die Praxis der Sterbebegleitung sann ich auf eine Möglichkeit, dem Trauernden die sechste Phase begreiflich zu machen. Deshalb entschied ich mich für das Bild der Regenbogenfarben mit dem Titel: Der Äther geht in das Ganze ein.

siehe Farbbild 7

Jeder Sterbende geht ohne Krankheit aus dem Körper so wie auch die Seele rein und gesund inkarniert. Die Wahl des Körpers entscheidet über Anlagen, krank zu werden. Der Verstorbene lässt den kranken, alten Körper in unserer Dimension zurück. Den Hinterbliebenen habe ich die neue Dimension, die meist unserer engen physisch orientierten Wahrnehmung verborgen ist und doch ständig um uns herum existiert, immer mit dem einfachen Bild vermittelt, dass im Sterbeprozess alle Farben Schritt für Schritt verlöschen. Wenn dann nur noch Energie übrig ist, geht das Bewusstsein wieder in die universale Lebensenergie ein. Und diese Lebensenergie zeichnet sich wieder durch alle Farben aus. Das Rad des Lebens dreht sich weiter. Während der Trauer schwinden die Farben, sichtbar an der Wahl einer schwarzen oder weissen Kleidung. Nach einer Zeit des Trauerns kehren die Farben ins Leben zurück. Das ist in der Ordnung der Naturgesetze.

Wer immer einen „Draht" zur jenseitigen Welt hat, weiss, dass jeder Verstorbene den innigen Wunsch hat, der/die Trauernde möge wieder voll und ganz das Leben annehmen. In vielen Sitzungen für Trauernde konnte ich auf beeindruckende Weise miterleben, dass zum einen der Trauernde dringend wissen will, wie es dem Verstorbenen geht. Wir können uns einfach nicht vorstellen, dass ein langes Leiden oder ein plötzlicher Tod, durch Unfall oder Gewalteinwirkung, zu einer Erlösung und zu der Botschaft des Verstorbenen führen kann: „Es geht mir gut. Es ist alles in meiner Ordnung geschehen. Danke für alle Hilfen." Oftmals übermittelt der Verstorbene noch Details der Begleitumstände, um dem Trauernden mitzuteilen, dass er/sie alles bewusst wahrgenommen hat. Alles dies ist ungemein tröstend für den Hinterbliebenen und erleichtert sein Herz. Zum andern will oftmals der Verstorbene dringend mitteilen, dass es ihm/ihr gut geht und der/die Hinterbliebene doch mit Verzweiflung und Trauer aufhören möge. Als Medium vermittelt man zwischen diesen beiden Welten, und es ist nicht leicht, das total Konträre, nämlich das Leid der Trauer auf unserer Seite, mit der Freude und lichtvollen Leichtigkeit auf der „anderen" Seite in Verbindung zu bringen. Ich wusste aus der Schulung, dass es die vornehmste und wichtigste Aufgabe eines Mediums ist, den Menschen die Angst vor Sterben und Tod zu nehmen. Ich habe das auch in sehr vielen Privatsitzungen als Übersetzerin bei meinen Lehrern erlebt. Aber was das wirklich heisst, weiss ich erst, seit ich selbst dazu autorisiert bin, solche Sitzungen zu geben. Ich kann kaum in Worten ausdrücken, welch tiefe Dankbarkeit ich jedes Mal empfinde, wenn ein Verzweifelter vor mir sitzt, weint, weil ein geliebter Mensch gegangen ist. Wenn sich dann die Türe zur körperlosen Dimension, durch Inspiration höherer Schwingungen, öffnet, spürt auch der Ratsuchende die starke und positive, lebensbejahende Energie im Raum und kann getröstet und erhobenen Hauptes aus der Sitzung hervorgehen. In meiner medialen Arbeit habe ich mehr über Heilung gelernt als in jeder Therapieform.

Da ich eher intellektuell orientiert bin und früher immer dachte, medial können nur Esoteriker sein, betrachte ich die sorgfältige Schulung von Sensitivität und Medialität als das grösste Geschenk, das mir in meinem Leben zuteil wurde. Keine Yogaschulung, keine 15 Jahre Zazen haben das bewirkt, was die englische Schulung ganz praxisnah für uns westliche Menschen erschaffen hat: den kreativen, lebendigen, lebensbejahenden Zugang zu körperlosen Dimensionen und den angstfreien Zugang zu Sterben und Tod. Und dies mit spielerischen, weltanschauungsfreien Übungen, die jeder ausüben kann. An mir selbst durfte ich erleben, dass tatsächlich jeder sensitive Gaben hat und es nicht darauf ankommt, überdurchschnittlich begabt zu sein, sondern man nur lernen muss, sein Potential zu 100 Prozent zu nutzen. Durch meine Entwicklung konnte ich auch bestätigt sehen, was typisch für die traditionelle Schulung ist, nämlich die Bevorzugung eines gesunden Menschenverstandes und eine solide Erdung. Es ist wahr: Je weiter ich mich in die körperlose Dimension hinauslehne, um so besser muss die Erdung sein.

Es gibt viele Menschen, die als Medium die Esoterikszene bevölkern. Darunter gibt es auch viele Begabungen. Für mich ist das wichtigste Qualitätsmerkmal, wie ein Medium mit dem Thema Sterben und Tod in der Praxis, wenn ein Ratsuchender kommt, umgeht. Hier scheiden sich sehr schnell die Geister und trennt sich Echtes von Unechtem.

Ich habe mir erlaubt, an dieser Stelle eine kleine Laudatio auf die mediale Arbeit bei postmortalen Zuständen in beiden Welten auszusprechen, weil ich denen Mut machen möchte, die sich einmal auf den Prozess der Grossen Wandlung einlassen wollen. So manch einer entdeckte dabei seine hellfühligen, hellhörigen und hellsichtigen Talente dank der Energiebereitstellung des Sterbenden.

Abgesehen von dieser Arbeit müssen wir uns fragen, was bei uns nach dem Begräbnis in den symbolischen 49 Tagen geschehen kann.

Trauerzeit in Orangelicht

Dem oder den Hinterbliebenen sollte Hilfe angeboten werden, mit dem Verlust umzugehen und eine Trauerzeit sinnvoll zu gestalten. Von den Tibetern und Indern ist bekannt, dass sie wochenlang den Ahnen auf einem Altar verehren, orangefarbene Tücher und/oder Blumen darbieten und so dem Verstorbenen ihre Ehre erweisen. Da in diesen Kulturen der Leichnam meistens verbrannt wird und die Asche der Natur zurückgegeben wird, befasst man sich in der Zeit nach dem Ableben eines Menschen mit dem Ort, an dem er zuhause war. Jeder Verstorbene hat an einem Ort, in einer Wohnung oder in einem Haus einen Grossteil seiner Lebenszeit verbracht und dort ein Energiefeld aufgebaut. Es heisst, dass der Verstorbene noch 49 Tage lang an diesen Ort zurückkehrt. Deshalb entwickelte sich das Ritual, den Verstorbenen von unserer Seite aus noch weiter zu begleiten. Ein solcher Begleiter musste natürlich eine mediale und spirituelle Schulung durchlaufen haben, sonst hätte er wohl kaum dem Verstorbenen Anweisungen geben können, wie dieser seiner Erleuchtung und Seelenerlösung näherkommen könne.

Von dieser Art der Nachtodbetreuung sind wir im Westen noch weit entfernt. Deshalb habe ich zunächst einmal ganz pragmatische Anweisungen aus den „Totenbüchern" übernommen, die jedem Hinterbliebenen Sinn machen und Trost bringen:

Die wichtigste Lebensfarbe und Heilfarbe ist Orange. Der Trauernde begibt sich real oder mental an den Ort, an dem sich der Verstorbene oft aufgehalten hat, schaltet Orangelicht ein, lässt vielleicht angenehme Musik dazu laufen und spricht mit dem Verstorbenen. Die Kommunikation über die Stimme ist wichtig, weil sie Schwingungen überträgt und so der Energiekörper des Verstorbenen damit in Resonanz kommen kann. Der/die Trauernde sagt alles, was er mitteilen möchte, seinen Schmerz, seine Verzweiflung. Aber die kleine Sitzung wird stets mit einer positiven Botschaft beendet. Dazu gehören drei Inhalte:

1. Ich danke dir für die Zeit, die wir uns kannten /die wir miteinander gelebt haben
2. Ich sende dir Licht und wünsche dir das Beste auf deinem Weg
3. Ich lasse dich gehen und ich kehre wieder ins Leben zurück

Es ist völlig egal, wie lange jemand trauert. Trauern gehört zu den natürlichen menschlichen, emotionalen Ausdrucksformen. Jeder braucht seine Zeit dafür. Aber sie muss eines Tages zuende gehen, indem man sich dem Leben wieder zuwendet. Eines Tages begreift der/die Trauernde das Sinnbild des Orangelichtes: die zarte, warme Morgenröte. Dann beginnt wieder der Lauf mit der Sonne, dem Licht, der Vaterkraft. Orange ist die milde und heilende Verbindung zwischen Diesseits und Jenseits, wenn wir die beiden Welten denn so nennen wollen.

Wer so seine Trauerzeit verbringt, bringt sein eigenes Energiefeld in Harmonie, in dem dann die Erinnerung an den Verstorbenen abgespeichert wird. Man kann dies in der Aura sehr gut wahrnehmen, indem diese Erinnerung am Rande des Mentalfeldes schwingt. Während der Trauerzeit schwingt diese Erinnerung noch nahe am Emotionalkörper. Alle emotional geladenen Erfahrungen, die wir als Mensch durchleben, wandern von der Physis durch den Emotionalkörper zum Mentalkörper.

Wenn allerdings das geschieht, was ich leider oft erlebe, nämlich, dass eine Trauerarbeit kein Ende findet und unentwegt im Sumpf des Leidens verharrt wird, entsteht eine Todessehnsucht, ein destruktiver Sog in die Exkarnation.

Solche Menschen brauchen eine Behandlung, denn es ist schwer, aus diesem Sog alleine herauszukommen. Hierbei kommt die Homöopathie wieder ins Spiel, denn wir müssen genau unterscheiden, welcher Art die Todessehnsucht ist und welche Ursache sie hat. In jedem Falle verordne ich eine Lichtbestrahlung mit Orange. Als homöopathische Helfer haben sich je nach Gemütsverfassung und Schwere der Trauer Natrium muriaticum, Ignatia, Aurum und Aurum muriaticum bewährt.

Das Geleit bei der Exkarnation

Bisher verbringen immer noch die meisten Sterbenden ihre vierte und fünfte Phase im Kühlhaus des Krankenhauses oder in den Einrichtungen eines Bestattungsinstituts. Es ist müssig, darüber zu klagen, wenn man etwas über die Sterbeenergetik weiss. Wir handeln immer nach bestem Wissen und nach bestem Verdrängungsmechanismus, je nachdem, wie unser inneres Weltbild aussieht. Davon kann ich die Hospizbewegung trotz aller redlicher Bemühungen nicht ausschliessen, denn hier verhindert meistens die konfessionelle Bindung an eine der Amtskirchen, dass die Betreuer die fünf Sterbephasen kennen. Selbst die in den USA und in Europa eingerichteten tibetischen Klöster haben nicht dazu beigetragen, dass der natürliche Vorgang der Exkarnation allgemein bekannt ist. Man tauscht den einen Glaubenssatz durch den anderen aus. Aber, wie ich in meinen beiden Arbeitskreisen erleben konnte, muss man vom tibetischen Buddhismus keine Ahnung haben, um die Anweisungen des *Bardo Thödol* und der kleinen Totenbücher zu verstehen und vor allem anzuwenden. Es sind zeitlose Erkenntnisse, basierend auf einer genauen Beobachtung natürlicher Gesetze. Sie erscheinen lediglich im geistigen Gewand der Kultur, die es für wichtig erachtete, den Sterbeprozess zu erforschen. Deshalb gilt es auch hier, die Fähigkeit zu erlangen, durch das äusserlich Sichtbare hindurchzuschauen auf das, was wesentlich ist. Im Alltag, der bekanntlich der beste Lehrmeister in einer spirituellen Entwicklung ist, muss sich eine Erkenntnis beweisen. Deshalb möchte ich auch einige Probleme anschneiden, die uns im Rahmen der Sterbebegleitung begegnen können.

Sterben im Krankenhaus

Ein Krankenhaus ist ein von Menschen erschaffener und von Menschen organisierter Ort. Folglich haben die dort Arbeitenden – Ärzte und Pflegepersonal – die gleichen

Fragen nach dem Sinn des Lebens und Sterbens wie jeder von uns. Die Ängste werden meistens hinter einer Fassade von Geschäftigkeit und der Haltung „Kampf dem Tod“, Lebensverlängerung um jeden Preis“ verborgen. Im Krankenhaus ist man krank, aber nicht tot! Todkrank darf man sein, aber Sterben ist ein Armutszeugnis des Körpers. Er hat versagt, die Instrumente haben versagt, die Schulmedizin hat versagt, die Naturheilkunde hat versagt, ich habe versagt, du hast versagt. Das ist unser Denken und es ist unumgänglich, diesem Denken schonungslos ins Auge zu schauen. Im Gesundhaus wird man gesund und stirbt nicht. Egal, wo wir hinschauen, überall, und das auch in der Naturheilszene, wird das Sterben, wenn irgend möglich ausgeklammert. Eine Änderung der inneren Haltung ist nur möglich, wenn der erste Schritt die Annahme ist. „Ja, ich habe Angst. Ja, ich fürchte mich vor dem Thema Tod.“ Das ist kein Armutszeugnis, sondern der erste wichtige Schritt, die unzähligen Verdrängungsmechanismen zu durchschauen. So entsteht ein Raum für die Angst. Ich kann sie genau anschauen und ihr durch eine geeignete Selbsterfahrung das Mass an Lähmung nehmen, mit der sie auf das alltägliche Leben einwirkt. Das Heilende für den, der mit Sterbenden beruflich Umgang hat, besteht in der Annahme seiner Ängste und in der Möglichkeit, neue Erfahrungen zu machen.

Das habe ich auch bei meiner Arbeit im Krankenhaus beherzigt. Es gab letztendlich nie ein Problem, das zu tun, was die Stunde gebot. Es wurde nie etwas verboten, wenn ich freundlich darum bat. Es war alles eine Frage der Priorität, Kreativität und Qualität. Wenn eine Totenwache nur drei oder sechs Stunden sein konnte, weil das in den Zeitablauf der Station passte, so hatte das die Qualität von 49 Tagen. Alle Wandlungsphasen und ihre Betreuungsmerkmale können ohne Hindernis stattfinden, wenn der Betreuer sich nicht an quantitative Vorgaben hält, sondern sich ausschliesslich um die Qualität dessen bemüht, was gerade ansteht. Wenn wir einmal begriffen haben, dass im Sterbeprozess andere zeitliche, räumliche und energetische Massstäbe herrschen, gibt es keine wirklichen Hindernisse.

Ich sage das mit allem Nachdruck, weil wir uns gerne von Äusserlichkeiten beeindrucken lassen und von Idealzuständen abhängig machen. Ich habe noch nie ideale Zustände erlebt, sondern meine „Feuerprobe“ der Sterbebegleitung, gemäss den fünf Sterbephasen, in den denkbar ungünstigen Umständen einer „vollautomatischen“ Klinik erlernt, eben auf der Tumorstation der Universitätsklinik Köln. Dort war ich wahrhaftig auf meine Kreativität angewiesen und alle rein äusserlichen Voraussetzungen sprachen dagegen. Doch so, wie wir im Sterbeprozess lernen müssen, durch das Äusserliche hindurchzuschauen, so gilt das auch für die äusseren Bedingungen, in denen gestorben wird. Oberste Priorität hat der Sterbende, dass er/sie sich verstanden fühlt, und die Wahrnehmung dessen, was im Wandlungsprozess geschieht. Als nächstes brauchen wir ein Höchstmass an Kreativität, wie wir dem Sterbenden die nötigen Hilfen zuteil werden lassen. Das gilt ganz besonders für den Fall, wo nicht wir als Therapeuten den Sterbenden versorgen, sondern Verwandte oder Pflegepersonal oder andere Therapeuten. Es gibt übrigens inzwischen auch Kliniken, in denen man sehr gut auf Sterben und Sterbebegleitung eingerichtet ist. Dort ist man sogar willkommen, mitzuhelfen.

Im folgenden möchte ich einige Formen der besonderen energetischen Hilfen vorstellen, die ich von den alten Vorbildern der tibetischen Totenbücher übernommen und auf unsere Verhältnisse übertragen habe. Sie zeigen, dass diese Art der Sterbebegleitung auf dem Einsatz der eigenen Sensitivität und Medialität beruht.

Man sollte die Massnahmen nur durchführen, wenn man ein gutes Gefühl der Erdung hat, das heisst, mit beiden Füssen fest auf der Erde steht und den Körperschwerpunkt im Becken spürt (Hara). Das ist wichtig, weil in der Sterbebegleitung wesentlich mehr Energie verbraucht wird als bei einem Kranken. Ich möchte schon an dieser Stelle vorausschicken, dass alle folgenden Fähigkeiten erlernbar und ein wesentlicher Teil der Sensitivitätsschulung sind, die Harald Knauss und ich leiten. Die Beispiele lassen sich verständlicherweise nur bedingt schriftlich beschreiben, da es sich um praktische Massnahmen handelt, die man auch nur in der Praxis gründlich erlernen kann. Gleichwohl halte ich es für wichtig, dass in einem Pionierbuch wie dem vorliegenden alle verfügbaren Möglichkeiten aufgeführt werden, um zu zeigen, was alles machbar ist und was sich auch alles bewährt hat.

Energieübertragung

Im Sterbeprozess ist das energetische Band zwischen Sterbendem und Betreuer sehr stark, einerlei, ob man direkten oder indirekten Kontakt zum Patienten hat. Es kann durch bestimmte Energien intensiviert werden. Die oftmals erste und wichtigste Übertragung von Energie geschieht über den Atem. Wir erleben immer wieder einen hoch fliegenden, hektischen und flachen Atem beim Sterbenden, denn er liegt viel, hat in den meisten Fällen noch nie seinen Atem geschult und er hat Angst, was ebenfalls einen gleichmässigen Atemfluss beeinträchtigt.

Der flache Atem des Patienten ist leicht daran zu erkennen, dass er zum einen zuviel durch den offenen Mund atmet und zum andern, dass die Bauchdecke unterhalb des Brustbeins flatternde Bewegungen macht.

Die Atemübertragung bewirkt, dass sich die Energie des tiefen, ruhigen Atems auf den Sterbenden überträgt. Das setzt natürlich voraus, dass der eigene Atem diese Qualität erreicht.

Atemübertragung

Es ist hier nicht der Ort, ausführlich über die solare und lunare Atemenergetik zu sprechen. Ich bitte dies in meinem Buch „Das Praxisbuch der solaren und lunaren Atemenergetik“ nachzulesen. Auch die Solarplexusübung, die der Erdung dient, möge man in der ausführlichen Fassung in meinem Buch „Das grosse Praxisbuch der Englischen Psychometrie“ nachlesen.

Die Atemübertragung im Sterbeprozess geschieht in der Regel durch den solaren Tiefatem, also die Betonung des Ausatmens und des unbetonten Einatmens. Der solare Atem ist der Sonnenatem, der Vateratem und in der indotibetischen Atemkunst der Atem, der die Schöpfung aushaucht. Das Ausatmen steht somit für Sterben. Irgendwann vollzieht der Sterbende sein letztes Ausatmen, dem kein Einatmen mehr folgt. An diesem natürlichen Prozess ändert auch die Atemübertragung nichts. Ihre Qualität ist früher gefragt, wenn der physische Atem noch vorhanden ist, aber Mühe bereitet. Wenn der Atem zu hektisch und flach ist, entsteht Atemnot. Wird ein Sauerstoffgerät eingesetzt, so wird damit nur an der Oberfläche das Problem des Sauerstoffmangels behoben, nicht aber die Ursache. Die Atemübertragung hat zum Ziel, dass der Atem ruhiger und tiefer wird, was eine immense Auswirkung auf die Psyche hat. Der Sterbende hat oft die Vorstellung, nicht mehr genügend Zeit zu haben, um für ihn/sie wichtige Dinge zu regeln. Das wirkt sich auf den Atem aus. Die Vertiefung der Atemqualität führt zu einem entspannteren Zeitgefühl. Es entsteht eine Dehnung der Zeit entsprechend der Dehnung des Atems.

Setze dich in die Nähe des Sterbenden an dessen linke Bettseite. Schliesse Mund und Augen. Lege die Hände locker auf deinen Unterbauch. Stell dir vor, wie du eine höhere Energieebene betrittst, indem du eine Art Einschalter visualisierst (Taste drücken, Stecker in eine Steckdose usw.). Betrachte deinen Solarplexus, spüre in ihn hinein und visualisiere dort eine schöne, farbige Blüte, die sich öffnet und schliesst. Konzentriere dich auf den Ein- und Ausatem. Spüre, wie sich beim Einatmen der Bauch leicht vorwölbt, während der übrige Körper vollkommen ruhig bleibt. Spüre, wie beim Ausatmen der Unterbauch aktiv hereingezogen wird. Dabei entsteht ein leichtes Atemgeräusch der aus der Nase fliessenden Luft. Beim Einatmen sollte kein Atemgeräusch hörbar sein. Es sollte sich ein ruhiger, natürlicher Atemrhythmus ergeben, bei dem der Ausatem schliesslich etwa dreimal länger ist als der Einatem.

Wenn dein Atem nach etwa fünf Minuten gleichmässig fliesst, konzentriere dich auf den Sterbenden, indem du ihn zuerst dort abholst, wo sich sein Atem befindet – in der Regel in Schlüsselbeinnähe. Schaue dort hin und atme dennoch deinen ruhigen Atemrhythmus. Lasse nun deine Augen langsam nach unten schweifen, vom Brustbein gerade herunter zum Unterbauch des Patienten. Stelle dir vor, wie du deine Augen als Helfer deines Atems einsetzt, indem du immer wieder sanft von oben nach unten die Energie des Ausatems herunterstreichst. Nach einer Weile wirst du bemerken, dass sich der Atem des Patienten beruhigt und dass er versucht, deinem Atem zu folgen. Das ist völlig unabhängig davon, ob er bei Bewusstsein, im Koma ist oder schläft! Führe die Atemübertragung längstens für 15 bis 20 Minuten durch.

Beende die Sitzung, indem du zuerst wieder deine „Solarplexusblume“ visualisierst. Sollte sie nicht mehr so schön sein wie zu Beginn, erinnere dich und erschaffe wieder ihren ursprünglichen Zustand. Dann stelle dir einen Ausschaltvorgang vor, indem du mental zum Beispiel den Stecker aus der Steckdose ziehst oder eine Austaste bedienst. Dann schliesse ihn mit den Worten „Ich lasse dich zu hundert Prozent los“.

Verlasse nach dieser Behandlung möglichst für eine Weile den Raum, gehe an die frische Luft, bewege dich im Freien.

Die Atemübertragung kann so oft wie gewünscht durchgeführt werden. Entscheidend ist, dass der Therapeut oder Begleiter dazwischen gut „abschaltet“ und sich genügend Pausen gönnt. Wenn es nicht möglich ist, direkt neben dem Sterbenden die Atemübertragung durchzuführen, so kann man dies auch in räumlichen Abstand tun. Man schaue nur einmal genauer hin, wie der Patient atmet, um dies später besser visualisieren zu können. Atem ist Leben, und solange der Sterbende atmet, braucht er Atemqualität. Atem ist Bewusstsein, und solange der Sterbende noch atmet, hilft ihm die Atemübertragung, bei klarem Bewusstsein zu bleiben. Ein ruhiger, tiefer Atem beeinflusst das Schmerzzentrum im Gehirn, so dass Schmerzen deutlich nachlassen, wenn schrittweise der Atem von der Brustbeinebene in die Unterbauchebene gelenkt wird.

Auch wenn ich es als selbstverständlich voraussetze, möchte ich dennoch betonen, dass die Atemübertragung eine mächtige Wirkung auf Physis, Psyche und Mentalkörper hat und deshalb der Tiefatem vom Betreuer, Therapeut oder Begleiter beherrscht werden sollte. Der Tiefatem ist angstfrei und verströmt Zuversicht, Hoffnung und Licht. Dein Atem ist der Träger deines Bewusstseins.

Heilenergieübertragung

Alle Formen des mentalen oder spirituellen Heilens, die ohne Berührung des Körpers auskommen, sind im Sterbeprozess von unschätzbarem Wert. Jeder Mensch, der Energie erübrigen kann, weil er/sie genug zu essen, ein Dach über dem Kopf hat und liebesfähig ist, kann daraus heilende Energie werden lassen. Heilenergie ist ein Geschenk von mir zu dir, der erhabenste Ausdruck von Nächstenliebe. Für den Begleiter heisst das: das liebevolle Entlassen von Heilenergie. Das Gebet für jemanden ist Heilenergie, das Senden von Licht wirkt heilend, das Senden von positiven Gedanken ist Heilenergie – alles, was wir von Herzen dem Sterbenden nonverbal, mental schenken, ist für ihn/sie ein grosses Geschenk.

Heilenergie wirkt sehr stark auf den Energiekörper und auf das ihm und dem physischen Leib innewohnende Bewusstsein. Das mentale oder spirituelle Heilen ist erst im Begriff, auch bei uns in seiner Grösse anerkannt zu werden. In der Heimat der Medialschulung ist der Einsatz von Heilern in der Medizin selbstverständlich, so auch in der Sterbebegleitung. Jedes Medium ist auch Heiler und jeder Heiler ist auch medial begabt. Und da es des Mediums vornehmste Aufgabe ist, dem Menschen die Angst vor dem Tod zu nehmen, erwacht seine heilerische Fähigkeit, wenn der/die Sterbende in solche Ängste gerät.

Wir stehen bei uns zwar erst am Anfang, Medien und spirituelle Heiler ganz selbstverständlich in die Heilkunst zu integrieren, aber dennoch gibt es sie schon lange. So manch einer hat bei der Sterbebegleitung plötzlich, in dem erhöhten Energiefeld des Exkarnationsprozesses, seine Heilerfähigkeiten entdeckt.

Der *Bardo Thödol* und auch die kleinen „Totenbücher" sind von Anweisungen zum spirituellen Heilen durchdrungen, denn es ist das pausenlose Wechselspiel zwischen sensitiver Wahrnehmung und der helfenden Reaktion darauf. Im Sterbeprozess wird die heilende Kraft ohne materielles Hilfsmittel eingesetzt, um die Exkarnation zu erleichtern, nicht darum, den Sterbenden ins Leben zurück zu führen. Das muss dem Heiler klar sein, sonst kommt es zur Überforderung beim Sterbenden. Mit welcher Botschaft ich Heilenergie entlasse, ist entscheidend. Die Heilenergie selbst ist die höchste Intelligenz, nämlich reine Liebe, die weiss, wo und wie sie gebraucht wird. Aber sie braucht den Impuls des Senders. Im folgenden stelle ich einige Arten von Heilbehandlung ohne Körperberührung vor, die jeder mit ein wenig Übung selbst ausführen kann:

Setze dich auf die linke Seite des Sterbenden, lege deine Hände geöffnet auf den Schoss, schliesse die Augen, visualisiere im Solarplexus zuerst einen Einschaltvorgang, dann betrachte die Solarplexusblume. Spüre, wie sich dieses Sinnbild einer harmonischen Solarplexusenergie gemäss deinem Atem öffnet und schliesst.

Lenke nun deine Konzentration auf deine Hände. Spüre und stelle dir vor, wie sich deine offenen Hände nun mit Licht füllen. Wähle eine oder mehrere Lichtfarben, die für dich eine heilende Kraft bedeuten. Spüre und stelle dir vor, wie dieses Licht sich von deinen Händen fortbewegt, als würdest du ein Geschenk überreichen. Schenke es dem/der Sterbenden, indem du dir seine/ihre Herzregion anschaust oder vorstellst. Atme gleichmässig weiter und spüre, wie der Strom der Heilenergie ohne Unterbrechung fliesst, aus deinen Händen zum Herzen des Sterbenden. Dein Atem ist der Motor, die Heilenergie fliessen zu lassen.

Sobald du spürst, dass die Kraft bei dir nachlässt, beende die Heilungssitzung, indem du deine Hände schliesst, deinen Solarplexus betrachtest und ihn, wenn nötig, wieder in die Ausgangsverfassung bringst. Dann visualisiere das Ausschalten und sage dazu: „Ich lasse dich zu hundert Prozent los und kehre ganz und vollkommen wieder ins Hier und Jetzt zurück."

Es zählt nicht, wie lange du Heilenergie sendest, sondern von welcher Qualität deine Konzentration und Hingabe ist. Mache lieber öfter eine kleine Sitzung als eine lange, die dich erschöpft. Bedenke immer, du bist in der Sterbebegleitung der Hort der Hoffnung, der Sicherheit für den, der Schritte in eine noch unbekannte Dimension tut.

Setze dich auf die linke Seite des Sterbenden, lege deine Hände geöffnet auf den Schoss, schliesse die Augen, visualisiere im Solarplexus zuerst einen Einschaltvorgang, dann betrachte die Solarplexusblume. Spüre, wie sich dieses Sinnbild einer harmonischen Solarplexusenergie gemäss deinem Atem öffnet und schliesst.

Konzentriere dich nun auf dein Herzzentrum, stelle dir vor, wie du von dort aus eine Brücke zum Herzzentrum des/der Sterbenden bildest. Lasse über diese mentale Brücke weisses, farbiges, goldenes oder silbernes Licht fliessen, ganz nach deiner Intuition, nicht nach irgendeiner Lehrmeinung, welche Farbe heilend wirkt. Jede Farbe ist eine Heilfarbe! Achte darauf, dass dein Atem weiter ruhig fliesst, denn er ist der Motor dieser Energieübertragung.

Wird der Strom schwächer, beende die Sitzung, indem du deinen Solarplexus betrachtest, ihn, wenn nötig, wieder in die Ausgangsverfassung bringst. Dann visualisiere das Ausschalten und sage dazu: „Ich lasse dich zu hundert Prozent los und kehre ganz und vollkommen wieder ins Hier und Jetzt zurück."

Setze dich auf die linke Seite des Sterbenden, lege deine Hände geöffnet auf den Schoss, schliesse die Augen, visualisiere im Solarplexus zuerst einen Einschaltvorgang, dann betrachte die Solarplexusblume. Spüre, wie sich dieses Sinnbild einer harmonischen Solarplexusenergie gemäss deinem Atem öffnet und schliesst.

Betrachte den Sterbenden mit halb geöffneten Augen, versuche, seine ausgedehnte Energie zu spüren, lass diese Energie an dein

Herzzentrum heran beim Einatmen und sende bei jedem Ausatmen Heilenergie in beliebiger Farbe, die den ganzen Menschen nach und nach einhüllt.

Wenn der ganze Mensch in deiner Heilfarbe strahlt, beende die Sitzung, indem du deinen Solarplexus betrachtest, ihn, wenn nötig, wieder in die Ausgangsverfassung bringst. Dann visualisiere das Ausschalten und sage dazu: „Ich lasse dich los und kehre voll und ganz wieder ins Hier und Jetzt zurück."

Es gibt viele überlieferte, fantastische tantrische Übungen, deren Basis immer das Zusammenspiel von Atem, Visualisierung und Farben ist, aber man kann sie nicht durch blosse Beschreibung erlernen, sondern sie bedürfen der praktischen Anweisung. Allein die Tatsache, dass es sie gibt, zeigt, was man sich in der indotibetischen Tradition alles einfallen liess, um dem Sterbenden die Exkarnation zu erleichtern. Dazu ist zu sagen, dass im wachsenden Energiefeld des Sterbenden die grösste Chance gesehen wurde, die eigenen mentalen, spirituellen, medialen Fähigkeiten zu schulen. Deshalb wird ja auch in den tibetischen Weisheitsbüchern der ebenbürtige Dialog zwischen Sterbendem und Begleiter so sehr betont.

Radionische Fernheilung

Die Möglichkeit, unabhängig von Raum und Zeit gezielt Energie zu übertragen, nennt man Fernheilung, in der englischen Medial- und Heilerschulung „absent healing" genannt. Parallel zur rein mentalen Version entwickelte sich, im Zuge der zunehmenden Technisierung zu Beginn des 20. Jahrhunderts, die Radionik, eine besondere Technik mit den Möglichkeiten einer sogenannten „Systemanalyse", einer Diagnose des Energiezustandes in einem lebenden Organismus und einer Fernübertragung von Heilimpulsen. Während die ersten Radioniker noch begriffen, dass nicht der Apparat agiert, sondern die sensitive und heilerische Begabung des Anwenders und deshalb die Sensitivität noch in vorderster

Reihe stand, nahm ein Zweig der Radionik ihren Lauf in immer mehr und immer kompliziertere Apparate bis hin zu High-Tech-Varianten mit Computer. Vom ursprünglichen apparativen Diener des Menschen entwickelten sich die Radionikgeräte zum Herren. Hinter diesen Apparaten verschwindet der Mensch, der Heiler im Anwender, und es entsteht der absurde Eindruck, der Apparat könne mehr als der Mensch. Natürlich will es so scheinen, wenn ich im Menschen nur ein unvollkommenes, armseliges Geschöpf sehe. Aber das menschliche Bewusstsein ist eine gigantische Schöpfung der Natur. Es liegt an jedem selbst, ob er davon 0,5 Prozent nutzt oder 100.

Mein Weg zur Radionik ging über die Medialschulung, und deshalb lehre ich die radionischen Prinzipien mit einem Minimum an materiellen Helfern. Apparate haben ihre Berechtigung, sie erleichtern manche Vorgänge. Aber es ist wichtig, dass ein Radioniker zuerst bei sich selbst die Prinzipien erlebt, um die Tragweite und Mächtigkeit der Energiearbeit zu begreifen. Dann geht man wesentlich sorgfältiger damit um und überfordert nicht sich selbst und die Möglichkeiten der Radionik.

Es würde den Rahmen unseres Themas überschreiten, wollte ich hier ausführlich auf die Praxis der radionischen Testverfahren eingehen. Wer davon nichts versteht, kann dennoch die radionische Fernheilung durchführen.

Was braucht man dazu? Wir benötigen ein kleines Korkbrett oder ein Pin Board, dazu Heilmittel oder Heilinformationen, die auf einen Zettel geschrieben stehen, sowie einen Stellvertreter für den Sterbenden (ein Foto, den Namen auf einem Zettel, eine Haarprobe usw.). Die radionische Fernheilung kann ebenso zuhause durchgeführt werden wie im Sterbezimmer. Die Heilinformationen können aller Art sein: homöopathische und andere Medikamente, Farben, Essenzen, Affirmationen usw. Im folgenden beschreibe ich, wie man mit und ohne Testverfahren vorgehen kann:

Mache dich bereit für die Energiearbeit, indem du bewusst einschaltest und den Solarplexus betrachtest. Nun teste aus (kinesiologisch, mit Pendel oder Biotensor u.ä.), welche Heilungsimpulse gesendet werden sollen. Lege den Namen, die Probe oder das Foto des Patienten auf das Korkbrett und darauf einen Zettel, auf dem die ausgewählten Massnahmen geschrieben stehen. Wer möchte, kann auch die Mittel selbst mit auf das Korkbrett stellen, nahe bei der Probe. Halte dann dein Testgerät über diese Gruppierung von Informationen.

Es sollte eine positive = Resonanzanzeige sichtbar werden, zum Beispiel eine nach rechts kreisende Bewegung, möglichst mit starkem Ausschlag. Das ist die Ausgangsenergie, die „auf Reise" geschickt wird. Konzentriere dich, visualisiere deine Heilungsinformationen und sende sie mit einem positiven Gedanken los wie zum Beispiel: „Ich vertraue, dass du die Heilinformationen zu deinem Besten nutzt."

Wir testen jede halbe Stunde nach. Die Indikatorbewegung sollte immer schwächer werden, was anzeigt, dass sie im Biosystem, d.h. beim Patienten angekommen ist. Wenn der Indikator still steht, ist dieses radionische Fernheilungsprogramm beendet.

Betrachte kurz deine Solarplexusenergie, bringe sie, wenn nötig, wieder in die Ausgangsqualität und schalte aus mit dem Gedanken: „Ich lasse dich zu hundert Prozent los und kehre zu hundert Prozent ins Hier und Jetzt zurück."

Mache dich bereit für die Energiearbeit, indem du bewusst einschaltest und den Solarplexus betrachtest. Wähle nach deinem Ermessen Heilinformationen aus, die dem Sterbenden Erleichterung bringen. Lege auf das Korkbrett den Zettel mit Namen oder eine Probe des Patienten und darauf stelle entweder die Mittel oder den Zettel mit den notierten Informationen. Nun halte beide Hände über diese Anordnung und stelle dir vor, wie sich aus deiner Handmitte ein heilendes Licht darauf ergiesst. Wenn du das Gefühl hast, es habe sich ein starkes Energiefeld aufgeladen, dann stelle dir vor, wie du die Information, wie eine geballte Ladung fortsendest zum Patienten.

Halte jede halbe Stunde deine Hände über das Fernheilungsprogramm und spüre, wie die Energie abnimmt, bis du nichts mehr spürst. Dann ist dieses radionische Programm beendet.

Betrachte kurz deine Solarplexusenergie, bringe sie, wenn nötig, wieder in die Ausgangsqualität zurück und schalte aus mit dem Gedanken: „Ich lasse dich zu hundert Prozent los und kehre zu hundert Prozent ins Hier und Jetzt zurück."

Bereite dich auf die Energiearbeit vor, indem du bewusst einschaltest und den Solarplexus betrachtest. Wähle nach deinem Ermessen oder teste Heilinformationen aus, die dem Sterbenden Erleichterung bringen. Lege auf das Korkbrett den Zettel mit dem Namen oder eine Probe des Patienten. Nun nimm ein Glas Wasser in beide Hände und „präge" dem Wasser der Reihe nach die gewählten Heilinformationen auf. Wenn es möglich ist, gib davon auch dem Sterbenden, entweder durch Auftragen auf die Stirn, in die Ellenbogenbeuge oder durch Einflössen einiger Tropfen. Stelle das Glas auf den Namen, halte die Hände darüber oder den Testindikator und prüfe, ob genügend Energie „geladen" ist. Dann prüfe wieder jede halbe Stunde die energetische Abstrahlung, wie sie weniger wird und schliesslich aufhört. Dann ist dieses radionische Programm beendet.

Betrachte kurz deine Solarplexusenergie, bringe sie, wenn nötig, wieder in die Ausgangsqualität und schalte aus mit dem Gedanken: „Ich lasse dich zu hundert Prozent los und kehre zu hundert Prozent ins Hier und Jetzt zurück."

Wenn du dich in der Akupunktur auskennst, kannst du auch eine Fernakupunktur durchführen:

Bereite dich auf die Energiearbeit vor, indem du bewusst einschaltest und den Solarplexus betrachtest. Lege auf das Korkbrett die Akupunkturvorlage und daneben die Probe des Patienten. Stecke Stecknadeln gemäss deiner Entscheidung in die Vorlage (Kopf, Rumpf oder Extremitäten). Solltest du es für sinnvoll halten, stelle noch andere Heilimpulse neben die Vorlage oder einen Zettel mit den Heilinformationen. Dann halte deinen Testindikator oder deine Hände über die Anordnung und spüre die starke Energieabstrahlung. Dann stelle dir vor, wie du mental die Heilinformationen zum Patienten sendest. Prüfe alle halbe Stunde die Abstrahlung, bis sie aufhört.

Dann ist dieses radionische Programm beendet.

Betrachte kurz deine Solarplexusenergie, bringe sie, wenn nötig, wieder in die Ausgangsqualität und schalte aus mit dem Gedanken: „Ich lasse dich zu hundert Prozent los und kehre zu hundert Prozent ins Hier und Jetzt zurück."

Wenn du dich in der Homöopathie auskennst, kannst du folgendes Fernheilungsprogramm durchführen:

Bereite dich auf die Energiearbeit vor, indem du bewusst einschaltest und den Solarplexus betrachtest. Lege auf das Korkbrett die Probe des Patienten. Stelle darauf das Mittel deiner Wahl. Versuche, die heilende Essenz des Mittels mit allen fünf Sinnen zu erwecken. Fasse diese Essenz in ein Symbol oder in eine Farbe deiner Wahl. Dann sende mental dieses Symbol an den Patienten. Dann halte deinen Testindikator oder deine Hände über die Anordnung und spüre die starke Energieabstrahlung. Dann stelle dir vor, wie du mental die Heilinformation des Homöopathikums zum Patienten sendest. Prüfe alle halbe Stunde die Abstrahlung, bis sie aufhört.

Dann ist dieses radionische Programm beendet.

Betrachte kurz deine Solarplexusenergie, bringe sie, wenn nötig, wieder in die Ausgangsqualität und schalte aus mit dem Gedanken: „Ich lasse dich zu hundert Prozent los und kehre zu hundert Prozent ins Hier und Jetzt zurück."

Anhand dieser Beispiele sei das Prinzip erklärt. Jeder kann seine Kreativität entfalten, selbst radionische Heilmittel herstellen, Potenzen mental aufprägen – mit einem Wort, die ganze Palette radionischer Heilungsimpulse anwenden. Es sei betont, dass es sich bei radionischen Remedien nicht um Arzneimittel handelt, sondern um mentale Botschaften, die auf einen materiellen Energieträger (Wasser, Öl, Stein, Sand etc.) aufgeprägt werden.

Sterbebegleitung im Heilerzirkel

Traditionell versteht man unter einem „Heilerzirkel“ eine Gruppe von Freunden, die sich stets zur gleichen Zeit, am gleichen Ort und in einem Geiste treffen, um erst ihre Sensitivität, dann ihre Medialität und Heilergabe zu schulen. In einem solchen Zirkel entsteht über die Jahre ein starkes Energiefeld, in das jeder seine Energie bereitwillig eingibt und für die jeweiligen Übungen oder energetischen Aufgaben das ganze Potential des Energiefeldes nutzen kann. Gemäss der 150-jährigen englischen Medial- und Geistheilerschulung, entsteht das grosse und starke Energiefeld allein durch die gegenseitige Zuneigung und das gegenseitige Vertrauen, also allein durch menschliche Qualitäten.

Der Kern unseres Zirkels ist 15 Jahre alt, aber wir haben im Laufe der Jahre treue Freunde dazu gewonnen, so dass wir heute acht permanente Zirkelmitglieder sind und für bestimmte Aufgaben einen sogenannten „offenen Zirkel“ zur Verfügung haben, an dem weitere drei Personen teilnehmen können.

Es ist hier nicht der Ort, ausführlich auf die Medial- und Heilerschulung und die verschiedenen Zirkelarten einzugehen. Darüber haben wir einige Bücher geschrieben (siehe Literaturverzeichnis). Ich möchte an dieser Stelle Beispiele geben, wie die Sterbebegleitung, als sehr spezielle Aufgabe, in einem Heilerzirkel vonstatten geht, denn darin liegt kein Geheimnis.

Es leuchtet ein, dass eine Gruppe Gleichgesinnter und Gleichschwingender gerade in der Sterbebegleitung ein ideales Energiefeld aufbauen kann, um der Energetik im Sterbeprozess zu entsprechen. Da unser Heilerzirkel die Aufgabe der Sterbebegleitung schon des öfteren übernommen hat, möchte ich die Vorgehensweise an einem Beispiel erklären.

Fallbeispiel 1

Frau L. ruft an und bittet um Hilfe, denn ihr Mann will nicht mehr leben und hat immense Schmerzen, kann nicht mehr essen und aufstehen, schreit unkontrolliert und bittet seine erwachsenen Kinder, ihm das Leben zu nehmen. Frau L. ist völlig fertig mit den Nerven, denn sie kann ihren Mann keinen Augenblick mehr alleine lassen, aus Angst, er könne sich etwas antun. Sie hat meinen Bericht über die Sterbephasen gelesen und hat den Eindruck, der Mann befinde sich in der 2. Wandlungsphase, weil er emotional aufgewühlt ist und irgendwie nicht mit sich ins Reine kommt. Sie will keine Morphine einsetzen und bittet um Hilfe, was man tun könnte.

Ich verordne als erstes Arsenicum album C200, in Wasser aufgelöst und in die Armbeuge gerieben, dazu die Baumessenz Weide, auf die Stirn gerieben und täglich mehrmals Blaulichtbestrahlung. Zwei Tage später haben wir unser Zirkeltreffen. Jeder von uns nimmt das Foto des Sterbenden in die Hand und visualisiert seine Energiekörper. Danach tauschen wir uns aus: Die Füsse, Beine und Becken liegen bereits im matten Licht, haben nur noch wenig physische Energie, aber der übrige Körper strahlt sehr hell. Wir sind uns einig, dass Herr L. sich anschickt, in die dritte Wandlungsphase zu wechseln. Wir senden mental die Botschaft: „Habe den Mut, ins helle Licht zu gehen und die Hilfe von der anderen Seite anzunehmen“. Dabei legen wir das Foto in unsere Mitte und senden die Botschaft mit geöffneten Händen zum Stellvertreter des Patienten.

Am nächsten Morgen ruft Frau L. an und berichtet, ihr Mann habe aufgehört zu schreien und habe sogar zwei Stunden geschlafen. Das Blaulicht habe ihm gut getan. Nachmittags ruft sie wieder an, ihr Mann wehre das blaue Licht ab und beginne unverständliche Worte zu sprechen. Er wehre auch jegliche Berührung ab und sei richtig unwirsch zu ihr. Einen Tag später erfahre ich, Herr L. ist plötzlich aufgestanden und auf wackeligen Beinen umhergegangen. Frau L. glaubte, jetzt entscheide er sich doch noch fürs Leben. Ich rate ihr, die Augen ihres Mannes zu betrachten. Daraufhin berichtet sie, er schaue durch sie hindurch und nehme sie gar nicht wahr. Er habe ein schönes Gesicht bekommen und sehe verklärt aus. Da versteht sie, dass er in die dritte Sterbephase gewechselt hat. Wenige Stunden wird sein Aufblühen zu einem Fiasko, indem er um Sterbehilfe bittet, das sei doch keine lebenswerte Situation mehr. Herr L. steht alle Stunde auf, sucht Scheren oder Messer, um sich die Pulsader aufzuschneiden. Ich verordne Tarantula C200, was den Sterbenden etwas beruhigt. Am selben Abend trifft sich unser Zirkel. Ich teile den anderen die Situation mit, in der Herr und Frau L. sind, und wir beschliessen, dass jeder aufsteht und laut zu dem Sterbenden spricht, ihm heilende Worte mit auf den Weg gibt und dann die energetische Situation visualisiert und ihm Geleit gibt auf der Regenbogenbrücke.

Ich sehe vor meinem geistigen Auge, dass Herr L. die „Vatertüre" weit geöffnet hat und im Begriff ist, die Schranke zu lösen. Ich helfe ihm dabei und ermuntere ihn, durch das Tor zu schauen und die Sicht ins helle Licht zu geniessen. Herr L. tritt auf die Regenbogenbrücke und bemerkt, dass er schon ein weites Stück darauf gegangen ist. Er schaut zurück, sehnsüchtig, mit Kummer im Herzen. Ich spreche ihn laut an und wünsche ihm – wie alle anderen in ihren Worten – er möge die Kraft entwickeln, sicheren Schrittes in die neue Welt zu gehen, den alten Wintermantel in unserer Dimension zurückzulassen und das körperlose Leben anzunehmen. Ich sehe, wie er ins Licht taucht und verschwindet.

Zwei Tage später erfahren wir, dass Herr L. noch gewartet hat, bis seine Kinder und Enkel alle um ihn herum versammelt waren und dann ganz friedlich einschlief. Auch der Hausarzt war zugegen und war beglückt von dem grossen Wandel des zeternden alten Mannes zum friedlichen, weise aussehenden Menschen. Die Familie bedankte sich herzlich für unsere Hilfe, denn sie wussten, wann wir für Herrn L. im Zirkel zusammen waren und spürten zeitgleich, wie er sich positiv veränderte. Der Sohn sagte, er hätte es nicht für möglich gehalten, dass zum einen ein solches Chaos zur

Ordnung kommen kann und zum andern, dass die Trauer um den Vater eine ganz andere Qualität bekommen hat, weil alles in einer Ordnung geschah.

Solche Erlebnisse sind keine Ausnahme. Weder sind wir als Sterbbegleiter immer von Anfang an dabei, noch treffen wir immer ideale Verhältnisse an und „springen" gewissermassen in einen bestehenden Prozess spontan hinein. Das Wissen um die Sterbephasen erleichtert es, schnell zu orten, wo der Sterbende steht, ihn dort „abzuholen" und ihm mediale Hilfe zuteil werden zu lassen.

Ein Heilerzirkel arbeitet medial, indem die Teilnehmer in der Lage sind, unabhängig von räumlicher Entfernung in alle Energieebenen des Sterbenden Zugang zu finden und Heilenergie zu senden. Er arbeitet mithilfe mentaler Heilweisen, indem entsprechend der Situation und der Bedürfnisse spontan entschieden wird, welche Heilenergie auf welche Weise gesendet wird. Ich möchte hier noch zwei weitere Beispiele berichten, um die Möglichkeiten eines Heilerzirkels zu veranschaulichen.

Fallbeispiel 2

Ein 52jähriger Tierarzt namens Dieter bat um eine Heilbehandlung. Er hatte Leberzirrhose im Endstadium und wollte keine konventionellen Massnahmen mehr durchführen, weil er wusste, er würde bald sterben. Den gesamten Prozess dieses Mannes überschauend, kann ich nur ehrfürchtig sagen, dass es unglaublich ist, zu welcher Bewusstseinsentwicklung ein Mensch in kurzer Zeit, angesichts der Exkarnation, fähig ist. Durch Dieter wurde die Aussage des *Bardo Thödol* bestätigt, dass jeder Mensch die Chance zur Erleuchtung bekommt, ehe er den alten Körper abgibt.

Dieter kannte als Arzt nur konventionelle Behandlungsmethoden und war durch seine schwere Krankheit, nach erfolgloser Chemo- und Cortisontherapie, mehr aus Fatalismus zu einem Homöopathen gegangen. Der Kollege hatte immerhin die Lebenskraft so weit angeregt, dass Dieter wieder das Bett verlassen konnte. Jemand erzählte ihm von unserem Heilerzirkel und so kam er eines Tages persönlich, erhielt eine Heilungssitzung und fühlte sich danach deutlich besser. Seine Leber arbeitete nur noch zu 35 Prozent, deshalb war es eine Frage der Zeit, wann das Organ versagen würde – so hatten es ihm die Fachärzte gesagt. Er gestand, furchtbare Angst vor dem Tod zu haben, obgleich er in seinem Leben unzählige Tiere euthanasiert hatte. Mit Fernbehandlung hielt er sich noch wacker zwei Monate. Dann wusste er eines Tages, dass seine Kräfte sinken; er bat um eine Sterbebgeleitung. Er wurde noch ein letztes Mal zu uns gebracht, sass in der Mitte des Zirkels und erhielt von jedem von uns eine Botschaft, er möge die Kraft entwickeln, seinen Körper sanft abzugeben und die Regenbogenbrücke tapfer zu überschreiten. Wir geleiteten ihn zur Vaterpforte und ermunterten ihn, die Schranke selbst zu heben, wann es für ihn Zeit sei. Er genoss den Blick durch diese Türe in die körperlose Welt und war danach vollkommen verwandelt. Als er wieder nach Hause gebracht worden war, übte er selbst die Reise zu der Inkarnations- und Exkarnationspforte. Die Pflegerin, die nach ihm schaute, hielt uns auf dem laufenden und berichtete, dass Dieter wisse, er sei jetzt in der zweiten Sterbephase und müsse noch etwas mit seinem Sohn bereinigen. Wir sassen unterdes in unserem Zirkel, visualisierten ihn per Foto und reichten ihm mental die Hände auf der Regenbogenbrücke.

Der Sohn reiste sofort an und sah, dass der Vater sterben würde. Doch anstatt familiäre Dinge zu klären, wollte Dieter seinem Sohn, einem angehenden Arzt, nur dieses sagen:

„Mach' es besser als ich. Erst jetzt sehe ich wunderbare Dimensionen des Seins. Ich erlebe, was Heilen, was Heilsein ist, jetzt, wo meine Heilkunst versagt. Versprich mir, dass du dich mit geistigem Heilen und ganzheitlicher Heilkunst befasst." Der Sohn dachte zuerst, sein Vater sei übergeschnappt, denn generationenlang hatte es Schulmediziner und gute Chirurgen gegeben, aber Geistheilung? Das war absurd. Doch Dieter schaute mit verklärten Augen seinen Sohn an und schilderte ihm, wie er seinen Körper verlasse, astral reise und viele Ahnen treffe, die ihm die Hände reichten. Der Vater bekam eine so grosse Ausstrahlung, dass der Sohn intuitiv spürte, dass hier mehr als ein Sinneswandel stattfand. Als Dieter in die 3. Sterbephase überging, blieb er bei klarem Bewusstsein, verliess noch einmal das Bett, ging mit seinem Sohn spazieren, nahm Abschied von Bäumen, Sträuchern, Blumen, von kleinen Käfern und schliesslich von seinem Sohn. Er legte sich wieder ins Bett und starb friedlich nach drei Tagen. Der Sohn teilte uns den letzten Willen von Dieter mit: „Bitte schaut, ob ich auch ganz aus dem Körper raus bin und winkt mir zu, wenn ich drüben bin."

Es war auch für uns das erste Mal, dass wir im Zirkel einen soeben Verstorbenen deutlich als Lichtgestalt sehen konnten, wie er uns zuwinkte. Wir nahmen mental Kontakt zu ihm auf und sandten ihm die Botschaft: „Geh deinen Weg ins Licht mit Mut und Zuversicht." Ein zartes Lächeln war die Antwort.

Fallbeispiel 3

Über das Internet hatte Herr B. von dem Artikel „Die sechs Wandlungsphasen im Sterbeprozess" in der Zeitschrift „raum&zeit" erfahren und bat um Hilfe wegen seines Vaters, der im Krankenhaus im Sterben lag. Die Ärzte konnten nichts mehr für ihn tun, aber entlassen konnte man ihn auch nicht. Ehefrau, Kinder und Enkel trafen sich in jeder freien Minute, um vom Vater Abschied zu nehmen. Da wir nicht wussten, in welcher Sterbephase sich Herr B. befand, visualisierten wir sein Energiefeld mit dem einhelligen Fazit, dass Herr B. senior auf etwas warte und sich in der zweiten Sterbephase befinde. Wir sandten ihm die mentale Botschaft, dass er seinen Angehörigen mitteilen möge, auf was er warte, denn es ist allgemeine Erfahrung, dass ein Sterbender nicht eher geht, bis etwas für ihn Wichtiges erledigt ist. Ich mailte dem Sohn unsere Wahrnehmungen. Er schrieb zurück, der Gesundheitszustand des geliebten Vaters habe sich dergestalt verschlechtert, dass er nicht mehr sprechen könne und immer wieder Absencen habe. Ich empfahl blaues Licht im Wechsel mit Violett, dienstags abends um 20 Uhr. Zeitgleich fand unser Zirkel statt. Das Violettlicht vor Ort (567 km entfernt im Krankenhaus) half uns, mit Herrn B. zu kommunizieren. Wir erfuhren von ihm, es handle sich um ein Haus, das zu einem bestimmten Termin fertig sein sollte. Er habe Bedenken, dies nicht mehr zu erleben und wisse doch, wie wichtig es dem ältesten Sohn sei, ihm das Foto des fertigen Hauses zu zeigen. Diese Informationen gab ich an den Junior weiter, der spontan in Tränen ausbrach und schilderte, was für einen wunderbaren Vater er immer hatte, der einfach mitfühlte und nun sogar in seinem Sterben die Freude an dem neuen Haus teilen möchte. Er sagte, ich solle dem Vater mitteilen, dass es noch ungefähr zwei Wochen dauern würde, bis das Haus schlüsselfertig ist und dann mit der Familie vor dem Eingang fotografiert werden könnte.

Am nächsten Dienstag visualisierten wir wieder Herrn B. senior, der plötzlich ganz aufgeräumter Stimmung schien, so dass unser Zirkelleiter, Harald Knauss, sagte: „Er hat sich dem Leben wieder voll zugewandt. Senden wir ihm Energie, dass er vielleicht sogar das Krankenhaus verlassen kann.“ So geschah es. Ein paar Tage später erhielt ich die Mail, dem Vater gehe es prima. Er esse wieder und könne wieder normal sprechen. Der alte Vater berichtete sehr zum Erstaunen seiner Familie, dass er den Kontakt zu uns selbst hellsichtig als Türe gesehen habe, die sich öffnete und eine Art Lichtbrücke freigab. Über diese Brücke seien Gedanken hin und her spaziert. Als er die verdutzten Gesichter seiner Frau und Kinder sah, bat er um Nachsicht. Vielleicht sei er doch etwas verwirrt und bilde sich alles nur ein. Aber der Sohn hatte ja den Artikel gründlich gelesen und ermunterte den Vater, über seine medialen Erlebnisse zu sprechen. Das erleichterte den alten Herrn sehr, und er erzählte euphorisch, wen er von der „anderen Seite" schon wiedergesehen habe und wie wunderbar der Blick „nach drüben" sei. Dennoch schien das Sterben zunächst mal kein Thema mehr zu sein. Der Vater kam wieder zu Kräften. Der Sohn berichtete, die Ärzte seien höchst erstaunt über die plötzliche Verbesserung und schlugen eine Reha-Klinik vor. Zwei Wochen gingen inzwischen ins Land. Herr B. junior bat uns um weitere Begleitung bei der Überweisung in die neue Kurklinik, weil der Vater so fragil sei. Am Dienstagabend nahmen wir wieder Kontakt auf, indem wir im Zirkel ein besonderes Energiefeld in Hellblau aufbauten und Herrn B. senior darin visualisierten. Wir nahmen ein freundliches, lächelndes Gesicht wahr. Einige sahen zusätzlich ein Foto in der Hand des alten Mannes. Da wussten wir, das Haus musste fertig geworden sein und nun per Foto dem Vater vorliegen. Ich schaute mir noch einmal genauer das Energiefeld an und sah keine Beine und extrem helles Licht im Kopfbereich. Es segelte nur ein Gedanke vorbei, es könne sich um die Feuerphase, also um das letzte Aufblühen handeln. Aber dann verscheuchte mein Intellekt diese Wahrnehmung, denn ich wusste ja, Herr B. war heute in die Reha-Klinik gebracht worden.

Am nächsten Tag erfuhr ich folgendes: Herr B. senior war in die Reha-Klinik gebracht worden. Dort hatte man das Zimmer festlich hergerichtet zum gemeinsamen Essen. Die ganze Familie war gekommen, der strahlende Vater sass in ihrer Mitte auf einem Sessel. Er wollte keinesfalls im Bett bleiben. Man unterhielt sich und dann kam die Überraschung. Der Sohn zeigte das grosse Foto des neuen Hauses, über das sich der Vater so freute, dass ihm Freudentränen die Wangen herunterliefen. Das Essen kam, der Vater sprach das Tischgebet, alle assen. Nach dem Essen bat er, sich hinlegen zu dürfen. Er legte sich ins Bett, alle sassen um ihn herum. Da seufzte er erleichtert – und starb sanft und friedlich.

Auch in diesem Fall war es so, dass die Trauer um den geliebten Vater und Ehemann viel Licht enthielt und die Angehörigen sich bedankten für die mediale und heilerische

Brücke zu uns. Denn dadurch waren sie im Bilde, was mit dem Vater geschah und empfanden es als eine harmonische Ordnung.

Die Mediale Balance der Therapeutischen Kinesiologie

Die Kinesiologie hat, wie die Radionik, als ganzheitlicher Zugang zu einem lebendigen System zwei Aspekte, einen analytischen und einen heilerischen. Der analytische Teil einer kinesiologischen Sitzung verwendet als Testindikatoren zirka 50 Muskeltests des Kopf-, Arm- und Beinbereichs. Dadurch können, wie beim radionischen Testen, Blockaden und Stressfaktoren aufgespürt werden.

Der heilerische Aspekt ist die Balancierung der Energien durch Punkte- und Reflexzonenstimulation und durch ein Kommunikationsverfahren, das alles in den Schatten stellt, was ausserhalb der medialen Arbeit einen direkten Zugang zum Bewusstsein eines Lebewesens ermöglicht. Man nennt es bescheiden „Emotionale Stressablösung", kurz ESA, doch dahinter verbirgt sich weitaus mehr. Man hat schon in den Frühtagen der Kinesiologie erwogen, ob es möglich sei, auch mit Komapatienten kinesiologisch zu arbeiten und kam auf die zugleich naheliegende wie geniale Idee, eine Mittlerperson (= Medium = Surrogatperson) zwischen Patient und Therapeut zu schalten. Damit war ein neuer Typus Medium geschaffen, der nicht der traditionellen Medialschulung entspross, sondern einer ganzheitlich denkenden Naturwissenschaft. Wie bei der Radionik, waren die ersten Kinesiologen noch starke intuitive Persönlichkeiten, die durch ihre kreativen Behandlungsmethoden bewiesen, dass alle Geschöpfe latent miteinander vernetzt sind und dass dieses energetische Band, durch direkte oder indirekte Kontaktaufnahme, aktiviert werden kann.

Es leuchtet ein, dass es von unschätzbarem Wert ist, die Mediale Balance im Sterbeprozess anzuwenden, da der Sterbende ja nicht berührt werden muss, sondern alles über die Surrogatperson geschehen kann. Was immer ich vor 1990, dank der beiden Arbeitskreise, über den *Bardo Tödol* bestätigt fand, gewann noch einmal eine ganz andere Dimension, durch die Möglichkeit der Medialen ESA, d. h. direkt vom Menschen, vom Tier zu erfahren, was in den einzelnen Sterbephasen geschieht, welche Nöte existieren, was getan und verbessert werden kann.

Meine Laudatio an die Kinesiologie ist eng an die Laudatio aller Sterbenden geknüpft, die meine Lehrer wurden, indem sie mich inspirierten, von Mal zu Mal diese Methode der Kontaktaufnahme und der Schulung der Mittlerperson zu verfeinern.

In der Durchführung einer Medialen Balance (ab jetzt kurz MB genannt) mache ich keinen Unterschied, ob es sich um eine Stressablösung für einen Kranken oder Sterbenden handelt. Der Sinn und Zweck einer solchen Balance ist, dass der Patient Eigenverantwortung für seinen Heilungsprozess übernimmt, ob durch Inkarnation oder Exkarnation und dass er sich wieder Wahlmöglichkeiten schafft. Gerade im fortgeschrittenen Sterbeprozess, wenn es nicht mehr um Sterben Ja – Nein geht, dient die MB dem WIE. Was macht es leichter? Wo sind Blockaden, wie kannst du sie lösen? Es ist kein Zufall, dass ausgerechnet einer der ersten Kinesiologen den fabelhaften Ausspruch getan hat:

„Die Heilkunst ist die Kunst,
den Patienten zu unterhalten,
WÄHREND ER SICH SELBST HEILT."

Wir sind die Impulsgeber, aber der Patient, auch der Sterbende, löst selbst seine Blockade. Nichts bekümmert einen Sterbenden mehr, als die Entmündigung, das Mundtotmachen durch zu viele Morphine, als ihm die Chance zu nehmen, selbst etwas zu ändern.

Ich will ein Beispiel geben:

In der zweiten Wandlungsphase ist der Sterbende apathisch, ängstlich, er/sie will mit sich ins Reine kommen, will letzte Dinge klären. Aber dieser Mensch kann nicht mehr sprechen, weil er zu schwach ist. Wir spüren nur seine Unruhe. Das ist die „goldene Stunde" der Medialen Balance. Der/die Sterbende ist überglücklich, dass sich ein Kommunikationskanal öffnet und kann noch den Stress auf einen Verwandten ablösen, der nicht anwesend sein kann, der aber viele Kümmernisse verursacht hat. So gerne hätte der Sterbende im persönlichen Gespräch die Klärung herbeigeführt, aber das geht nicht mehr. Über die Mittlerperson wird alles geklärt, was den Sterbenden betrifft, so dass es ihm/ihr leichter ums Herz wird und dadurch die Wandlungsenergie gesteigert wird.

So frage ich jeden Patienten, ob im Koma, im Sterben oder im Locked-In-Syndrom befindlich: „Was bist du bereit zu ändern?" Dann erschafft er sich im energetischen Dialog der MB selbst seine Wahlmöglichkeiten. Stress bedeutet: keine Wahl haben, Stagnation, Regulationsstarre, Stehen bleiben. Stressablösung bedeutet: Wahlmöglichkeiten haben, Fluss der Energien, Regulationsfähigkeit, Vorwärtsgehen. Warum sollte dem Sterbenden diese Chance vorenthalten werden?

Ein anderer, häufiger Fall in der Sterbebegleitung ruft nach einer MB, nämlich wenn der Sterbende ins Koma gefallen ist, was ich auf Tumorstationen oft erlebt haben. Von aussen ist nicht zu erkennen, wo sich dieser Mensch befindet, ob er leben oder sterben will oder welcher Art sein Zustand ist. Auch hier habe ich sowohl Euphorie, Erleichterung, Begeisterung und Erstaunen beim Sterbenden erlebt, der froh über den Kanal nach aussen ist. Er hat es nicht erwartet, dass drei Menschen so wunderbar miteinander arbeiten können und er/sie dadurch Kontakt mit uns aufnehmen kann. Manchmal möchte der/die Sterbende noch dringend etwas mitteilen, aber der komatöse Zustand lässt keine deutlichen Signale zu. Da möchte das sterbende Kind noch tröstende Worte an die Eltern vermitteln. Oder

der Mann möchte seiner Frau noch etwas vermitteln. Was für ergreifende und trostvolle Situationen durfte ich da bei Mensch und Tier schon erleben!

Was geschieht in der Medialen Balance? Was tut das Medium? Was tut der Therapeut?

Die MB ist ganz und gar praxisbetont. Man muss im realen Verbund der drei Beteiligten, Patient – Surrogatperson – Therapeut, die Vorgehensweise erlernen und sich auf seine Sensitivität bereits verlassen können. Es versteht sich, dass wir nicht mit einem Sterbenden beginnen, nicht etwa, weil der Anfänger dem Sterbenden Schaden zufügen könnte, sondern weil die Erdung der Mediumperson optimal sein muss. Es ist ein gigantisches Erlebnis, sich in einen Exkarnationsprozess einzuklinken. Deshalb muss eine MB kurz sein, denn sie erfordert viel Kraft von der Mediumperson, nach beiden Seiten hin den Kanal offen zu halten.

Ich möchte im folgenden kurz die wichtigsten Merkmale der Medialen Balancemethode vorstellen:

Die Emotionale Stressablösung (ESA)

Unser Gehirn arbeitet in Bildern. Das erleben wir in jedem Traum oder bei der Vorstellung von etwas, das uns stresst: das Gehirn unterscheidet nicht zwischen der Realität und der Vorstellung von ihr. Wenn wir von einer Verfolgungsjagd träumen, erwachen wir mit rasendem Herzen, schweissgebadet und mit grossen Pupillen, mit allen Zeichen des Stress. Im Schlafzimmer ist natürlich kein tatsächlicher Verfolger sichtbar, aber die Gedankenbilder sind für das lebendige Biosystem wie real, und es antwortet perfekt auf diese Bilder.

Die Kinesiologie bedient sich des präzisen Feedbacksystems, das wir Muskeltest nennen, aber die geniale Entdeckung ist die sogenannte ESA (Emotionale Stressablösung), die rein funktional sehr einfach ist: der Tester berührt mit der einen Hand die Stirnbeinhöcker oder die ganze Stirn und mit der anderen den Hinterkopf. Wäre nicht der Kopf geradezu übersät mit hochsensiblen Energiepunkten und Reflexzonen, könnte die Berührung bzw. Stimulierung des Vorderhirns und Hinterhirns in der ESA nicht solche tiefgreifenden Entstressungen ermöglichen, wie man sie in der Kinesiologie erlebt. Hinter der ESA verbirgt sich geradezu ein Universum an Grösse und Tiefe menschlicher Gehirnleistung, aber auch der Schlüssel zum Verständnis, wie Informationen übertragen werden.

Indem der Hinterkopf sanft berührt wird, aktiviert der Klient das Kurz- und Langzeitgedächtnis, in dem seine gesamten Erfahrungen gespeichert sind. Durch die Stimulation der Testerhand, geschieht mehr als nur Wärmeausstrahlung. Die Hand selbst ist eine Widerspiegelung des gesamten menschlichen Organismus, besteht aus Reflexzonen und Energiepunkten und ist zudem „Meister" des Tastsinns und des Ausdrucks von Geben und Nehmen im materiellen, emotionalen und mentalen Sinne. Die Hand, die am Hinterkopf des Klienten ruht, ist also ein unerschöpflicher Quell lebenswichtiger Informationen, stofflicher und energetischer Art! Diese Informationen laufen zwar unbewusst ab, aber sie kommunizieren mit einem zweiten Biosystem, dem des Patienten, und es kommt hier zu Resonanzen. Auch dieses läuft deshalb unbewusst ab, weil der Tester sein Bewusstsein auf etwas anderes lenkt: auf das Spüren, was im Klienten unter ESA abläuft. Aktiviert er durch die sanfte Berührung des Hinterkopfs dessen Gedächtnis, so tauchen scheinbar wahllos Bilder aus seiner Vergangenheit auf. Im ESA-Verlauf wird nicht nur klar, dass das menschliche Gehirn in Bildern denkt, sondern dass die Qualität des rechten Gehirns, ohne Zeit- und Raumbegrenzung und ohne Wertung das bewerkstelligt, was wir in der Kinesiologie „Balance" nennen.

Unter Stress stehen uns die kreativen Wahlmöglichkeiten nicht mehr zur Verfügung. Die Linkslastigkeit in der Betrachtung des Problems führt letztlich zur Sprachlosigkeit, die in dem Masse zunimmt, wie die Integration von rechtem und linkem Gehirn nachlässt. Die Balance zeichnet sich durch eben diese Rechts-Links-Integration aus, die aber erst durch ein ständiges Springen von Gedächtnis (Hinterhirn) und neuen Wahlmöglichkeiten und Vorstellungskraft (Vorderhirn) ermöglicht wird. Vorgänge können wir sprachlich nur sukzessive beschreiben, während alle Prozesse jedoch gleichzeitig ablaufen.

Die eigentliche kinesiologische Balance oder ESA enthält drei wichtige Aspekte der kinesiologischen Arbeit:

- Der Tester vermittelt kein Wissen und wenn, dann nur das für das Thema wichtige
- Der Tester empfiehlt keine Lösungen
- Tester und Klient befinden sich in einem energetischen Dialog und sind ebenbürtig
- Die Gehirnintegration geschieht rechts – links und vorne – hinten

Diese Impulse haben die enorme Kraft, die Selbstheilungskräfte des Klienten anzuregen, denn nur er visualisiert, hört und spürt seine Bilder. Nur er weiss, wann ein Bild, angesichts seines Ausgangsthemas, tragfähig ist und wann nicht. Tester und Klient sind für die Dauer der ESA eine Einheit insofern, als sich beide einer Bildersprache bedienen, die beide verstehen. Gleichzeitig sind sie getrennte, individuelle Persönlichkeiten, die sich gegenseitig respektieren. Der Tester gibt keine manipulierenden Informationen ein und der Klient kann einem guten Tester nicht vortäuschen, alles sei in Ordnung, denn die Berührung des Kopfes durch die Hände ist der entscheidende Indikator.

Die Schädelteile beginnen zu schwingen, zu knacken, die Haut wird heiss und feucht, der Klient rutscht nervös auf dem Stuhl hin und her, er bewegt die Finger, das Gesicht verkrampft sich, vielleicht fliessen Tränen. Die meisten Reaktionen sind dem Klienten gar nicht bewusst, weil er mit seinen Bildern beschäftigt ist. Der Tester erlebt also äusserlich sichtbare und spürbare Phänomene, die inneren Vorgängen entsprechen. Der energetische Dialog ist die überragende Leistung, die von innen kommenden Informationen in eine „Sprache" zu transformieren, die der Tester versteht. Die Transformation des vom Klienten ausgehenden Informationsstroms benutzt zwar als Vehikel die spürenden Hände und die beobachtenden Sinnesorgane des Testers, aber entscheidend ist, sie geschehen ebenfalls in Bildern, denn auch das Gehirn des Testers arbeitet in Bildern! Dort, wo Resonanz entsteht, kann der energetische Dialog fortschreiten. Resonanz heisst nicht: Tester und Klient produzieren gleiche oder dieselben Bilder.

Resonanz ist hier in seinem ursprünglichen Sinne gemeint:

„resonare = widerhallen, das Mitschwingen von Körpern, das eintritt, wenn die Schwingungszahl (Frequenz) der einwirkenden Schwingung fast oder vollkommen gleich der Eigenschwingungszahl des von der Schwingung getroffenen (angeregten) Körpers ist."[2]

Die Mediale ESA

Es gehörte offensichtlich zur Heilkunst in allen Kulturen und zu allen Zeiten, Wege zu finden, Menschen und Tiere nicht direkt, sondern in einem Surrogatverfahren zu behandeln. Das bedeutet, zwischen Patient und Therapeut wird ein Vermittler oder Ersatz = Surrogat geschaltet. Dieser Vermittler kann ein Mensch sein oder etwas zum Patienten Gehöriges wie Haare, Harn, Blutstropfen, Kot, Foto. Der Sinn jedes Surrogats ist, über ihn als Detail etwas über den Patienten als Ganzes zu erfahren. Das ist die Stärke des Verfahrens. Betrachten wir zunächst die Surrogattests, bei denen ein Mensch als Mittler eingeschaltet wird.

---

2 Kienle: Fremdwörterlexikon, S. 387

Die Surrogatperson kann ein Angehöriger oder eine Vertrauensperson des Patienten sein, aber es hat sich in der Praxis bewährt, medizinisch und therapeutisch geschulte Menschen einzusetzen, die „auf Alpha“ (d.h. im tief entspannten Zustand, bei dem im EEG Alphawellen dominieren) heilerisch im Energiefeld des Patienten „tätig“ werden können.

siehe Farbbilder 8-12

Die Surrogat-Person

Wenngleich wir auch den besagten „Code“ nicht verbal benennen können, so findet doch auf einer energetischen Ebene, gemäss dem Resonanzprinzip, eine Kommunikation zwischen Patient und Surrogatperson statt, die um so grösser ist, je besser dieser Mensch auf den Patienten eingestimmt ist. Deshalb muss durch eine Reihe sogenannter Vortests abgeklärt werden, ob die Surrogatperson testbar, ob ihr Meridiansystem in Balance ist und ob sie bereit ist, Surrogat für einen bestimmten Klienten zu sein. Durch den Wassertest (leichtes Ziehen an den Haaren) wird ausserdem sichergestellt, dass der Wasserhaushalt bei der Surrogatperson in Ordnung ist. Soweit die kinesiologische Seite. Aber diese Vortests sagen noch gar nichts über die Fähigkeit der Surrogatperson aus, ein guter Energieleiter, ein Sprachrohr und ein guter Transformator für die energetischen Impulse des Patienten zu sein. So habe ich oft erlebt, dass ein kinesiologisch vorgetesteter Mensch zwar auf der Meridianebene in Balance ist, aber überhaupt keine Gabe besitzt, mit energetischen Impulsen des Patienten in Resonanz zu treten und sie in eine im wahrsten Wortsinn vernünftige Sprache zu transformieren. Das Band der Sympathie allein ist zu schwach, um einen echten Surrogattest durchzuhalten. Wunschdenken, Einbildung und zu grosse emotionale Nähe zum Patienten sind eher hinderlich.

Was sind wichtige Voraussetzungen für eine optimale Surrogatperson?

1. **Die Konzentrationsfähigkeit, zum Klienten hin mental geöffnet zu bleiben**
2. **Die Anforderung, ein durchlässiger „Kanal" zum Patienten und zum Tester zu bleiben**
3. **Eine stabile Solarplexusenergie, d. h. eine flexible Reaktion auf Emotionen**

Diese Voraussetzung wird von den meisten Kinesiologen unterschätzt und in den seltensten Fällen beachtet. Ein stabiler Solarplexus zeichnet sich durch das Miteinander von Sensibilität und Kontrolle aus, passt sich den emotionalen Gegebenheiten an und schützt sich vor äusserer Beeinflussung.

Als Sinnbild, für einen beweglichen und zugleich starken Solarplexus, verwende ich gerne das Bild einer Seeanemone. Sie sitzt fest auf dem Untergrund (= Erdung), passt sich elegant den Wasserbewegungen (= Emotionen) an, reagiert schnell bei Gefahr (= zuviel Information von aussen) und lebt in einem Element (= Wasser), das in der chinesischen Elementenlehre für Sicherheit und Identität steht. Es kann aber auch das Bild einer Blüte sein, die sich sanft öffnet und schliesst.

4. Die Wahrung der Eigenidentität

Ich erlebe immer wieder die Vorstellung, die Surrogatperson müsse ganz in dem Klienten aufgehen, mit ihm energetisch verschmelzen. Nichts wäre törichter als das! Ein Widerhall, eine Resonanz kann nur zwischen zwei getrennten Körpern entstehen. Wenn die Surrogatperson keinen inneren Abstand mehr zum Patienten hat, kann sie keine Energieinformationen transformieren und zum Tester transportieren. Je besser sich die Surrogatperson abzugrenzen vermag, um so dienlicher ist ihr mentaler „Kanal" zum Klienten. Bei jedem Surrogattest ist darauf zu achten, dass sich zu Beginn und am Ende die Surrogatperson zu hundert Prozent ihrer Identität bewusst ist. Das gilt noch einmal mehr bei der ESA im Sterbeprozess!

5. Die Fähigkeit loszulassen

Das nachhaltige Haften an den Eindrücken eines kranken oder sterbenden Lebewesens oder am Prozess einer Surrogat-Balance ist ein typisches Phänomen, auch bei erfahrenen Tiertherapeuten bzw. Kinesiologen. Ist die Solarplexusenergie stabil und die Wahrung der Eigenidentität gesichert, gelingt es einem Menschen eher, den Klienten loszulassen. Das gilt selbstverständlich auch für den Tester.

Ein letzter allgemeiner Aspekt des Surrogattests wurde mir durch eigene langjährige Erfahrung als Surrogatperson klar und auch durch andere Frauen und Männer aller Altersstufen bestätigt: die eigene Befindlichkeit im Verlauf des Tests ist nicht geradlinig, sondern gleicht einer Schlafkurve. Während der ESA kommt es zwischen Lebewesen und Surrogatperson zu Verdichtungen und Verdünnungen des emotional-mentalen Kontakts. Gefühlsmässig stellt sich dies so dar, als treffe man zunächst auf eine Wand und berühre dann verschieden intensiv das Bewusstsein des Patienten.

Mit der erlernbaren Methode der Medialen Balance haben wir ein fabelhaftes „Handwerk“, das uns einen Zugang zum Menschen in allen Phasen des Sterbens bis zum postmortalen Zustand erlaubt. Die vormals vorhandene Mauer zwischen Diesseits und Jenseits fällt weg und wir erhalten auf sehr kreative Weise Antworten auf die Fragen, was beim Sterben geschieht und wie diese Wandlung verläuft.

Ohne Frage benötigt man neben dem „know how“ auch eine profunde Sensitivitätsschulung, denn in der MB mit einem Sterbenden muss man in der Lage sein, dem ersten Eindruck auf allen Ebenen zu trauen, sozusagen „stante pede“ Heilungsenergie fliessen zu lassen, wenn man zum Beispiel auf der Körper- bzw. Ätherebene therapeutisch wirkt. Die Kommunikation, der Dialog geschieht auf der emotionalen und mentalen Ebene – daher die Betonung der Solarplexusenergie. Aber im Körper lernt der Therapeut zu reisen und Heilenergie gezielt zu entlassen. Dazu bedarf er genauer physiologischer Kenntnisse. Die MB ist ein solider und lernbarer Weg, allmählich seiner Sensitivität und Medialität zu vertrauen und direkt mit dem Sterbenden Kontakt aufzunehmen.

Verschiedene Arten der Exkarnation

Der von der Natur vorgesehene Exkarnationsprozess ist das Lebensende durch Alterung. Wenn jemand im fortgeschrittenen Alter an Altersschwäche und bei vollem Bewusstsein stirbt, erkennen wir darin eine trostspendende Ordnung, auch wenn wir traurig sind. Altersschwäche ist im eigentlichen Sinne keine Krankheit, also eine Disharmonie auf der Körper-, Emotional- und Mentalebene. Ist der alte Mensch krank, so ist das zwar viel schwerer zu ertragen, aber dennoch schimmert auch hier eine gewisse Natürlichkeit hindurch. Alles, was davon abweicht, schafft enorme Verständnisprobleme. Es ist ohne Frage gegen die Ordnung der Natur,

- dass ein Kind vor den Eltern stirbt
- dass ein Mensch gewaltsam aus seinem Körper herauskatapultiert wird (Unfall)
- dass ein Mensch getötet wird (Mord, Totschlag, Krieg, Hinrichtung usw.)
- dass ein Mensch selbst seinem Leben ein Ende setzt (Suizid)
- dass einem Menschen Organe entnommen werden

Und doch geschehen diese Varianten der Exkarnation oder Todesursache täglich millionenfach auf der Welt. Meine zentrale Frage war und ist: Hat die Todesursache für den Sterbenden und für den Verstorbenen eine Bedeutung? Die Suche nach Antworten führte mich zur Medialitätsschulung in England, wo, wie schon mehrfach gesagt, die Hauptaufgabe des Mediums darin gesehen wird, dem Menschen die Angst vor dem Tod zu nehmen. Medialität basiert auf Inspiration, und inspirative Kräfte können aus allen Reichen der Natur dem Medium zufliessen. Das bedeutet, wenn ein Ratsuchender ein seriöses Medium aufsucht, kann durch das Energiefeld, das beide Menschen in einer Sitzung aufbauen, ein Ahne als Inspirator fungieren. Es gehörte zu meiner eigenen Schulung, jahrelang die Sitzungen meiner vier Lehrer zu übersetzen. Dabei lernte ich nicht nur etwas über die Kunst des Heilens, sondern hautnah, was es bedeutet, einem Menschen die Angst vor dem Tod zu nehmen. Alle Ratsuchenden, die den Verlust eines Menschen durch die verschiedensten Todesursachen beklagten, hatten stets nur die eine Frage: Wie geht es dem Verstorbenen? Diese Frage war besonders dringlich, wenn der Verstorbene eines unnatürlichen Todes wie Unfall, Mord oder Sekundentod gestorben war. Sowohl in der Zeit meiner Übersetzertätigkeit, als auch in meiner eigenen Praxis habe ich nicht ein einziges Mal erlebt, dass der Verstorbene von der „anderen Seite" seine Todesursache beklagt hätte.

Was in unsere Dimension mittels Medium „herüber kommt" sind drei wichtige Dinge:

- Der Dank, wenn eine Sterbebegleitung stattgefunden hat
- Die Versicherung, dass der Sterbemoment der richtige war, völlig unabhängig von der Todesursache
- Der Wunsch, der Hinterbliebene möge sich wieder ganz dem Leben zuwenden

Da diese Erkenntnisse in der englischen Medialitätstradition in unzähligen Séancen (Versammlungen) und Einzelsitzungen immer wieder, seit 150 Jahren, gewonnen wurden, ist verständlich, warum auch heute noch die Aufgabe eines Mediums darin besteht, den Menschen die Angst vor dem Tod zu nehmen. Die Erkenntnisse, die unserer Dimension zuteil werden, wenn wir einen Blick in die körperlose Welt tun, basieren nicht auf Einbildung. Einbildung, Wunschdenken, Glaubenssätze verlieren sofort ihre Kraft angesichts des Themas „Tod". Es ist nicht wichtig, den Verstorbenen als Medium hellsichtig zu sehen, die Inspiration läuft immer über alle Sinne, und der Inhalt dessen, was von der „anderen Seite" herüberkommt, muss dem Ratsuchenden Sinn machen. Er braucht die Gewissheit, dass es sich um den

Verstorbenen handelt, an den er denkt. Deshalb hören wir in solchen Sitzungen durch das Medium von Begleitumständen, von Todesursachen, die nur der Ratsucher wissen und folglich bestätigen kann.

Natürlich habe ich genau wie der Leser dieser Zeilen gefragt, wie geschieht das? Was macht das Medium? Ist der Verstorbene real anwesend? Wieso kann das Medium ihn genau beschreiben?

Ich möchte hier eines der grössten Medien der Nachkriegszeit, Mary Duffy (März 2001 gestorben) zitieren, die mir als Lehrerin besonders nah stand, weil sie einen starken Intellekt hatte und mit Wissenschaftlern eng zusammenarbeitete:

Wir können zwei Verständnishilfen anbieten. Die eine basiert darauf, dass im Energiefeld des Ratsuchenden auf den verschiedenen Ebenen, besonders aber in der Emotional- und Mentalebene die Erinnerung an Verstorbene als Information gespeichert ist. Die Leistung des Mediums besteht aus dieser Sicht darin, diese Information aufzufangen, sie zu entschlüsseln und darin zu „lesen". Das erklärt zumindest, warum wir als Medium so präzise in der Beschreibung des Verstorbenen als Person und der Lebensumstände dieses Menschen sein können.

Die andere Sichtweise geht davon aus, dass es tatsächlich eine körperlose Dimension gibt, die uns permanent umgibt, also die Koexistenz von Materie und Energie, die Koexistenz von Inkarnierten und Exkarnierten, wenn man so will. Die Essenz eines menschlichen Bewusstseins verlässt im Sterbeprozess die Körperhülle und macht seine seelische Weiterentwicklung. Das Medium hat Zugang zu dieser Dimension. Wenn nun ein Ratsuchender kommt und wissen möchte, wie es dem geliebten Verstorbenen geht, kann es sein, dass seine Sehnsucht, seine Liebe eine anziehende Kraft auf die Seele oder die energetische Essenz des Verstorbenen ausübt und er sich der materiellen Existenz des Ratsuchers nähert. Aus dieser Sicht besteht die Leistung des Mediums darin, diesen Vorgang mit den inneren Sinnen wahrzunehmen und kann deshalb die „Person" aus der anderen Dimension beschreiben und Begleitumstände des Todes oder andere Botschaften als Information vom Verstorbenen erhalten und sie weitergeben an den Ratsucher. Der ist für mich als Medium ausschlaggebend, denn nur er kann mir bestätigen, ob das stimmt, was ich medial wahrnehme.

Die Erfahrung medialer Beratungsarbeit spricht für beide Versionen. Die letzte Antwort erhalte ich, wenn ich drüben bin. Solange ich lebe, ist es mir egal, wie dieser Kontakt entsteht. Wichtig ist, er muss dem Ratsucher Sinn machen, muss ihn aufrichten und trösten und muss seine Angst vor dem Tod besänftigen, vor allem dann, wenn die Todesursache des Verstorbenen unnatürlich war. Aber, wie die Erfahrung auch hier lehrt, ist die Todesursache nur in unserer Dimension von Belang, nicht für den Verstorbenen.

(aus einem Gespräch mit Mary Duffy, Stansted 1988)

Das Medium ist somit die menschliche Brücke dabei, Todesursache, Sterbeprozess und Exkarnation von einer höheren Warte aus zu betrachten, und darin liegt etwas ausserordentlich Tröstendes, wofür sich die jahrelange Medialschulung lohnt.

Nun ist die Realität aber so, dass nicht jeder ein Medium aufsuchen kann oder dass das Medium nicht von einem Verstorbenen inspiriert wird. Kein seriöses Medium wird den Verstorbenen herbeirufen oder herbeizitieren. Durch wen das Medium inspiriert wird, weiss es im voraus nicht. Es kommt stets mit der Energie in Resonanz, die momentan optimal ist – für das Medium und den Ratsucher.

So sind manche Ratsucher enttäuscht, dass kein Kontakt zum Verstorbenen entstand. Sie sind fixiert, wollen keine mediale Botschaft hören, sondern wollen den Kontakt zum Verstorbenen. In einer solchen Atmosphäre ist mediale Arbeit sehr schwer. Wo zuviel Willen ist, wird alles eng. Inspiration braucht die Freiheit des Geistes.

Ich vermittle deshalb dem Ratsucher eine einfache Alpha-Übung, die ihm hilft, selbst einen Kontakt herzustellen. Denken wir nur einmal an jene Persönlichkeiten in der Homöopathie wie Causticum oder Calcium, die oft das Bedürfnis haben, einen Ahnen in einer akuten oder schwierigen Lebenssituation um Hilfe zu bitten. Sie betrachten den Ahnen als geistigen Helfer. Ich sehe darin kein pathologisches Verhalten, solange der Hinterbliebene wieder sein Leben lebt.

Es hat keinen Sinn, diese Menschen davon abzuhalten und ihr Verlangen – auch ihre Begabung (!) – zu übergehen oder gar als Unsinn abzutun. Ich „verordne" lieber folgende Übung, die von ganz alleine regulierend wirkt:

Setze dich bequem auf einen Stuhl, vielleicht auf dem Platz, auf dem der Ahne einst bevorzugt sass. Schalte Orangelicht ein, eventuell sanfte Musik im Hintergrund. Schliesse die Augen, schalte ein und betrachte den Solarplexus.

Visualisiere ein kleines Gartentürchen, öffne es und schliesse es hinter dir. Betritt deine Landschaft und suche dir in ihr einen angenehmen Platz, auf dem du dich niederlässt. Nun stelle deine Frage, klar und deutlich. Dann warte, welche Zeichen sich zeigen. Erwarte nicht, dass der Verstorbene sich zeigt, aber er wird Zeichen senden, wenn es für dich wichtig ist. Kommt ein Zeichen, so traue deinem ersten Eindruck, was es dir sagt. Nur du kannst es wissen, denn es stammt aus deinem Unterbewusstsein, dem du auf Alpha nur etwas näher bist.

Hast du deine Antwort bekommen, bedanke dich bei dem Ahnen. Richte dich wieder auf, gehe den Weg zum Gartentürchen, schliesse es hinter dir, betrachte deinen Solarplexus und schalte ab mit dem Gedanken: „Ich lasse dich los und kehre zu hundert Prozent ins Hier und Jetzt zurück."

Schauen wir uns nun einige Themen an, bei denen eine mediale Kontaktaufnahme sinnvoll und heilsam ist.

Der mediale Kontakt im Sterbeprozess

Wer durch seine Medialität einen Blick in die andere, körperlose Welt tut, weil er/sie das Lebensprinzip voll und ganz angenommen hat und dankbar lebt, sieht Leben und

Tod als Einheit, als spiralige Bewegung, bei der sich das Abgeben des Körpers auf einer höheren Oktave mit der Geburt berührt. Das Naturgesetz ist vorwärts orientiert, das Leben bleibt erhalten. Wir gehen in dieses Lebensprinzip ein, ohne Körper, streifen im Wandlungsprozess alle Leiden ab. Niemand geht krank, sonst hätten wir keinen Wandlungsprozess, keinen Prozess im Sterben. Die Mutter Natur in ihrer unendlichen Güte will ihre Geschöpfe nicht quälen, sie verleiht uns durch den Exkarnationsprozess die Chance, zu Licht zu werden, Licht in unser Bewusstsein zu bringen. Der Begriff „Erleuchtung" ist schon zu sehr von zu ernsten, lebenslustfeindlichen Meditationskreisen okkupiert. So wie sich im Sterben Pflanzen vollkommen verstrahlen, so verstrahlen auch wir – nur, dass wir die Schritte dabei bewusst gehen.

Es gibt in meinem Leben nichts Trostvolleres als die Erfahrung mit sterbenden Menschen und Tieren, die in ihrem Leben weder echt gebetet, noch Räucherstäbchen angezündet, noch esoterische Literatur gelesen haben, ja, die sogar recht schwierige, manchmal unangenehme Persönlichkeiten waren. Und doch durfte ich ihren Wandel erleben. Angesichts der Exkarnation will jeder Mensch Ballast abwerfen, Dinge in Ordnung bringen, sich läutern, sich reinigen und leichter werden. Die Möglichkeiten, mit ihnen medial oder durch die Mediale Balance in Kontakt zu treten, eröffnen uns diese beglückende Erfahrung. Selbst ein „Ekel" von Mensch, der andere genervt, geärgert und ihnen jahrzehntelang das Leben zur Hölle gemacht hat, gibt den Körper nicht eher ab, als bis er vor sich selbst bestehen kann. Dazu braucht es keinen strafenden Gott, kein Höllenszenario mit den Posaunen von Jericho, keinen Richter über uns. Wir sind unsere Richter, und ich kann nur in Ehrfurcht verweilen vor den Einsichten, die mir von Sterbenden übermittelt wurden. Hier ein Auszug aus einem Dialog der Medialen Balance in der vierten Sterbephase mit einer alten Dame, die ihre Familie 60 Jahre lang drangsaliert hat:

Was sehen Sie?
Licht, weisses Licht, das vorüberzieht.
Ist das gut?
Ja, wunderbar, aber ich habe es nicht verdient.
Warum nicht?
Ich war eine böse Frau – das tut mir so unendlich leid.
Und – was ist zu tun?
Ich möchte es rückgängig machen.
Geht das?
Nein.
Also, was tun Sie.
Ich weiss es nicht.
Ich weiss es auch nicht.
Nein?
Nein.
Muss ich was tun?
Weiss ich nicht.
Seufzt viele Male schwer. Dann: *Da drüben sagt jemand, ich solle mir verzeihen.*
Und?
Es fällt mir so schwer.
Dann machen Sie es sich leicht. Schauen Sie ins Licht.
Ja, das tut gut. Ich versuche mir zu verzeihen.
Wie tun Sie das?
Ich segne meine Familie.
Wunderbar!
Ja, ich segne zum erstenmal meine Familie. Ich sage euch. Ich werde ganz hell, ich kann ganz hell gehen. Ach, tut mir das gut!
Können Sie jetzt die nächsten Schritte alleine tun?
Ja, danke, dass Sie mir geholfen haben. Es war so eine Bürde! So schwarz, so schwer. Ich war nie glücklich, aber jetzt weiss ich, was Glück ist.
Gut so?
Ja, nun kann ich das Licht annehmen. Bin so hell...

Ein paar Stunden später stirbt die Dame im Schlaf. Vorher war im Krankenhaus die Hölle los. Aber nun konnte sie gehen. Von aussen hat niemand etwas gesehen, nur am Ende das friedliche Gesicht.

Aber selbst da, wo beim Verlassen des Körpers ein gramverzerrtes Gesicht zu sehen ist, ist dies nur ein Relikt der alten Hülle und sagt nichts über ein grames Bewusstsein aus, das sich vom Körper gelöst hat. Meine bisherigen Erfahrungen und die Erfahrungen derer, die selbst die Sterbebegleitung gemäss der fünf Phasen angewendet haben, bestätigen, dass im letzten Moment jeder mit sich ins Reine kommen und frei von psychischem und mentalem Ballast gehen möchte. Es mag sein, dass es Menschen gibt, die unerlöst gehen, aber bisher ist mir keiner begegnet. Und wer behauptet, ein Mensch sei so gegangen, sollte mir seine Art der Kommunikation mitteilen, wie er das vom Sterbenden erfahren hat. Wie gesagt, unsere Wahrnehmung des äusseren Ablaufs im Sterben ist nur ein winziger Bruchteil der Sterbeenergetik. Ich bin sicher, die Natur hat auch ihre Ausnahmen parat, aber niemals in dem Masse, wie behauptet wird, unerlöste Seelen wahrzunehmen. Es gibt niemanden, der die Seele erlösen kann, sie macht es selbst – möglicherweise, indem sie sich auf verschiedene Arten verkörpert. Für mich ist die Natur die höchste Schöpferkraft und somit die höchste Instanz, und sie hat vorgesehen, dass wir im Sterben den grössten Wandel bewusst vollziehen, dessen wir fähig sind.

Die Organentnahme

Ich sehe es nicht als meine Aufgabe an, eine Organtransplantation zu beurteilen. Sie kann Leben retten. Die Entnahme an sich und die Transplantation sind auch nicht das eigentliche Problem, sondern die Missachtung des Spenders. Wie schon gesagt, muss eine Organentnahme in der ersten, spätestens zweiten Sterbephase vollzogen werden, weil die Durchblutung noch optimal sein muss.

Bei der Organentnahme sind drei Menschen beteiligt, die miteinander vernetzt sind:

- Der Organspender
- Der Chirurg
- Der Organempfänger

Der Arzt und der Organempfänger haben schon miteinander kommuniziert. Man ist sogar schon auf die Idee gekommen, den Organempfänger psychotherapeutisch zu betreuen. Der Organspender jedoch wird entmündigt, entwürdigt, ungefragt aus seinem Sterbeprozess gerissen und ist schliesslich noch nicht tot. Ob wir vor der Organentnahme anästhesieren, spielt auch nur die zweite Rolle, denn die Priorität wurde ignoriert, nämlich mit diesem Menschen medial oder kinesiologisch Kontakt aufzunehmen und ihn zu fragen, ob er/sie bereit ist, ein Organ zu opfern, um ein anderes Lebewesen zu retten. Dann hat dieser Mensch die Wahl. Dann hat der Organempfänger die Möglichkeit, sich zu bedanken und erkennt den ungeheuren Wert der Transaktion. Dann hat der Chirurg die Möglichkeit, dem Organspender zu danken und seinen Segen zu erbitten.

Bisher wird aber der vermeintlich Tote nicht befragt und deshalb hält man es auch nicht für nötig, einen Raucher, einen Säufer, einen Drogenpatienten zuerst anzuhalten, sein Leben zu ändern, damit er einer Spenderleber würdig wird. Wer das Geld dazu hat, kann sich immer wieder eine Spenderleber oder -niere kaufen. Die Machbarkeit der hohen Kunst der Chirurgie, die wahrhaftige Wunder vollbringen kann und eine ehrenwerte Heilkunst ist, gerät ins Zwielicht. Es herrscht grosse Angst, der Tatsache ins Auge zu blicken, dass ein Lebewesen seines natürlichen Sterbeprozesses beraubt wurde; Angst, das Bewusstsein des Organlieferanten würde im Organempfänger weiterleben oder das Organ würde als Fremdkörper abgestossen. Es besteht panische Angst vor meiner Idee, mit dem Unfallopfer oder mit sonst einem potentiellen „Spender" Kontakt aufzunehmen, aus Angst, der/die könnte „Nein" sagen.

Patienten mit einem Spenderorgan halte ich an, auch im nachhinein noch Dankesrituale zu gestalten. Es reicht nicht, was ich oft höre: „Gottseidank ist es gut gegangen.“ *Nicht Gott* sei Dank, sondern erst mal *dir*, einem Gottesgeschöpf, der du mir ungefragt ein Stück Leben geschenkt hast, der du erst mal nicht begriffen hast, was mit dir geschieht, der du nicht begleitet wurdest in deinem Sterben, der du verwirrt und alleine deinen Weg der Exkarnation gehen musstest.

Das ist unbequem, aber für das Wachstum von Heilkunst bei uns Therapeuten und für des Patienten Heilungsprozess unerlässlich. An den Erfolgen bei solchen Patienten sehe ich deutlich, wie wichtig es ist, dass sie Frieden schliessen mit dem Bewusstsein des Verstorbenen.

Unfalltod, Sekundentod, Tötung

Im Exkarnationsprozess herrschen andere Zeitverhältnisse, denn Raum- und Zeitbegrenzung lösen sich auf. Daher gibt es Todesarten, bei denen der Sterbende in rasender Geschwindigkeit alle Phasen durchläuft und durch die Dynamik förmlich aus seinem Körper herauskatapultiert wird.

Im *Bardo Thödol* steht, man solle dem so Verstorbenen versichern, dass er jetzt tot ist, dass er den Körper verlassen hat. Unfälle, Tötung und plötzlicher Tod durch Krankheit von einer Sekunde auf die andere gab es natürlich auch schon bei den Tibetern und Indern. Es gibt Anweisungen, mit dem Verstorbenen sofort Kontakt aufzunehmen, ihm Klarheit zu verschaffen, ihm zu empfehlen, sich dem hellen Licht zuzuwenden. Man begleitet ihn mental ein paar Tage lang und gibt ihm Sicherheit, sich in der körperlosen Welt zurecht zu finden. Immer wieder geht es um Licht.

Für uns, die wir mit einer Todesursache konfrontiert werden, die nicht in der Ordnung der Natur liegt, ist es gemäss dem *Bardo Thödol* wichtig, mentalen Kontakt mit dem Verstorbenen aufzunehmen und ihm zu versichern, dass er tot und ohne Körper ist. Der Verstoss gegen die Ordnung der Natur wird hier aufgefangen, indem der Lebende dem Gestorbenen Geleit gibt, sich in der körperlosen Dimension zurecht zu finden. Es ist auffallend, dass im *Bardo Tödol* und in den kleinen „Totenbüchern“ die Trauer um den Verlust des Toten weit hinter der dringlichen Aufgabe steht, dem Toten zu versichern, dass er in der richtigen Dimension ist, dass er nicht desorientiert umherirrt, dass er auf das grosse Licht zugeht, dass er seinen Weg findet. Das gilt auch in solchen Fällen, wenn man nicht unmittelbar nach dem Ableben des Menschen anwesend sein kann. Räumliche Entfernung und zeitlicher Abstand spielen keine Rolle. Man kann also auch noch im Nachhinein mentalen Kontakt, sei es durch ein Medium oder sei es durch eine mediale Balance, aufnehmen und so dem Verstorbenen Geleit geben.

Ich erhielt von einem Rettungssanitäter einen schönen Brief, in dem er mir für die Veröffentlichung der Sterbephasen dankte und berichtete, er habe sich aus spiritueller Sicht viel mit dem Tod befasst. Er schrieb und sagte später am Telefon:

„Sobald ich zu einem Toten gerufen werde, flüstere ich ihm erst mal ins linke Ohr: „Du bist jetzt tot. Geh ins Licht, du hast keinen Körper mehr.“

Ich habe immer den Eindruck, der Verstorbene steht etwas ratlos neben seinem Körper und kann nicht begreifen, warum er draussen ist oder warum er nicht mehr rein kann. Da leiste ich erst mal erste Hilfe nach ‚drüben‘.“

Der Sanitäter konnte über Jahre beobachten, dass sich das Energiefeld um den Toten herum sofort positiv veränderte, wenn er mit ihm „gesprochen“ hatte. Auch als Helfer hatte er ein besseres Gefühl, wenn er zunächst Klarheit geschaffen hatte.

Er fasste immer mehr Mut zu seiner autodidaktischen Art der „Erste-Hilfe-Sterbebegleitung“, so dass er diesen Weg auch bei Unfallopfern oder Mordopfern ging und den Eindruck hatte, es wird leichter an diesem belasteten Ort.

Schade, dass solche Menschen keinen Friedensnobelpreis bekommen. Sie sind aller Ehren würdig.

Die Todesursache ist für unsere Seinsebene von Bedeutung, jedoch nicht für den Exkarnierten, weil nur ein materieller Körper getötet werden kann, leer werden kann – auf welche Weise auch immer. Bei gewaltsamer oder zu schneller Trennung zwischen Physis und Energiekörper, wird der Sterbeprozess komplizierter oder beschwerlicher – vielleicht. Aber wir dürfen auch hier wieder das Gegenstück als Verständnishilfe nehmen: die Geburt in unsere Dimension hinein. Manche Kinder kommen im warmem Wasser, mit Delfinen schwimmend aus dem Mutterschoss, andere quälen sich durch den engen Tunnel, manche müssen gewaltsam durch Kaiserschnitt aus dem Leib geholt werden usw. Mit der Art der Geburt und dem Platz, in den wir hineingeboren werden, ist auch eine Aufgabe verbunden, wenn man so will, eine Lebenslektion. Nicht anders ist es im Exkarnationsprozess. Manche gehen sanft und entschlafen, manche bäumen sich in der Feuerphase auf, manche schiessen aus ihrem Körper heraus durch Fremdeinwirkung oder plötzlichen Kurzschluss in der Physis. Auch darin liegt eine Aufgabe für die Seele, die nur sie als Seele etwas angeht und sich unseres Urteils entzieht.

Das Zwischenreich – die unvollendete In- und Exkarnation

Wir haben inzwischen eine blühende Szene der Reinkarnationstherapie, der bildhaften Schau in die Vergangenheit. Die Bilder helfen, Abstand zum gegenwärtigen Problem zu schaffen, es bei kompetenter Therapie auch zu beheben. Die Reinkarnationstherapie hat mit der Wiedergeburtslehre nichts gemein, denn diese ist vorwärts orientiert und nicht problemgebunden. Die Wiedergeburtslehre oder Inkarnationslehre besagt, dass man im jetzigen Leben so viel wie möglich optimiert, um in der nächsten Inkarnation ein besseres Dasein zu haben. Es geht um die Weiterentwicklung der Seelenqualitäten, die sich verschiedene Seinsformen wählen.

Ich bin daher sehr für eine *Inkarnations*therapie, denn ich erlebe tagtäglich alte und junge Menschen, die immer noch nicht in ihrem „Tempel" angekommen sind. Sie schwirren überall herum, nur nicht bei sich zuhause, bei sich, ganz im Körper. Sie haben das Leben nicht angenommen, lehnen es ab und befinden sich in einer Spanne zwischen Kokettieren mit dem Sterben bis hin zu einer tiefgreifenden Todessehnsucht. Es gibt immer mehr Kinder, die nicht ganz ankommen nach der Geburt. Kinder mit Rett-Syndrom oder Autisten entwickeln sich nicht vorwärts, sondern rückwärts, sie haben keine Erdung und befinden sich in einem Zwischenreich. Dann ist da noch das Heer der Wachkomapatienten. Nach dem Unfall wird reanimiert, das Kind, der Erwachsene schafft es nur bis an die Schwelle und bleibt im Schwebezustand zwischen Leben und Tod. Auch das ist das Zwischenreich.

Auch Patienten im Tiefkoma oder die „Eingeschlossenen" bei vollem Bewusstsein (Locked-In-Syndrom), schweben irgendwo dazwischen. Sie sind nicht tot, aber auch nicht richtig lebendig.

Nehmen wir Alzheimer-Patienten, die in einem Niemandsland eingeschlossen sind. Sicher, wir wissen als

Homöopathen, dass dementen Krankheitsformen ein aktiviertes syphilitisches Miasma zugrunde liegt. Aber das zu wissen reicht oft nicht aus, weil wir die Patienten nicht direkt erreichen. Sie erkennen unsere Welt nicht mehr, lassen aber auch den Körper nicht los. Wenn dann eine homöopathische Behandlung fehlschlägt, meinen wir, wir hätten versagt. Aber wir haben den Patienten nicht gefragt, ob er überhaupt gesund werden will, ob er lieber gehen möchte, ja, überhaupt ignoriert, dass die äussere Demenz durchaus von einem intakten Bewusstsein gesteuert sein kann. Therapieresistenz gibt es nicht. Sie ist meiner Meinung nach dagegen ein wichtiger Hinweis dafür, dass der Patient nicht gefragt wurde, was er will, was er nicht will, was er zu ändern bereit ist usw.

Die Mediale Balance hat mir und anderen darin ausgebildeten Therapeuten einen Einblick in die Welt des Zwischenreichs eröffnet, den niemand erwartet hat. Wir gehen von unendlichem Leid der Patienten aus, aber davon erfahren wir in der MB nichts. Sie finden unsere Daseinsebene nicht attraktiv. Sie werden rundum versorgt. Sie bekommen mehr Zuwendung als je zuvor im Leben. Sie müssen keine Verantwortung tragen. Sie verstehen unsere Sorgen nicht. Ihr inneres, fensterloses Gefängnis finden sie in Ordnung, sie verstehen nicht, was sie ändern sollen. Zweifellos erliegen sie dem Trugbild, im Paradies zu sein, aber man kann solch ein Trugbild nicht einfach verscheuchen. Es ist ihre Realität. Wie sollen wir hier therapeutisch arbeiten?

Die Erfahrung meiner bisherigen Medialen Balancen mit solchen Patienten im Zwischenreich ist, dass sie angeregt werden müssen, eine Entscheidung zu fällen, dass sie zur Veränderung bereit sein müssen, sonst entsteht keine Türe nach draussen, sonst fällt kein Lichtstrahl herein. Die Entscheidung heisst Ja zum Leben, zu unserer Dimension mit allen Insignien des Lebens. Sie heisst, wieder Verantwortung zu übernehmen. Oder sie heisst ein Nein zum Leben und ein Ja zum Sterben, ein Ja, Körper loszulassen. Im Zwischenreich, dem Niemandsland zwischen Leben und Tod, entsteht ein Sog in den Körper hinein und aus dem Körper heraus. Es entsteht der Jojo-Effekt, den wir schon aus der vierten Wandlungsphase kennen. Er tritt hier in der ersten und zweiten Phase ein. Beide Soge sind zu schwach, so entsteht der Schwebezustand.

Da das Bewusstsein des Patienten intakt ist, behandle ich ihn wie jeden anderen Patienten auch und frage, was er auf der Körper-, Emotional- und Mentalebene zu ändern bereit ist. Wenn man als Mediumperson diese Welt betritt, kann man sich nicht einer gewissen Faszination entziehen. Alles ist leicht, einfach, meistens schmerzfrei. Es stellt sich tatsächlich die Frage: Ist es überhaupt interessant und erstrebenswert, unsere Welt wieder zu betreten? Auch wenn mir ein solches Pseudoparadies sehr gegen meine Natur geht, so kann ich doch zumindest nachvollziehen, warum viele Patienten nicht zurück wollen.

Um dies besser verstehen zu können, habe ich den Weg bis zu diesem Zwischenzustand ebenso erforscht wie auch das familiensystemische Umfeld. Man fällt nicht so einfach in einen Komazustand, an den Rand des Todes. Depressionen, Suizidfälle und Todessehnsucht tauchen oft in der Familienanamnese auf. Bei Kindern kann hinzu kommen, dass die Eltern oder ein Elternteil sehr hohe Ansprüche an das Wunschkind gestellt haben, noch ehe es geboren wurde.

Ich kann natürlich folgende Betrachtungsweise einnehmen und sagen: „Das Kind wählt sich seine Eltern und seine Lebensaufgaben.“ Aus dieser Sicht macht es für die Seele vielleicht Sinn, bis zu diesem Punkt zu kommen und dann wieder zu gehen.

Die andere Betrachtungsweise ist der Sterbeprozess, der bis zur Feuerphase die Wahlmöglichkeit lässt, ins Leben zurückzukehren oder zu sterben. Das Verweilen im Zwischenreich ist nicht nur gegen die Ordnung des Lebens, sondern auch gegen die Ordnung der Sterbenergetik. Deshalb ist dieser Zustand behandlungsbedürftig. Heilung bedeutet hier Entscheidung, Klärung, damit eine Sogrichtung wirken kann. Sie bedeutet die Lösung der Regulationsstarre, der Stagnation.

Ich möchte dies an zwei Fallbeispielen illustrieren.

Wachkoma

Fallbeispiel 1 Anna

Anna war fünf Jahre alt, fiel beim Spielen in einen Fluss und wurde erst zwanzig Minuten später gefunden. Nach der Reanimation verblieb das Kind im Wachkoma.

Die Mutter will wissen, ob Anna leben oder sterben will. Die Mutter selbst wünscht sich auch Klarheit – nach sechs Monaten aller möglichen Therapien. Brigitte, eine Kollegin, ist Mediumperson. Kaum, dass Brigitte mentalen Kontakt zu Anna aufgenommen hat, schaut sie nach oben und sagt:

Brigitte: Ich sehe einen Mammutbaum. Da ganz oben auf dem obersten Zweig sitzt Anna und lässt die Beine baumeln.

***Rosina** spricht Anna an*: Magst du mit uns sprechen?

Anna: Ja.

Rosina: Wie geht es dir da oben?

Anna: Schön, alles übersichtlich, ich kann weit gucken.

Rosina: Magst du runter kommen?

Anna: Nein! Warum denn?

Rosina: Na gut, sollen wir dann den Kontakt abbrechen?

***Anna** schweigt lange. Dann*: Nein, bleib.

Rosina: Warum soll ich bleiben?

Anna: Weiss nicht.

Rosina: Spürst du einen Kontakt in unsere Welt?

Anna: Ja, da unten.

Rosina: Möchtest du etwas mehr herunter kommen? Dann können wir uns besser unterhalten. Ich habe schon einen steifen Hals vom Nachobenschauen.

***Anna** lacht herzlich und sagt*: Na gut.

Sie turnt behende ein paar Äste nach unten und setzt sich in Augenhöhe, baumelt mit den Beinen.

Rosina: Erzähle mir etwas über deine Welt, in der du lebst.

Anna: Es ist schön hier, ruhig, einfach schön.

Rosina: Fehlt dir nichts?

Anna: Nein.

Rosina: Weisst du, wie du in diese Welt gekommen bist?

Anna: Ja.

Anna erzählt den genauen Hergang des Unfalls und nennt sogar einige Details, die der Mutter bisher noch unklar gewesen waren.

Rosina: Und nun bist du irgendwo da draussen, für uns nicht erreichbar. Möchtest du daran etwas ändern?

Anna: Weiss nicht.

Rosina: Möchtest du es denn einmal versuchen?

Anna *überlegt, dann*: Ja!

Rosina: Was ist denn der erste Schritt, den du tun möchtest?

Anna: Ich gehe mal tiefer im Baum.

Rosina: Brauchst du Hilfe?

Anna: Ja.

Rosina: Wähle ein Licht.

Anna: Blau.

Rosina: Ist das gut?

Anna: Ja, ich kann besser sehen, was unten ist.

Rosina: Was siehst du?

Anna: Viele Menschen.

Rosina: Was tun sie?

Anna: Sie starren mich an. Sie wollen, dass ich runterkomme.

Rosina: Magst du es versuchen?

Anna *zögert lange, dann*: Trau mich nicht. Das ist gefährlich.

Rosina: Magst du eine Hilfe annehmen?

Anna: Ja, ja.

Rosina: Ich sage dir mal das Wort ‚Phosphor'.

Fast zeitgleich rutscht Anna den Baum herunter bis auf den untersten Ast und breitet die Arme aus

Anna: Ich fliege jetzt.

Rosina: Magst du auf die Erde kommen?

Anna: Ich versuche es mal.

Anna segelt ganz sachte nach unten, berührt den Boden und fliegt gleich wieder hinauf auf den untersten Ast. Wir „proben" die Erdberührung einige Male. Anna findet das ungewohnt und nicht ganz geheuer, unten stehen zu bleiben. Wir einigen uns, dass dies ein guter erster Schritt sei.

Dann arbeite ich mental mit der Mediumperson Brigitte noch eine Weile im Gehirn. Es werden dunkle Stellen ausgeleuchtet, die Durchblutung angeregt. Auch in der Lunge findet Brigitte schlecht durchlüftete Teile, die sie „bearbeitet", wodurch sich fast schlagartig die Atmung beim Kind verbessert. Auf der Emotionalebene erleben wir, dass Anna momentan die Gefühle der Mutter noch nicht nachvollziehen kann. Sie versteht die Trauer nicht.

Ich wähle Phosphor C1000 einmal pro Woche, dazu Blau- und Orangelicht. Ich verordne Cranio-Sakraltherapie bei einem Kollegen. Nach drei Monaten zeigen sich Fortschritte. Das Zusammenspiel von Phosphor, Blaulichtbestrahlung im Wechsel mit Orangelicht sowie die Cranio-Behandlung bewirkt, dass das Kind wieder die Augen bewegt, fixieren, lächeln, weinen kann. Es kann wieder selbstständig schlucken, wirkt wacher, es entsteht wieder ein Muskeltonus, die Reflexe werden stärker.

In diesem Fall sind zwei wesentliche Schritte vollzogen: Anna hat entschieden, wieder in unsere Welt zurückzukommen. Das heisst, von der Mentalebene geht jetzt ein Impuls aus. Bei der zweiten und dritten Medialen Balance kann Anna die Trauer der Mutter nachvollziehen, kann wieder fühlen, spürt wieder eine Verbindung zwischen Kopf und Bauch, denn das „Gürtelgefäss" (Urmeridian in der Taille) war hartnäckig blockiert. Der Impuls hat also die Emotionalebene erreicht und wirkt jetzt auf den physischen Körper ein. So muss der Weg bei der Heilung gehen, sonst verlässt keiner das Zwischenreich. Erst muss klar sein, dass jemand Ja sagt zum Leben, zu unserer Dimension und zu der Verantwortung für die eigene Genesung.

Der zweite wichtige Schritt ist, dass die Mutter Ja zum Heilungsprozess des Kindes sagt. Das ist durchaus nicht selbstverständlich, wie das nächste Beispiel zeigen wird. Durch die Verhaftungen an starre Weltbilder, Schuldgefühle und zahlreiche Unterdrückungen der Lebenskraft (Sexualität, Talente, Emotionen), haben wir es in der Regel mit einem tiefsitzenden sykotischen, syphilitischen oder tuberkulinen Miasma zu tun. In einem solchen systemischen Energiefeld ist die Flucht in Zustände wie Koma verständlich. Es gehört allerdings auch zu dem aktiven miasmatischen Energiefeld, dass die Angehörigen, vor allem die Mütter, zwar unbedingt eine Mediale Balance wollen und am liebsten Zeugen einer Wunderheilung wären, demzufolge der Wachkomapatient wie Lazarus aufersteht. Wenn dann aber klar wird, dass das Kind ein Teil des unerlösten systemischen Geflechts übernommen hat, dass Arbeit an sich selbst angesagt ist, wollen die meisten den Patienten in der „Pflegefassung“ belassen. Lieber nehmen sie die kompliziertesten und aufwendigsten Pflegemethoden in Kauf, als der Ursache, als dem eigenen Anteil an der Wachkoma-Situation ins Auge zu blicken. Es geht nicht darum, Schuld zuzuweisen, obgleich in solchen systemischen Feldern enorme Schuldgefühle bestehen. Leider bleiben sie meistens unerlöst. Die Pflege eines Wachkomapatienten ist dann ein Alibi, eine Art Wiedergutmachung.

Fallbeispiel 2 Arno

Arno ist mit 37 Jahren, durch einen Autounfall und zu später Sauerstoffversorgung, nach der Reanimation, ins Wachkoma gefallen. Seine 82jährige Mutter sitzt jeden Tag am Bett ihres geliebten, jüngsten Sohnes, der in der Familie der Sonnenschein war und als „Nesthäkchen“ von allen geliebt wurde. Die Gesichtszüge von Arno sind entstellt, sie zeigen den Moment des Unfalls, als er vor Schreck Mund und Augen aufreisst. Arno liegt seit vier Jahren im Wachkoma, seine Gelenke sind luxiert, er ist ein hundert prozentiger Pflegefall.

In der Medialen Balance bin ich Surrogatperson für Arno. Er ist unbeschreiblich glücklich über die Möglichkeit, sich mitzuteilen. Der anwesende Arzt und die Mutter staunen, dass Arno nach vier Jahren die Augen entspannt und versucht, den Mund zu bewegen. Der junge Mann erzählt übersprudelnd, was er alles dringend erledigen muss. Ich höre von einem Hauskauf, von einer Werkstatt, in der unvollendete Möbel, Fahrräder, Mopeds und alle möglichen Geräte stehen und von Geburtstagsterminen der Familie. Die Mutter kann alles bestätigen und weint vor Freude, weil das alles so typisch für ihren Sohn ist. Die Mediale Balance beginnt, indem meine Testerin Sabine fragt, ob Arno etwas ändern möchte und es entspannt sich folgender Dialog, bei dem ich ausschliesslich die Rolle des „Transmitters" spiele:

Arno: Ja, dieser Zustand muss aufhören. Ich will hier raus!

Sabine: Haben Sie eine Idee?

Arno: Ja, ich will aus diesem Körper raus. Das geht auch schon ganz gut, aber immer wieder rutsche ich rein in die schrecklichen Kopfschmerzen.

Sabine: Rosina, ich spreche dich als Therapeutin an. Bitte gehe ins Gehirn und schaue, was die Ursache sein könnte.

Rosina *wandert im Gehirn*: Ich sehe alte Blutgerinnsel, sieht wie verbacken aus, ich sehe zwei Zysten im Kleinhirn.

Sabine: Kannst du dort mal wirken?

Rosina: Ich visualisiere einen Minischlauch, der die eingekapselte Flüssigkeit aus den Zysten zieht und das Krankhafte in die Erde ableitet.

Zeitgleich stöhnt Arno und bewegt den Kopf.

Sabine: Was ist, Arno?

Arno: Ah, es wird viel leichter am Hinterkopf.

Sabine: Sollen wir weitermachen?

Arno: Oh ja, es tut so gut.

Sabine: Wollen Sie aktiv mitarbeiten?

Arno: Ja, bitte.

Sabine: Visualisieren Sie in Ihrem Kopf eine schöne Farbe.

Arno *spontan*: Helles Blau, wie der Himmel, unten eine grüne Wiese. Ist das schön!

Draussen sichtbar: Die Gesichtszüge entspannen sich. Die Mutter ist fest überzeugt, Arno habe sie angeschaut und gelächelt. Wir sind zu sehr in die Arbeit absorbiert und können das nicht beurteilen. Aber die Mutter sitzt direkt vor Arno und verfolgt gespannt jede minimale Veränderung.

Arno: Mir geht es jetzt gut.

Sabine: Dann können wir ja mal auf die Mentalebene gehen. Welche Gedanken bewegen Sie?

Arno: Jetzt kann ich endlich gehen. Jetzt tut es nicht mehr weh.

Sabine: Was bedeutet das? Wollen Sie den Körper verlassen?

Arno: Ja.

Mutter und Arzt sind bestürzt, denn sie hofften, Arno wolle leben.

Sabine: Haben Sie kein Interesse mehr an unserem Leben hier auf der Erde?

Arno: Nein, es ist schön hier.

Sabine: Ihre Mutter ist hier...

Arno: Ja, ich weiss. Liebe Mutter, lieber Dr. M.

Sabine: Was können wir denn für Sie tun? Was kann Ihre Mutter für Sie tun?

Arno: Ich möchte, dass alles erledigt wird, der Hauskauf und dass Karl die Mopeds repariert. Dann ist alles gut.

Sabine: Vor Ihnen liegt jetzt der Weg aus unserer Welt in die körperlose. Was sehen Sie?

Arno: Das Ufer, Vater, Sybille.

Die Mutter schlägt vor Staunen die Hände vor den Mund und sagt, ihr Mann sei vor 15 Jahren gestorben, ihre Schwester vor vier Jahren.

Sabine: Was sehen Sie noch?
Arno: Viel Licht, ich schwebe drauf zu.
Sabine: Ist das gut so?
Arno: Ja, es ist gut.

Die Stimme ist sanft und leise. Der Mund schliesst sich, die Augen fallen zu. Arno fällt in tiefen Schlaf im Oberflächenbewusstsein. Sabine fragt die Mutter, ob sie dem Sohn noch etwas sagen möchte oder Hilfe benötige.

Die Mutter: „Ich muss weinen und doch bin ich nicht richtig traurig, weil es schön ist, dass ich noch mal Kontakt zu ihm haben kann. Ich bin alt und er ist jung. Das ist nicht in Ordnung. Aber wenn er gehen will, dann möchte ich ihn auch gehen lassen. Ich verspreche, dass das alles geregelt wird, was er angesprochen hat."

Sabine schaltet Blaulicht ein, das die ganze Gruppe bestrahlt. Der Arzt weint still, die Mutter fasst sich wieder, es entsteht eine erhabene Atmosphäre. Arno dehnt sich energetisch aus. Sabine fragt, ob wir die Sitzung beenden sollen. Arno bestätigt. Sabine holt mich aus der ESA heraus, überprüft alle Meridiane. Ich bin immer noch durch die Leberenergie mit Arno verbunden. Es dauert länger als gewohnt, das ich mich vom Sterbenden lösen kann. Dann endlich bin ich „draussen", und wir besprechen, wie die weitere Sterbebegleitung durch Arzt und Mutter geschehen kann, da Sabine und ich wieder heimreisen müssen.

Arno konnte nach zwei Wochen sanft gehen. Es wurde alles nach seinem Wunsch geregelt. Beim Begräbnis fasste sich die alte Mutter ein Herz und tat das, was ich ihr riet, nämlich Arno laut anzusprechen, ihm für die Zeit des Zusammenseins zu danken und ihm gute Wünsche für den Weg ins Licht zu wünschen.

Das Beispiel zeigt, wie weit wir den Begriff „Heilung" fassen dürfen und was wir sogar im systemischen Feld bewirken können durch den Kontakt zum Sterbenden. Natürlich ist es nicht in der Ordnung des Lebens, dass Arno früher starb als seine Mutter, aber es wurde alles leichter für alle

Beteiligten, dass Dinge geklärt werden konnten. Vor allem der immense Stau von Arno: rasende Schmerzen und die Panik, die für ihn wichtigen Dinge könnten unerledigt bleiben, konnte gelöst werden. Wir nahmen Kontakt auf in der Feuerphase. Dann nahm er sich noch 2 Wochen Zeit. Warum? In diesen zwei Wochen wurde der Kaufvertrag für ein Haus, in dem seine Frau jetzt lebt, unterzeichnet und Karl, ein Cousin, hat in Arno's Werkstatt alle Reparaturen erledigt.

Todessehnsucht

Jeder Therapeut ist froh, wenn er/sie mit dem Thema der Todessehnsucht nicht konfrontiert wird. Auch ich sage ehrlich, dass ich leichter einen Sterbeprozess begleite, als lebensmüde, todessehnsüchtige Menschen. Es ist eine Verhaltensweise im Nirgendwo, im Niemandsland, in einer weiteren Ebene des Zwischenreichs, die es nur bei uns Menschen gibt. In Kulturen, in denen der Kreislauf des Seins, die Wiedergeburt, das Sterben als grösste Wandlung des Bewusstseins gelehrt wird – einerlei ob Hochkultur oder Stammeskultur – finden wir die degenerierte Form des Interesses am Tod selten. Dort, wo Akkulturation den westlichen Lebensstil einer zyklischen, inkarnierenden Lebensauffassung aufgeprägt hat, finden wir auch die Todessehnsucht. Dort, wo die Tradition in eine generationenlange Regulationsstarre gefallen ist, entsteht Todessehnsucht. Allen menschlichen Hochkulturen gemeinsam ist ein wellenartiger Prozess, der zwischen Lebenszugewandtheit und Lebensfeindlichkeit wechselt. Es entstehen enge Denkgebäude, und diese manifestieren sich in einer Moral, die genau das unterdrückt, was Leben hervorbringt: die schöpferische, sexuelle, kreative Kraft. Wird diese Kraft durch Weltanschauung, Pseudoethik und Moral unterjocht, sucht sich diese Energie andere Bahnen und kompensiert durch Stilisierungen in den Schönen Künsten oder durch schwere Krankheiten. Auch das lehrt die Kulturhistorie: Die Schönen Künste, die

Ästhetik fussen immer zu einem hohen Anteil auf Todessehnsucht, auf Qualen, die zum Zwecke der Schönheit, der Entfernung vom körperlichen Alltag und der Lust gerne in Kauf genommen werden.

Da ich jahrzehntelang in der Darstellen Kunst zuhause war, konnte ich diese Zusammenhänge in unserer eigenen wie auch in fremden Kulturen immer wieder bestätigt sehen. Die Todessehnsucht ist ein so gängiges Thema bei Künstlern wie auch bei so vielen Menschen ausserhalb der Kunst, dass es sich lohnt, ausführlicher darauf einzugehen. Ich möchte nach bisherigen Erfahrungen sagen, dass heutzutage trotz allen Reichtums, aller technischen Machbarkeit und Nahrungsfülle Menschen, die Lust am Leben haben und bedingungslos Ja zu ihrem Leben sagen, die Ausnahme sind. Es gibt zwar ein Meer von Büchern und Seminaren über positives Denken, das Leben anpacken, Ja sagen usw., aber wo sind die positiv Denkenden? Es lässt sich leicht darüber schreiben und reden, doch Tun ist gerade angesichts eines klaren Ja zum Leben Äonen von der Theorie entfernt. Das Leben ist zu einem notwendigen Übel degeneriert. Erst arbeitet man bis zum Umfallen, dann folgen Herzinfarkt, Schlaganfall und Krebs oder man landet im Altersheim und wartet auf den Tod. Kommt dann der Tod, klammert man sich an das Stückchen verbleibendes Leben und will nicht abgeben, was man ein Leben lang verschmähte.

Das intensive Befassen mit der grossen Wandlung im Sterbeprozess, mit Medialität und Patienten, die todessehnsüchtig sind, haben dazu geführt, dass ich besonders streng darauf achte, dass sich jemand entscheidet, wohin die Reise gehen soll. Ich therapiere keinen Menschen, der im Nirgendwo verbleiben möchte, der alles schluckt und nicht die Verantwortung übernimmt, das Leben oder das Sterben zu hundert Prozent anzunehmen.

Mehrere Jahre arbeitete ich mit Selbsthilfegruppen für Suizidgefährdete in Baden-Württemberg zusammen, gab dort Kurse und lernte viele Schicksale kennen, die zum Suizid führten oder gerettet wurden. Ich ehre die Arbeit der Betreuer und bewundere ihren Altruismus. Meine Arbeit dort wurde schliesslich aus kirchlicher Sicht als zu streng angesehen. Ich nahm die jungen und älteren Leute in die Pflicht, gab ihnen Übungen, unterstützte sie durch Homöopathie, um sich zu entscheiden. Wenn ich mit Todessehnsüchtigen zusammenarbeite, öffne ich die Türe zur Exkarnation und sende damit das Signal: „Ob du ins Leben gehst oder ins Sterben, ich bin für beide Richtungen offen." Auch bei diesen Selbsthilfegruppen liess ich nicht locker, bis eine Entscheidung gefallen war. Allein die Tatsache, dass ich den Tod nicht ausklammerte, ihn verdrängte, wurde den Betroffenen schon viel Wind aus den Segeln genommen. Die Todessehnsucht ist die stärkste von der Gesellschaft sanktionierte Sucht, sie ist eine Volkskrankheit und unterminiert alle therapeutischen Bereiche. Sie geht Hand in Hand mit einer abgrundtiefen Undankbarkeit dem gegenüber, was jetzt ist, wo man steht, was man hat und kann. Wir mögen psychologische Überbauten errichten, unzählige Gesprächstherapien durchführen, doch Todessehnsucht ist eine Haltung zum Leben und nicht verbal zu erklären.

Jeder Patient mit Todessehnsucht, mag sie noch so verschleiert sein, muss bei mir vier Wochen lang eine Grundübung durchführen, nämlich vor dem Einschlafen und nach dem Aufwachen den Gedanken aussprechen: „Wie schön, dass es mich gibt." Die Tatsache, dass 99 Prozent enorme Probleme mit dieser schlichten Affirmation haben, spricht für sich. Heilung und Inkarnieren kann nur durch den ersten Schritt der Annahme in Gang kommen. Todessehnsüchtige sind etwas mehr inkarniert als Autisten, Locked-In-Patienten, Alzheimerpatienten, Komapatienten oder Schwerkranke. Sie funktionieren sogar recht gut im Leben, aber an ihrer Wurzel nagt die Sucht nach dem Tod, ohne ihn wirklich anzunehmen. Wir können diese Menschen mit Trost, frohen Botschaften, Liebe, Globuli, Akupunkturnadeln und Kräutern überschütten, sie hören uns nicht, weil sie in einem selbstgewählten Gefängnis leben und ihre Sinne nach innen gezogen haben.

Was hat der Tod für eine Faszination? Diese Frage ist nicht rhetorischer Natur, sondern ich gehe intensiv auf das Thema ein.

Die Todessehnsucht wird schlagartig klar, wenn man sich mit den Wandlungsphasen befasst, denn gerade die erste und zweite Phase zeichnen sich durch die Koexistenz von Leichtigkeit, schwebendem Gefühl, erste Schritte im Loslassenkönnen, starken Emotionen und Abgabe von Verantwortung aus. Das Mysterium des Sterbens hat eine immense Faszination. Es hat einen starken Sog in die körperlose Dimension. Daran ist nichts Pathologisches an sich. Jeder, der einmal mentalen Kontakt zu einem Todessehnsüchtigen, Sterbenden oder im Zwischenreich Befindlichen über eine Mediale Balance aufgenommen hat, kann dies bestätigen. Die pathologische Komponente entsteht, wenn vom Leben nur gerade soviel angenommen wird, um nicht zu sterben und vom Sterben gerade soviel, dass man nicht ganz aus dem Körper geht. Ich nenne das eine „Bewusstseinsstarre", denn nach einigem Hin und Her kann der Betroffene nicht mehr aus eigener Kraft aus dem Sog in beide Richtungen heraus. Wir erleben dies klinisch als Depression, Suizidversuch, Therapieresistenz und ähnliche Hilfeschreie des Bewusstseins.

Die fruchtlosen Versuche, einen Schwermütigen und Todessehnsüchtigen mit Worten zu bewegen, ist allseits bekannt, vor allem in der Psychotherapie. Auch wir Homöopathen, die wir psychologische Begabung brauchen, stehen oft ratlos vor dem Hilfeschrei, der keine Hilfe will.

Todessehnsucht aus miasmatischer Sicht

Die latente Todessehnsucht so vieler Menschen ist mir auch noch einmal klarer geworden, seit ich die von Hahnemann entdeckten Miasmen aus kulturhistorischer Sicht verstehen gelernt habe. Miasmen sind nicht nur eine ererbte Krankheitsbereitschaft und eine differenzierte Dynamik, wie Krankheit verläuft, sondern sie sind Ausdruck von kollektivem Bewusstsein, von Zeitgeist. Durch meine künstlerische Tätigkeit hatte ich Gelegenheit, den Zeitgeist vom Mittelalter bis zur Neuzeit zu erforschen, denn die Darstellenden Künste stellen klanglich, szenisch und farblich Bewusstsein und Zeitgeist in seiner Essenz dar. Und hierbei fand ich Antworten auf meine Fragen, fand ich Hinweise auf die verschiedenen Arten der Todessehnsucht, ihre Kompensationsformen sowie ihre Krankheitsbilder. Da in der Literatur die Miasmen noch nie aus kulturhistorischer Sicht dargestellt wurden, will ich dies in Kurzfassung tun, um damit die Todessehnsucht letztendlich therapeutisch besser verstehbar und greifbar zu machen.

Der Rokoko – das Kokettieren mit dem Tod
Die Kulturepoche der Psora (Krätze)

Von 1750 bis ca. 1820 dauerte die Epoche der Klassik bzw. des Rokoko und brachte die grossen Säulen der Kultur wie Goethe, Haydn, Mozart und Beethoven hervor. Im gleichen Zeitraum fand die erste Industrialisierung statt, die das Maschinenzeitalter einläutete und unsagbares Leiden in den Fabriken als Schattenseite hatte. Die Monarchie geriet zugunsten des Kapitalismus ins Schwanken.

Im gleichen Zeitraum fand zum erstenmal im Abendland eine sexuelle Befreiung statt, weil es den ungefährlichen Mann gab, den Sängerkastraten, der keine Frau schwängern konnte, aber eine zehnmal längere Erektion zustande brachte – sehr zur Freude der Damen! Der Preis für diese sexuelle Befreiung waren Abermillionen kastrierter Knaben im Alter von 10 bis 18 Jahren, zwischen 1490 und 1856, von denen nur wenige den Sprung zur internationalen Sängerkarriere schafften. Der Preis war auch die Zerrüttung der Ehe. Wer im Rokoko auf Ehe und Nachkommen hielt, war „out" und wurde geächtet. Bis dato gültige Moralvorstellungen wichen einer Morallosigkeit, von Kirche und Staat sanktioniert. Der letzte Schrei des Rokoko war, sich alt und greis zu schminken. Man wählte weisse Perücken, puderte sich weiss, so dass man wie eine wandelnde Leiche im Prunkgewand aussah. Man machte den Tag zur Nacht und feierte vorzugsweise zur „Geisterstunde“ Orgien. Man forderte den Tod heraus, ohne sterben zu wollen. Die Koketterie mit dem Tod war der „Hit“ des Rokoko. Er brachte die verrückteste und geckenhafteste Kleidung bei Mann und Frau hervor. Kinder waren Miniaturerwachsene.

In der gleichen Epoche galt es als unbestritten schädlich – von Ärzten immer wieder betont, sich zu waschen. Noch Goethe posaunt mit Autorität heraus, man möge das Waschen unterlassen, um sich keine Krankheiten zuzuziehen – ein Witz angesichts der Krätze aus mangelnder Hygiene! Parfum war „in“, es sollte den Gestank übertünchen und die sexuelle Kraft steigern.

Die Epoche des Rokoko war die Epoche der Krätze, der akuten Psora. Hahnemann lebte in eben dieser Zeit des unvorstellbaren Gestanks und Drecks. Er sprach vom Miasma als „Ausdünstungen der Atmosphäre und des Bodens“. Er war ein Genie und ein enorm guter Beobachter. Fasst man seine Zeit, seine Epoche zusammen, kommt man auf das grosse Simile der Psora, der Krätze, das künstlerische Kreativität, Müssiggang, Schmutz, Parfum und Intelligenz vereint: **Sulfur**.

Wir finden in Sulfur alle Eigentümlichkeiten des Rokoko wieder: Chaos, Ablehnen von Normen, grosse Kreativität, Künstlertum, gesteigerte Sexualität, Boshaftigkeit, Hautkrankheiten, Ablehnen von Waschen und Juckreiz. Auch geckenhafte oder schmuddelige Kleidung und auffällige Parfums gehören zu Sulfur. Sulfur will das Leben auskosten, jeden Nervenkitzel um jeden Preis, aber er will nicht wirklich sterben. Seine Todessehnsucht, also die psorische Todessehnsucht, ist nicht echt. Sie ist eine „geile Liebäugelei“, die wir daran erkennen, dass man sich wie eine Leiche schminkt, dabei aber quicklebendig ist und Lebenslust „pur“ geniesst.

Wer wollte das werten? Die grossen Miasmen haben eben nicht nur die Schattenseite des Bewusstseins. Unsere „Sulfur-Epoche“ brachte fantastische künstlerische Leistungen hervor, die wir auch heute noch als Inbegriff der abendländischen Kultur betrachten. Während man zur selben Zeit in

Indien unzählige Waschungen vollzog und jedem Gast die Füsse wusch, der den Teppich betrat, wateten wir in Dreck und atmeten giftige Dünste einer Gesellschaft ein, die ihre Notdurft überall verrichtete, selbst im Königspalast. Und dennoch: wo liegt der Fokus? Wir verehren Mozart, wir bewundern die Kupferstiche des Rokoko und bekommen höchstens Atemnot im Museum, wenn wir die Kleider der Wespentaillen sehen. Befasst man sich mit der sozial-kulturellen Geschichte der Klassik, verblasst ein Mozart, verblasst alle Kunst, dann sieht man nur noch die Schattenseiten, nur noch das unvorstellbare Leid in den frühen Fabriken und die Armut. Die Künste lebten in einer sehr dünnen gesellschaftlichen Schicht, in Adelskreisen und allenfalls noch unter Kaufleuten. 90 Prozent der Arbeiter und Bauern waren arm und dienten dazu, dem Adel ein Leben aus Luxus und Müssiggang zu ermöglichen. Kunst und Kultur ist immer nur eine sehr dünne Tünche über dem Hässlichen des Menschseins, wenn auch eine wertvolle!

Das Genie Hahnemanns zeichnet sich dadurch aus, dass es einen übergeordneten Standpunkt einnimmt, Zusammenhänge aufschlüsselt und eine Heilungsmöglichkeit des *ganzen Menschen* gefunden hat. Hätte Hahnemann nur den für uns völlig selbstverständlichen Fokus auf die Hygiene gerichtet, so wäre er einer der grossen Ärzte in der Reihe der Hygieniker der Klassikepoche gewesen. Die Hygieniker hatten Erfolg, indem sie handfeste Apparaturen – die Wasserklosetts und Raumlüftungen erfanden und propagierten, um die „miasmatischen Ausdünstungen der Atmosphäre und des Bodens" zu eliminieren. Die neuen Erfindungen für Haus und Fabrik schufen tatsächlich eine bessere Hygiene und auch das Wasser war gegen Ende der Klassik plötzlich das Lebenselixier Nr. 1. Man sah in der fortschrittlichen Hygiene nicht nur die Ursache für die Krätze und anderer Infektionskrankheiten, sondern auch ein Geschäft, denn bald wollte jeder Haushalt eine Abflussrinne für die Notdurft, dann ein „Plumpsklo", dann fliessendes Wasser.

Was sind die Zeichen der Psora im Rokoko?

Wenn ich ein wenig das boshafte Sulfur an meiner „Tafelrunde“ aktiviere, möchte ich es auf einen Nenner bringen: Wollüstiges Jucken auf allen Ebenen. Wollust und Leidenschaft im Verbund mit hemmungsloser Sexualität in allen nur erdenklichen Variationen, ohne gesellschaftliche oder kirchliche Einschränkungen, war der Humus, auf dem die Psora und ihr Zeitgeist gedeihen konnte. Alles war möglich, alle alten Wertmassstäbe waren „out“. Die Frau war zum erstenmal nicht nur Lustobjekt, sondern selbst ein weiblicher Lüstling. Das zeigt sich in der Mode:

Abb. 14 Krinoline des Rokoko

Indem die Taille der Frau bis aufs Äusserste zusammengeschnürt war, wurde sie auf die zwei erogenen Zonen, Brust und Becken, reduziert. Die Wespentaille schnürte die Mitte, die Verwurzelung mit der Erde, das Mütterliche und Fruchtbare ab. Durch die Einschnürung, die immerhin soweit ging, dass sich die freien Rippen berührten (!), kam es zu einem Blutstau im Unterleib, das heisst, zu einer übermässigen Blutansammlung in den Genitalien. Da auch die Männer Korsetts trugen, ihre Taille betonten und dadurch den besagten Blutstau in den Genitalien erreichten, war man allzeit bereit, den Druck durch Sex abzulassen. Die Frauen boten ihre Brüste zur Schau, das gewagteste Dekolleté war „in“ und erlaubte dem Mann, jederzeit die erogenen Zonen der Brüste zu erregen und die Frau zu einem Orgasmus, auch in den alltäglichsten Situationen wie Opernbesuch, Kutschfahrt oder Spaziergang, zu entfachen. Der Rokoko war eine durch und durch orgastisch potente Zeit. Das zeigt sich zum Beispiel darin, dass im Adel jedermann und jedefrau allzeit bereit für erotische Spiele war und man deshalb französische Kupferstecher beauftragte, erotische Bilder anzufertigen, die überall in den Häusern aufgehängt wurden. So entstand die „Ars Erotika“, die wir erfreulicherweise als Faksimile erwerben können und die durch ihre Bilder den Reichtum erotischer Fantasien bezeugt.

Die Psora ist zwar äusserst kreativ, aber sie hat auch eine boshafte, destruktive Seite, indem sie alle bestehenden Werte über Bord wirft. Das ist der Reiz, der Juckreiz, das Absurdeste und die Perversion „landfein“ und gesellschaftsfähig zu machen.

Marquis de Sade wurde und wird oft missverstanden, denn sein Werk diente nicht als Anleitung, Sexualität sadistisch anzuwenden, sondern war ein zeitkritisches Werk. Er war ein Kind seiner Zeit und schrieb sein Werk im Zeitgeist des Rokoko, nämlich scheinbar mitzumachen, keinesfalls als Krähe einer anderen Krähe das Auge auszustechen, sondern es durch die Blume, elegant und unanfechtbar durch die Etikette des Literaten zu sagen. Keine Kultur verfeinerte so die Art und Weise, auch das Verbotene gesellschaftsfähig zu machen, wie der französische Rokoko. Kunst zeigt sich im Wie, nicht im Was!

Die Eleganz des „Savoir vivre“ schwebte wie ein dünner Schleier über der Realität von Krankheiten, die vor allem durch fehlende Hygiene ausgelöst wurden. Aber es war der kreative Geist des Rokoko, der entschied, wie man damit umging. Das Schlagwort war „Lust um jeden Preis“, deshalb begegnete man selbst den Milben, Flöhen und Läusen mit dem damals Normalsten: mit Kratzen und Übertünchen.

Doch dieses Übertünchen dürfen wir in dieser Epoche nicht mit Unterdrücken verwechseln. Der „dernier cri“ war, dass Puder und Perücke aus der Not eine Tugend machten und Jucken und Kratzen kurzerhand gesellschaftsfähig gemacht wurden, und zwar durch die langen Kratzhändchen aus einfachen und erlesenen Materialien wie Elfenbein, Ebenholz, Silber und Gold. Die Krätze wurde salonfähig gemacht, das öffentliche Kratzen ungeniert gelebt, der Sumpf und Schmutz nie gelüfteter Schlafzimmer, nie gereinigter Federbetten und äusserst selten gereinigter Körper mit lustvoller Sexualität verbunden. Was immer das Leben an Reizen bot, wurde exzessiv gelebt. Dieser Rokoko-Geist durchdrang alle Künste und setzte, ausgehend von Frankreich, für ganz Europa Massstäbe. In der europäischen Kulturgeschichte war der Rokoko die einzige Epoche, in der wir im Sinne von Wilhelm Reich nachvollziehen können, was eine lustvoll gelebte Sexualität bei gleichzeitig geschwächter Macht der Amtskirche bewirkt: unbändige Kreativität. Licht- und Schattenseiten der Sexualität im Rokoko waren der Humus für kreative Intelligenz. Wenn wir es konstitutionell ausdrücken wollen, so ist es Sulfur in seiner vollen Bandbreite, positiv wie negativ.

Für unsere Thematik der Todessehnsucht ist zusammenfassend zu sagen: Der psorische Mensch hat zuviel Angst vor dem tatsächlichen Sterben und seine Todessehnsucht bleibt auf die Faszination beschränkt, was wohl „danach“ geschieht oder wie es „drüben“ aussehen mag. Die Todessehnsucht oder der Lebensüberdruss bleiben an der Peripherie. Der psorische Mensch lässt sich leicht wieder für das Leben gewinnen. In meiner Praxis sind neben Sulfur noch Psorinum, Parmelia (Baumflechte), Hepar sulfuris, Graphites und Nux vomica im Zusammenhang mit psorischer Todessehnsucht aufgetaucht. Siehe hierzu Fallbeispiele Seite 215 ff.

Die Romantik – Die Anbetung des Todes
Die Kulturepoche der Syphilis

Das 19. Jahrhundert nennen wir die Epoche der Romantik. Gedichte und Musik als künstlerische Errungenschaften zeugen von einer Melancholie, von einer Todessehnsucht in nie da gewesener Form. Es war die Epoche der akuten und seuchenartig verbreiteten Syphilis. Die Syphilis war zwar schon seit dem 13. Jahrhundert in Europa bekannt, aber sie wurde in der Romantik zur Manifestation eines selbstzerstörerischen Bewusstseins, das sich die Erfüllung der Sehnsucht versagt und lieber stirbt. Viele Künstler liessen sich bewusst anstecken, um die „romantische" Krankheit zu erleben!

Wohin schauen wir, um dieses Miasma zu verstehen? Sehen wir die Perversion oder lauschen wir Schumann, Schubert, Uhland, Rilke?

Die Todessehnsucht ist in der Romantik völlig anders als im Rokoko, wo man mit dem Tod durch Schminke und Perücke nur kokettierte. In der Romantik jedoch sah man in allen Lebensäusserungen die Vergänglichkeit irdischen Lebens und man betrachtete den Menschen als Teil dieser Vergänglichkeit. War die frühe und hohe Sterblichkeitsrate früherer Jahrhunderte in mangelnder Hygiene begründet, so war im 19. Jahrhundert bereits eine „Aufklärung" vollzogen, man kannte nun bereits hygienische Massnahmen. Und dennoch starben durch die Syphilis Millionen Menschen in jungen Jahren. Das Bewusstsein der Romantik ist vom Leidenwollen, von der Anbetung des Sterbens, des Todes, des Siechens hin zum Tod geprägt.

Die Syphilis ist äusserst destruktiv und führt langsam in den Tod. Sie produziert drei Stadien, in denen Symptome auftauchen, die wieder vergehen. Die Morbidität gipfelt darin, dass der physischen Zerstörung die geistige Umnachtung folgt bzw. mit ihr einhergeht.

Man muss sich das einmal klarmachen: In der Romantik florierte die Sucht dem nach Tod durch Intelligenzschwäche, Wahnsinn und Gehirnerweichung. Daran gekoppelt waren oft brutale Raserei, Hass und Selbstmord. Es entstanden

Psychiatrien, in denen sich bedeutende Vertreter der Künste einfanden. Die Ausgeburt menschlicher Zerstörungskraft äussert sich durch die Syphilis. Obgleich von destruktiver Energie geprägt, bringt das syphilitische Bewusstsein als Blüte der Schönen Künste die Romantik hervor!

Die Romantik beherbergt auch das Biedermeier, jene Verherrlichung des biederen, angepassten Bürgers, bei dem eine überdimensionierte Moral für Verklemmtheit im Sexualbereich sorgte. Die Unterdrückung menschlicher Bedürfnisse und die starre Reglementierung derselben – wieder mal durch die Amtskirchen – schafft Sehnsüchte, die man nie erreichen kann. Das ist das Wesen der Romantik. Und hier grassierte die Syphilis.

Ich erwähnte, dass die Syphilis seuchenartig bereits im 13. Jahrhundert Europa überschwemmte. Wieso gerade im Hochmittelalter? Der Minnesang, die Anbetung des unerreichbar Schönen sorgte für das Bewusstsein: „Du darfst nicht, willst aber." Während die frühmittelalterlichen Minnesänger und Ritter die Liebeserfüllung noch humorvoll durch die Anweisung „Finde den Schlüssel zum Keuschheitsgürtel" milderten, blieb im Hoch- und Spätmittelalter nur noch die Sucht nach der Sehnsucht, die Verherrlichung einer Potenz, die nie geprüft werden musste. War das frühe Mittelalter dem Leben zugewandt, so war das spätere dem Tode zugewandt. Prostitution gab es auch schon vor dem 13. Jahrhundert, aber ausgerechnet, als die Geisteshaltung morbide, selbstzerstörerische Formen annahm, tauchte die Syphilis auf. Zufall? Nein, Ähnliches zieht Ähnliches an!

Das 13. und 19. Jahrhundert haben ein ähnliches Bewusstsein und es taucht auch interessanterweise eine ähnliche Seuche auf. Ohne unsere heutige Umweltverseuchung durch Chemie, hatte man fast hundert Jahre lang mit den gleichen Problemen zu kämpfen, mit Waldsterben, Überschwemmungen, Bränden und Klimaschwankungen katastrophaler Art. Natürlich wurde das von der Amtskirche benutzt, um wieder einmal die Angst vor dem zornigen Gott und der Hölle samt Verdammnis zu schüren. Den Zusammenhang, wie Seuchen auftreten, nämlich zyklisch, sobald ein ähnliches Bewusstsein, ein ähnlicher Zeitgeist erreicht ist, erkannte ein paar hundert Jahre später Hahnemann.

Schauen wir uns eines der grössten antisyphilitischen Arzneimittel, nämlich Arsen, an, so finden wir in ihm diese Neigung zum Destruktiven, Selbstzerstörerischen, Romantischen und Übersensiblen. Arsen war nicht nur eine Energie der strammen Offiziere, die für das Vaterland erhobenen Hauptes starben. Arsen war in der Romantik das Symbol für den scheibchenweisen Tod, für den salonfähigen Wahnsinn. Die aller Logik zum Trotz grassierende Wunschkrankheit Syphilis, gebar ihr Simile Arsen. Das lodernde Feuer wurde unter der eleganten Etikette des neu erwachten Offizierstums verborgen.

Abb. 15 Stutzer des 19. Jahrhundert

Der romantische „Stutzer“, der heute mit Säbeln mordete und morgen die Ode an die unerreichbare Geliebte verfasste, erinnert an das mittelalterliche Rittertum. Man gab sich ritterlich, gepflegt, aussen glatt, ohne Fehl und Tadel. Und so ging man in den Tod.

Romantik und Krieg sind die verhängnisvolle Mischung, die in der Romantik das Spätmittelalter wiederholt und den Boden für die Syphilis bereitet, die damals noch gnadenlos in den Tod führte. Sie wurde mit allen chemischen Mitteln unterdrückt und kreierte so das tödliche Miasma.

Die Romantik zu Beginn des 19. Jahrhunderts verherrlichte die Todessehnsucht. Aus dem Bürgertum entsprang die arsenische Gestalt des „feurigen Soldaten", der stramm die auferlegte Opferrolle im Töten annahm. In den Schönen Künsten, in denen die Sexualität immer die wichtigste Triebfeder war und ist, wählte man das naiv-rührende, sehnsuchtvolle Bild der Liebenden, die sich unter der Decke der geltenden Moral die tödliche Krankheit holten. Wie erst durch die leidvolle Geschichte Ludwigs II. bekannt wurde, waren lange vor ihm Salons ausschliesslich für homosexuelle Männer „en vogue", die lange deshalb im Verborgenen blieben, weil zugleich die Frau als Sinnbild der unerreichbaren Liebe verehrt wurde. Dies drückte sich in der gebärfreudigen Kleidung aus:

Abb. 16 Empirestil-Kleider für die Frau der Romantik

Die Frau täuschte ständige Schwangerschaft vor, der Mann ständige erektive Zeugungskraft. Die Lust am Sex wurde total unterdrückt und dem Tod geweiht. Dieser destruktive Geist in einem biederen, still-leidenden Gewand ist wahrhaft teuflisch, weil die Raserei, der Wahnsinn in seiner explosiven Form erst im Endstadium der Syphilis offenbar wurde. Diesen traurigen Exzess, das letzte Aufbäumen einer langjährigen sexuellen Unterdrückung nahm man als gottgegeben hin. Wer alle Stadien der Syphilis erlebte, lebte jahrelang mit dem nicht sichtbaren Tod. Das war der „Kick" der Romantik. Man galt als auserwählt, und deshalb suchten gerade die künstlerisch ambitionierten Menschen die Infektion durch die verbotene Lust und trugen ihre Folgen mit Stolz.

Zusammenfassend für unser Thema der Todessehnsucht ist zu sagen: Das syphilitische Miasma fürchtet den Tod nicht und steht damit der psorischen Koketterie mit dem Tod diametral gegenüber. Der Sog in Richtung Exkarnation ist ernst zu nehmen. Die Resignation ist stark, der Lebenswille schwach.

In meiner Praxis taucht die syphilitische Todessehnsucht auffallend häufig auf. Ich erlebe sie sowohl im Zusammenhang mit der prozessorientierten Krebstherapie, als auch mit medialen Wahrnehmungen, die negativ und destruktiv erlebt werden. Daher erlebe ich hier eine grosse Bandbereite von syphilitischer Todessehnsucht bei Persönlichkeiten mit der Konstitution Arsenicum album, Syphilinum, Aurum, Aurum muriaticum, Stramonium, Mercurius solubis, Carbo vegetabilis, Phytolacca, bei Kalium-Persönlichkeiten wie Kalium sulfuricum, Kalium jodatum, Kalium carbonicum und bei Persönlichkeiten der „Säure-Familie" wie Acidum aceticum, Acidum nitricum und Acidum fluoricum.

Die Belle Epoque – Die Stilisierung des Todes
Die Kulturepoche der Tuberkulose

Am Übergang des 19. zum 20. Jahrhunderts („Belle Epoque“, Jugendstil), treffen wir auf das Miasma der Tuberkulose in seiner akuten Form. Sie wird erst verständlich aus dem Zeitgeist heraus, in dem der dynamischen, vorwärts orientierten Todessehnsucht der Romantik, dem Schwelgen in Liebesverzicht und in Platonik nun eine gleichsam rückwärts gewandte dynamische Kraft entgegengesetzt wird: die Schwindsucht. Das ist die Sucht, die Physis aufzulösen, dem weltlichen Leben zu entsagen, im Tode zu verebben. Schwindsüchtige sehen durchsichtig aus, kraftlos und wie nicht mehr von dieser Welt. Unzählige Nonnen verzehrten sich in religiösem Fanatismus, indem sie die Tuberkulose herbeisehnten. Die Zeichen der totalen und schnellen Erschöpfung sind von grosser Erregung, Unruhe, Zuwendung und Phantasie begleitet. Das Verebben der Materie zeigt sich im Versagen des Atems. Eines der schönsten Zeugnisse des Geistes, der im tuberkulinen Miasma waltet, ist der Roman „Der Zauberberg“ von Thomas Mann. Die von aussen unsichtbare Bildung von Kavernen entspricht dem Bewusstsein, das sich leicht, tolerant und philosophisch gibt, in Wirklichkeit eng, fundamentalistisch und intolerant ist. Wenn man nicht mehr reisefähig ist und der permanenten Abwechslung frönen kann, wird die Welt auf einen hohen Berg, in ein Sanatorium verlegt. Indem man Meinung gegen Meinung vertritt und nicht ein Miteinander, bilden sich auch gesellschaftliche Kavernen, isolierte Individuen.

Das tuberkulinische Miasma ist eine brisante Mischung aus Psora und Syphilis, also aus dem kreativsten und destruktivsten Element. Wie zeigt es sich?

Betrachten wir den Zeitgeist der Belle Epoque, des Jugendstils in der Kunst. In der bildenden Kunst wurden die fliessenden, eleganten, floralen Formen und zarten Farben berühmt:

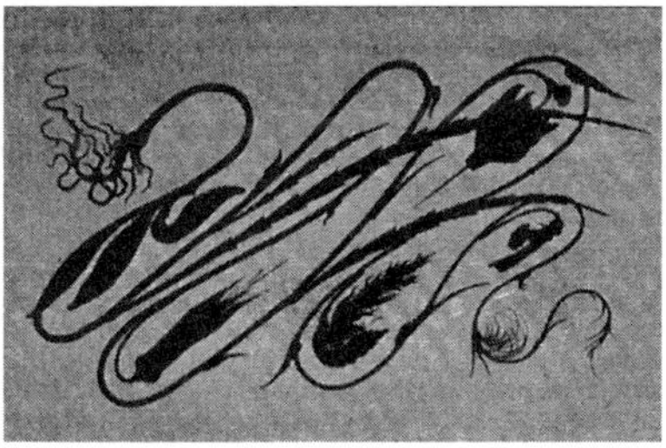

Abb. 17 Ornament des Jugendstil

Die Gestalten sind in der Fortbewegung festgehalten, sie eilen gleichsam davon, schwinden dahin (Schwind-Sucht!) und sind von einer unwirklichen Schönheit. Die Konstitution *Phosphor* könnte nicht schöner dargestellt werden.

Abb. 18 Frauendarstellung des Jugendstil

Die Architektur des Jugendstils, das schwingende, nach oben strebende Haus, hat vollendete Proportionen und ist im Gegensatz zu den kopflosen „Wolkenkratzern“ tatsächlich dem Himmel näher.

Die Belle Epoque zeigt sich in der Malerei durch den Impressionismus und in der Musik durch Salonmusik, die träumerisch, improvisatorisch, schwelgerisch und virtuos ist und die keinen Boden hat. Sie dient der Unterhaltung auf hohem Niveau.

Während die Romantik eine von Deutschland ausgehende künstlerische Epoche ist, ist die Belle Epoque, wie der Name schon sagt, wieder eine französische. Das psorische, kreative, lässig-künstlerische Element durchdringt vornehmlich die Bildende Kunst. Eine Garde exzellenter Maler gibt den Ton an. Liest man die Lebensgeschichte vieler französischer Impressionisten, so trifft man häufig den in grösster Armut lebenden, sich der hehren Kunst verschreibenden Phosphor-Typen, der schliesslich an Schwindsucht stirbt.

Abb. 19 Lithographie von Toulouse Lautrec

Toulouse Lautrec ist insofern eine typisch tuberkuline Künstlergestalt, als er durch sein Schicksal die dekadente und bösartige Seite der Belle Epoque symbolisiert, den Inzest. Er war einer der wenigen zu Lebzeiten erfolgreichen

Künstler, Lithograph und Maler, der zu einem Zwerg und Buckeligen verkrüppelt war. Sein Thema war die Frau auf der Strasse, ein damals unerhörter Realismus, weil er das Unschöne, den Sumpf der Gesellschaft, das Leid darstellte.

Die Schattenseite des tuberkulinen Miasmas, die tödliche „Ausdünstung" seines Zeitgeistes, zeigt sich in einer verträumten, stilisierten Fassade. Dahinter steht die Realität des fortgeschrittenen Industriezeitalters, der ersten Stufe der Globalisierung, als 1867 die Kommunikation mittels Telefon erfunden wurde und ab 1854 das elektrische Licht die Welt Tag und Nacht nach Belieben erhellte. Bald konnte man fotografieren und benutzte dazu Magnesiumlampen, die so hell waren, dass die Menschen erstarrten.

Das nervöse Temperament des tuberkulinen Miasmas, die Reiselust, die Abwechslung, die Unrast, die Sucht nach ständiger Abwechslung gebar einen neuen Menschentyp, der die Selbstzerstörung in sich trägt. Was Wunder, dass es sich in der Schwindsucht, in der Atemlosigkeit manifestiert? Die Tuberkulose ist zwar auch eine Kriegskrankheit, doch der Krieg ist „nur" die Ausgeburt des Geistes, der darin waltet. Es gibt viele andere „Elendskrankheiten", die im Krieg entstehen, aber das gleichzeitig entschwebende, verebbende, unirdisch Wirkende der TBC-Kranken und die verkäste Substanz der Kavernen, Sinnbild für das Unheil, das eingeschlossen, unsichtbar, verborgen wird, zeigt den miasmatischen Geist.

Wir wissen, Phosphor brennt immer an zwei Enden und ist fasziniert vom Feuer. Das tuberkuline Miasma schuf das zerstörerische Feuer in Gestalt von Bomben, besonders von Phosphorbomben, die ein nicht löschbares Feuer erzeugten. Der Geist, der später auch die Atombombe schuf, ein gigantisches Schauspiel des Bösen, wurde zu Beginn des Jahrhunderts geboren und nicht erst im Zweiten Weltkrieg. Die Sucht nach destruktivem Vergnügen, die Sucht, das Unmögliche möglich zu machen, der Tanz mit wehenden Schleiern dem Abgrund entgegen, das Loslösen von der Erde, von den Gesetzen der Natur, das sind Zeichen der Mischung aus

Psora und Syphilis, aus Kunst, die künstlich wird, weil sie ersetzbar wird durch Technik.

Zusammenfassend zum Thema Tuberkulinie und Todessehnsucht ist zu sagen:

Das psorisch-syphilitische Misch-Miasma, das wir auch als tuberkulines Miasma bezeichnen, erzeugt eine Todessehnsucht, die den Weg zum Tod verherrlicht und dem Sterben religiöse, philosophische oder künstlerische Züge verleiht. Der Körper und seine Bedürfnisse sind ausgeklinkt, was zählt ist der Geist, man will vergeistigt sein, verebben, durchsichtig, mit einem Wort: unphysisch sein. Man trägt den Tod bereits in sich und trägt in lange bei sich. Nicht in geistiger Umnachtung, nein, bei klarem Bewusstsein möchte man das Faszinosum des Todes erleben.

In meiner Praxis erlebe ich durch die Medialen Balancen mit Autisten und Wachkomapatienten besonders häufig die tuberkuline Todessehnsucht in Gestalt der Phosphor-Persönlichkeit. Weitere wichtige Konstitutions- bzw. Heilmittel, die mir gute Dienste bei tuberkuliner Todessehnsucht leisteten, sind Tuberkulinum, Tulipa, Hydrastis, Cocculus, Tarantula cubensis und Phosphoricum acidum.

Der Barock – Die Verdrängung des Todes
Die Kulturepoche der Sykose

Das im Hintergrund lauernde sykotische Miasma war immer präsent und durchdringt alle Kulturepochen. In seiner akuten Form der Gonorrhoe flammte es immer wieder auf, am stärksten im Barockzeitalter des 17. Jahrhunderts, gegen Ende des 19. und bis in die Dreissiger Jahre des 20. Jahrhunderts.

Der sykotische Zeitgeist hat viel mit Unterdrückung und Verheimlichung zu tun. Es ist bezeichnend, dass im Barock in den sogenannten „Académias“ der Okkultismus populär war. Eine typische Verhaltensweise war: Man tut das Verbotene, sorgt aber dafür, dass es niemand sieht. Damit sind wir bei der Energetik der Sykose. Besonders an diesem Miasma kann man die Wechselwirkung zwischen Verdrängungstaktik und Exzess studieren. Je mehr die Psora unterdrückt wird, um so schwerer lastet der Druck auf den lebenswichtigen Organen und um so vehementer werden ihre Symptome nach aussen gedrückt. Die sykotische Reaktion auf die unterdrückte Psora geschieht zunächst in einer Phase der Stauung. Es wird alles aufgenommen, aber nichts abgegeben – physisch und psychisch – nach aussen wird der Schein gewahrt durch Selbstüberschätzung, Eitelkeit, Dünkel und Stolz.

Liest man in der Sexualgeschichte von Fuchs[3], wie es die an Gonorrhoe erkrankten Mitglieder der „upper class" vortrefflich verstanden, die Fassade, den Schein zu wahren, wird einem die sykotische Energetik klar. Dann bricht mit einem Schlag alles nach aussen durch Wucherungen, Warzen, Polypen, Tumore, Stauungen aller Art. Das Mass ist voll, nach einer langen Zeit des Verbergens. Alles ist jetzt zuviel, überschiessend und unaufhaltsam. Es gerät alles ausser Kontrolle – der Alptraum dessen, der sich so sehr bemühte, etwas zu unterdrücken. Es leuchtet ein, dass mit dem Versuch, das Verbotene trotzdem zu tun, die grosse Angst einhergeht, das Gesicht zu verlieren.

Voyeurismus

Eines der wichtigsten Antisykotika ist **Thuja**, der undurchdringbare Wall, der sinnigerweise aus Lebensbäumen besteht. Hinter der Thujahecke braut sich allerlei zusammen aus Übertreibung, Selbstüberschätzung, Prahlerei, dem Bedürfnis zu verheimlichen, Aufdringlichkeit, Eitelkeit und allen möglichen Wucherungen auf physischer und psychischer Ebene. Wer hinter seiner Thujahecke lebt, möchte alles sehen, aber nicht gesehen werden. Das ist das Voyeurtum, das wir kulturhistorisch in jeder Epoche vorfinden.

---

[3] Fuchs, Eduard: Illustrierte Sittengeschichte, 1909-1912

Abb. 20 Voyeur im Mittelalter

Abb. 21 Voyeur im Barock

Im sinnenfreudigen Zeitalter des Barock (17. Jdt.) grassierte die Gonorrhoe in ganz Europa. Aber in Italien wurde ihr Geist künstlerisch hochstilisiert. Die venezianischen Palazzi mit ihren Salons, deren Wände Spiegel und raffiniert versteckte Gucklöcher in Gemälden enthalten, waren ein Mekka für Voyeure. Man konnte von aussen, bequem im Fauteuil sitzend, den erotischen Spielen im Innern des Salons zuschauen, ohne gesehen zu werden. Aber der besondere „Kick" bestand darin, dass die Liebespaare von der Beobachtung wussten und dies als besondere Anregung werteten. Das unterdrückende Element war im Barock und im folgenden Rokoko noch längst nicht so stark wie in späteren Jahrhunderten, weil das „Thuja-Bewusstsein" noch als reizvolles Spiel des Adels fungierte.

Die krankhafte Unterdrückung ging mit einer erneuten Machtstellung der Amtskirche und mit der fortschreitenden Industrialisierung einher. Die Errichtung einer glatten Fassade wurde in dem Masse wichtiger, wie der Materialismus, der Besitz von Geld, wichtig wurde. Auch die Könige und Kaiser waren geldsüchtig, aber die Umwandlung des Geldes in Prunk und Genusssucht wirkte noch vergleichsweise „natürlich". Der moderne Bürger und Fabrikant an der Schwelle des 20. Jahrhunderts will das Geld des Geldes wegen, will Materie und kreiert damit ein materialistisches Bewusstsein, das alles Lebendige niederdrückt. Wenn ein Fabrikantengigant den Tripper fängt, so ist das ein „Faux pas", der nicht nach aussen dringen darf und deshalb mit allen chemischen Mitteln unterdrückt werden muss. Das sykotische Miasma resultiert aus einem Speicherbewusstsein ohne kreative Entleerung und braucht deshalb eine Fassade.

Zusammenfassend zum Thema „Todessehnsucht" ist zu sagen: Das sykotische Miasma basiert auf einem Bewusstsein, dass etwas nicht sein darf, dass die Wahrheit, die Klarheit unerkannt bleibt. Der Tod wird ausgeklammert. Der sykotische Mensch ist ernsthaft todessehnsüchtig, ohne nach aussen die geringsten Zeichen zu zeigen. Er hat alles unter Kontrolle.

Ich erlebe die sykotische Todessehnsucht in meiner Praxis hauptsächlich bei Menschen, die entweder an Krebs erkrankt sind oder die psychische Probleme haben und keinen Sinn mehr in ihrem Leben sehen. Ausser Thuja sind die wichtigsten Heilmittel Lycopodium, Barium carbonicum, Causticum, Agaricus, Argentum nitricum, Lachesis, Sepia, Staphisagria, Natrium muriaticum, Medorrhinum und Calcium carbonicum.

Die Behandlung von Todessehnsucht

Wenn wir als Therapeuten die Todessehnsucht sowohl ernst nehmen als auch gebührend differenzieren, wird erst klar, wie viele Menschen darunter leiden. Es geht bei der behandlungsbedürftigen Todessehnsucht nicht um den Schwerkranken, der den Tod herbeisehnt, sondern um den Patienten, dessen physische Lebenskraft völlig ausreichend vorhanden ist, der nicht krank, aber auch nicht gesund ist, der das Leben nicht annehmen kann und will. Mir hat die oben vorgestellte Sicht der Miasmen enorm geholfen zu verstehen, dass Todessehnsucht nicht gleich Todessehnsucht ist. Es war mir wichtig, den Patienten besser zu verstehen und ein Behandlungskonzept zu entwerfen, das zwar im Einzelfall individuell ist, aber auch einige gemeinsame Grundzüge enthält. Es fiel mir dadurch auch leichter, durch das jeweilige Krankheitsbild auf die miasmatische Dynamik hindurch zu schauen, ein Konstitutionsmittel zu wählen und komplementäre Impulse wie Farblichttherapie und Kinesiologie einzusetzen. Im folgenden stelle ich für jede genannte Form von Todessehnsucht repräsentative Fallbeispiele vor, die auch den miasmatischen Hintergrund noch einmal beleuchtet. Ich setze voraus, wir sind uns in der Homöopathie einig, dass kaum ein Patient nur von ***einer*** miasmatischen Dynamik beherrscht wird. Ich möchte deshalb kein Schubladendenken provozieren. Doch gibt es im Persönlichkeitsprofil eine Hauptrichtung im Verhalten und in der Symptomatik, die von einem der Hauptmiasmen gesteuert wird.

Psorische Todessehnsucht

Fallbeispiel 1: Veronika

Veronika kommt wegen Neurodermitis. Sie ist 26 Jahre alt, schlank, dunkelhaarig und hat feurige Augen. Sie gleicht von Kopf bis Fuss einer einzigen Wunde. Ich habe schon schlimme Fälle von Neurodermitis gesehen, aber dieses Bild des Jammers übertraf alles. Die Wunden heilten schlecht, die mühsam verheilte Haut riss immer wieder ein. Die junge Frau konnte keine private Beziehung leben; sie war verzweifelt und gestand schüchtern, dass sie so nicht mehr weiterleben könne. Sie fühle sich wie eine Aussätzige, niemand mag sie berühren oder ansehen. Schulmedizinisch hatte sie schon alles ausprobiert und lebte nur noch von Cortison. Sie hatte keine Hoffnung und auch keine Lust mehr auf Therapie. Dennoch war sie gekommen, ohne recht zu wissen, warum. Sie war ihrer inneren Stimme gefolgt, wie sie sagt.

Die Anamnese ergab, dass Veronika schon seit der Geburt Neurodermitis hatte und sich ein Leben ohne diese Plage gar nicht vorstellen konnte. Da für mich Neurodermitis „Heimatlosigkeit" bedeutet bzw. „Verlust von Heimat" während der Schwangerschaft oder bald nach der Geburt, fragte ich danach. In der Tat waren die Eltern nach der Geburt des Kindes in ihr neu gebautes Haus gezogen.

Ich liess zunächst die äusserlich ins Auge springende Krankheit völlig ausser acht und unterhielt mich mit der Patientin über ihren Beruf, ihre Hobbys, ihre Kindheit. Dann fragte ich nach weiteren Krankheitssymptomen. Sie berichtete von Nahrungsmittelunverträglichkeiten, die sie „Allergien auf Süsses, Kuhmilch, Weizen und Alkohol" nannte. Ich erklärte ihr, dass ich unterscheide zwischen Unverträglichkeit und Allergie:

Rosina: Eine Unverträglichkeit von zuviel Süssem ist ebenso normal wie von Kuhmilch, die eben für das Kalb gedacht ist und keine Zusammensetzung hat, die dem Menschen zuträglich ist. Auch der normale Weizen ist so belastet, dass man sich eher wundern muss, wenn einer keine Beschwerden bekommt. Alkohol verträgt ebenfalls nicht jeder Magen usw. Aber eine Allergie basiert auf verborgenem Lebensüberdruss. Da läuft ein unbewusstes Sabotageprogramm des Bewusstseins, das immer lebensunfähiger macht. Darunter schwelt eine latente Todessehnsucht. Wo ordnen Sie sich ein?

Veronika: Ich weiss nicht recht, es ist jedenfalls mehr als nur Unverträglichkeit, weil ich auch keine Lust mehr habe zu leben.

Rosina: Nun denn, was fangen Sie dann mit Ihrem Leben an? Haben sie Ziele, die Ihnen das Leben lebenswert machen?

Veronika: Tja. Ich würde natürlich gerne reisen, fremde Länder sehen, mehr malen, mich schick kleiden, einen Freund haben. Aber das geht ja alles gar nicht.

Rosina: Sind Sie da sicher?

Veronika: Ja, absolut. Schauen sie mich doch an!

Rosina: Ich schaue Sie sehr genau an, aber nicht die Haut. Sie sind mehr als die Haut. Niemand wird Sie nur wegen einer schönen Haut lieben. Was drin steckt zählt: Ihre Persönlichkeit. Es ist trotz Neurodermitis unschwer zu erkennen, dass Sie ausserordentlich hübsch sind. Wir müssen weiter denken. Wenn Sie nicht an Heilung glauben, wenn Sie nicht aktiv mitarbeiten, können wir die Behandlung gleich lassen.

Veronika: Meinen Sie wirklich, das hier kann verschwinden?

Rosina: Das weiss ich nicht. Wenn Sie die Krankheit nicht mehr brauchen, gehen die Symptome. Wenn Sie eine Heimat bei sich selbst gefunden haben, wenn Sie bei sich zuhause sind, wird schon viel passieren. Wenn aber Todessehnsucht im Spiel ist, steht zuerst eine Entscheidung an, ob Sie sterben oder leben wollen.

Veronika schaut sehr verschmitzt, neugierig und fragt: Und wenn Sterben dran wäre?

Rosina: Ja, das frage ich Sie. Wenn Sterben dran ist für Sie, sagen Sie dazu Ja?

Veronika *denkt nach, hat aber immer noch den pfiffigen Augenausdruck*: Ist schon ein interessanter Gedanke.

Rosina: Sie kokettieren mit einem ernsten Thema.

Veronika: Ja, es ist gut, das einfach auch mal zuzulassen.

Rosina: Gut, wie geht es weiter. Wollen Sie leben oder sterben?

Veronika: Muss ich das jetzt entscheiden?

Rosina: Wann sonst? Ich bin für Sie da, ob in der Begleitung Ihres Heilungsprozesses oder ihres Sterbeprozesses. Nur brauche ich Klarheit, wohin die Reise gehen soll.

***Veronika** wird wieder ernst, denkt nach und sagt leise*: Ich will es versuchen.

Der erste Therapieschritt sah folgendermassen aus:

1. Übung: Vor dem Einschlafen, nach dem aufwachen: „Wie schön, dass es mich gibt."
2. Übung: Sich abgrenzen lernen: „Bis hierhin, und nicht weiter."
3. Übung: Täglich 5 – 10 Minuten solares Atmen
4. Übung: Täglich je 30 Minuten Grün- und Blaulichtbestrahlung

Dieser erste Therapieschritt, bewusst ohne irgendein Medikament, führt Veronika zwei Wochen lang durch. So wird der Nährboden für Heilung vorbereitet und sie wird sich klarer darüber, ob sie das Leben ganz annehmen will.

Nach zwei Wochen: Die Fixierung auf die Haut hat etwas nachgelassen. Die Wunden verheilen besser. Es fiel ihr „unsagbar schwer" zu sagen: „Wie schön, dass es mich gibt", aber sie hat durchgehalten. Durch die Abgrenzungsübung kann sie besser atmen.

Der zweite Therapieschritt sah so aus:

Alle Übungen bleiben. Hinzu kommt:

- Psorinum C200, täglich
- Anregung des Leber- und Gallenstoffwechsels mit Chelidonium D6

Nach sechs Wochen erste Zeichen einer Besserung, die Wunden sind verheilt. Veronika sagt: Ich bin jetzt bei mir zuhause. Das ist ein tolles Gefühl. Ich konnte beobachten, dass da ein Zusammenhang besteht. Je mehr ich bei mir ankam, um so leichter wurde die Haut. Ich kann auch Süsses wieder vertragen. Ab und zu ein Glas Rotwein, nur Weizen und Milch mag ich nicht.

Der dritte Therapieschritt sah so aus:

Alle Übungen bleiben. Hinzu kommt:

- Psorinum LM12, täglich
- Schüsslersalz Kalium Sulfuricum D12, täglich 2 Tabletten (regt die Aufnahme des Sauerstoffs in die Zellen an)

Nach vier Wochen meldet sich Veronika wieder, berichtet von Plänen zu verreisen, deutet einen Freund an, erzählt erstmalig vom Verlag, wo sie arbeitet und ist sehr aufgeräumter Stimmung. Mit keinem Wort erwähnt sie ihre Haut. Als ich danach frage, sagt sie: „Ach die, die ist fast gut. So kann ich damit leben. Sie spannt nicht mehr, ist weich. Ich habe am Körper noch ein paar rote Flecken, aber keine Wunde mehr."

Ich frage, ob sie weitere Therapieschritte möchte, sie sagt: „Ich mach jetzt mal eine Pause und will sehen, ob ich mal ohne Therapie auskomme. Das ist ja das erste Mal in meinem Leben."

Wir machen aus, dass sie sich meldet, wenn sie Therapiebedarf hat. Ich höre 4 Monate nichts. Dann, anlässlich eines stressigen Umzugs innerhalb des Verlages, meldet sich Veronika. Die Haut hat heftig auf den Stress reagiert, aber es gibt nur rote Flecken und Juckreiz.

Ich verordne wieder Psorinum LM12, ohne Wirkung.

Ich verordne Sulfur C200 täglich, ebenfalls ohne Wirkung.

Veronika bleibt guter Dinge, macht fleissig ihre Atemübungen und die Grünlichtbestrahlung.

Ich ändere mein Konzept und mache mich frei von homöopathischer Logik, psorischem Miasma und schaue Veronikas Haut kreativ „auf Alpha" an, also mit den inneren Augen. Ich vertraue meinem ersten Eindruck: ein alter

Baum im Moor, voller Baumflechte, grau gekräuselt. Der Baum ist schlank und sieht wie eine Tänzerin aus.

Mir ist klar, die Baumflechte muss der Hinweis auf das Mittel sein. Aber ich finde nirgends in der Materia medica einen Hinweis. Ich vermute, das Mittel gibt es nicht und stelle es daher radionisch her – bei uns im Quellgebiet gibt es Erlen mit Baumflechte. Ich nehme etwas davon, lege die Flechte in Quellwasser, stelle dies in die Sonne, seihe nach 4 Stunden das Stoffliche ab und präge mental die Information Baumflechte 1000 auf die Essenz. Dann verpacke ich das Mittel, um es Veronika zu schicken. Die Post kommt und mit ihr eine neue Postille von Witold Ehrler. Ich blättere darin herum – und die Magie des Alltags lässt mich wieder vor Freude hüpfen. In der Postille steht ein Beitrag zur Baumflechte: **Parmelia**. Der Anruf in Berlin bestätigt, das Mittel ist erhältlich. Ich packe meine Essenz wieder aus, danke ihr und stelle sie für Notfälle zurück.

Veronika besorgt sich Parmelia C220, nimmt dies täglich. Daraufhin heilt die Haut vollkommen ab. Veronika berichtet, dass sie die Heilkraft intuitiv sehr stark spüre. Sie trägt das Mittel stets bei sich. Nach einem halben Jahr meldet sie sich und kündigt einen Besuch an, nur um mir ihre schöne Haut zu zeigen.

Ich sehe vor mir eine ausgesprochen attraktive Dame mit einer Pfirsichhaut. Ich kann es nicht fassen, dass sich ein Mensch so verändern kann. Veronika hat den weiten Weg nach Baden-Baden gemacht, nur um Danke zu sagen. Sie steht vor ihrem ersten Urlaub im Ausland, zusammen mit ihrem Lebensgefährten. Ich frage, ob es ihr recht ist, für Hahnemann ein Räucherstäbchen anzuzünden. Wir plaudern und sind beide dankbar, dass sie so gut mitgearbeitet hat.

Abschliessende Selbstreflektion:

Als ich Veronika sah, kam mir nur ein Gedanke: das kann ich nicht heilen helfen, das überfordert mich. Dann schaute ich durch das schreckliche äussere Erscheinungsbild hindurch und sah die Potentiale und das Abdrängen der

Krankheit an die Peripherie. Das beruhigte mich und machte den Anblick erträglicher. Ich konnte die Todessehnsucht sehr gut verstehen, spürte aber auch, dass sie nicht tief hinunter ins Unbewusstsein reichte, sondern nur flache Wurzeln hatte. Bei psorischen Menschen ist die Todessehnsucht nicht wirklich ernst.

Fallbeispiel 2: Petra

Petra kommt wegen Übergewicht in die Praxis. Sie hat unzählige Abmagerungskuren hinter sich, die sie nach eigener Auskunft immer kränker gemacht haben. Nun hat sie ein Maximalgewicht erreicht und kann sich selbst nicht mehr leiden. Das Verhältnis zu ihrem Mann ist gravierend gestört, weil er stets auf ihr „Schwergewicht" anspielt und ihr Aussehen als „unästhetisch" bezeichnet. Petra hat Lippenherpes, eine fettige, pickelige Haut, einen Kropf und leidet unter nächtlichem Juckreiz auf den Brüsten und an den Armen. Sie kratzt sich bis es blutet und schämt sich anschliessend, dass sie sich nicht beherrschen kann. Es war nicht schwierig, in Petra eine Graphites-Persönlichkeit zu erkennen, aber ihr Augenausdruck hielt mich davon ab, gleich auf die homöopathische Behandlung hinzuweisen. Ihre Augen blickten immer wieder ins Leere oder durch mich hindurch, ohne Fokus. Deshalb fragte ich sie, was denn ihr Leben lebenswert mache, wenn sie schlanker wäre. Es entspann sich folgender aufschlussreicher Dialog:

Petra: Darüber habe ich noch nie nachgedacht. Ich kann mir das gar nicht vorstellen.

Rosina: Versuchen Sie es mal. Stellen Sie sich vor, Sie durchlaufen einen Heilungsprozess, der dazu führt, schlank zu sein.

Petra schliesst die Augen und schweigt. Nach ungefähr 20 Sekunden habe ich den Eindruck, sie driftet ab. Ich spreche sie leise an. Sie schreckt hoch, schaut sich verwirrt um und ist dann beruhigt, dass sie auf einem Sessel sitzt. Sie hatte den Eindruck, weit weg gewesen zu sein. Am liebsten wäre sie gar nicht mehr wieder gekommen.

An der Art wie sie diese Worte sprach spürte ich eine gewisse Tendenz, sich ihrem Leben zu entziehen, denn Leben war für sie Leiden und Verantwortung für die Familie. Deshalb führte ich mit ihr eine kleine Alphareise zum geistigen Ort der Kraft durch und liess sie das „Muttertor" der Inkarnation, dann das „Vatertor" der Exkarnation besuchen.

Rosina: Erlauben Sie sich, von dem Blick in die körperlose Dimension fasziniert zu sein. Beachten Sie die Schranke. Sie werden sie eines Tages heben und das Tor durchschreiten, wenn Sie es entscheiden und Sie die Zeit für gekommen halten. Niemand sonst hebt die Schranke.

Wenn Sie sich jetzt dem Muttertor wieder zuwenden, versichern Sie sich, dass sich die Türe zur Exkarnation sanft schliesst. Gehen Sie mit dem neuen Gefühl durch das Muttertor und versuchen Sie dankbar anzunehmen, was auf Sie zukommt.

Dann beendeten wir die Übung. Petra hatte glänzende Augen bekommen und sagte, sie sei froh gewesen, durch die Vatertüre geschaut zu haben. In diesem Augenblick habe sie gespürt, dass ihr das Leben doch mehr bedeute als sie geahnt hatte. Es habe ihr ausserdem sehr gut getan, diese Türe zu schliessen.

Ich verordne ihr diese Übung täglich für eine Woche lang, dazu eine Blaulichtbestrahlung, die das Gefühl der Leichtigkeit vermittelt und die Nierentätigkeit anregt. Danach bekommt sie Graphites LM60 drei Wochen lang. Petra berichtet, dass die Todessehnsucht nicht mehr auftaucht. Sie beachtet jetzt weniger ihr Gewicht, sondern ihre Kompensationsmuster. Wir arbeiten noch zweimal kinesiologisch an dem Thema „Ich nehme mich und mein Leben an", danach scheint der Bann gebrochen. Die Haut wird glatter, Petra verliert etliche Kilo Gewicht, ohne nennenswerte Änderung der Essgewohnheiten. Nach zwei Monaten ist sie bereit, unter ärztlicher Aufsicht ambulant eine Entschlackungskur durchzuführen. Als Komplementärmittel zu Graphites wähle ich Pulsatilla, wodurch die Patientin Erlösung durch Weinen findet. Sie fühlt sich befreit von „einem Sog nach drüben“, wie sie es nannte und erlebt in den Folgemonaten, dass ihr Gewicht in dem Masse abnimmt, wie sie ihr Leben annimmt.

Syphilitische Todessehnsucht

Fallbeispiel 1: Klaus

Klaus kommt in die Praxis wegen Lebensüberdruss, Orientierungslosigkeit im Leben und chronischer Schwäche. Vor mir sitzt ein junger, blasser, blonder, magerer Mann mit blauen Augen, die durch die kleinen Pupillen hart, fast brutal wirken. Dazu passen die weichen Gesten nicht, mit denen er seine Probleme unterstreicht. Er kommt aufgrund meines Artikels über Sterbephasen in „raum&zeit“. Er fühlt sich angesprochen und hofft, ich finde eine Lösung. Er hat vieles probiert, vor allem Prozessorientierte Homöopathie, alles (angeblich) ohne den geringsten Erfolg. Er bezeichnet sich als therapieresistent.

Die Anamnese ergibt, dass in der Familiengenese des öfteren Suizid und schwere Depressionen vorkamen, weshalb Klaus auch schon Luesinum eingenommen hatte. Da Klaus selber Homöopath ist, ist ihm klar, dass er das syphilitische Miasma als Erbe in sich trägt. Ich frage:

Rosina: Warum denn?
Klaus: Wie, warum?
Rosina: Warum tragen Sie das syphilitische Erbe weiter?
Klaus: Was für eine Frage!
Rosina: Eben!

Klaus *ist unsicher, wie er diese Frage beantworten soll. Ich schweige und warte. Dann*: Ich habe mir diese Frage noch nie gestellt, obwohl ich etliche Familienaufstellungen schon hinter mir habe. Es ist auch schon viel gelöst worden. Aber diese Frage...

Rosina: Wo ist der Unterschied, ob ich Krebs weiter übernehme oder Husten oder Lebensüberdruss? Deshalb frage ich noch mal: Warum tragen Sie das syphilitische Erbe weiter?

Klaus: Ich glaube, weil ich keine Lust mehr auf Leben habe.

Rosina: Ja, das macht Sinn, das verstehe ich.

Klaus *weint und schluchzt, ohne Tränen zu produzieren.*

Rosina: Hier in diesem Raum darf alles sein, es gibt keine Tabus.

Klaus: Ja, es ist so, ich will nicht mehr leben.

Rosina: Ist das sicher?

Klaus: Ja, ich habe schon oft versucht, mir das Leben zu nehmen. Immer kam was dazwischen oder es hat nicht funktioniert.

Rosina: Sind Sie ein humorvoller Mensch?

Klaus: Würde ich schon sagen.

Rosina: Gut, dann gehen Sie doch schon mal hier in Baden-Baden zum Bestattungsinstitut, die haben wieder Sonderangebote. Wenn Sie nicht leben wollen, müssen Sie ja vorsorgen.

Klaus: Ich war schon in B. beim Bestatter. Ich habe mich für eine umweltfreundliche Urne entschieden, die zwei Wochen nach meinem Ableben mitsamt der Asche auf den Kompost kommt.

Rosina: Na, wunderbar, dann ist ja alles gut geregelt. Fehlt jetzt nur noch der Weg zur Urne. Was haben Sie für Pläne?

Klaus *ist ganz aufgeräumter Stimmung, rutscht auf dem Stuhl hin und her, dann*: Es ist irre, dass ich mit Ihnen da so offen drüber reden kann.

Rosina: Ist auch irre, das Sie so locker über Ihr Ableben reden. Wie sieht nun der nächste Schritt aus? Wollen Sie leben oder sterben?

Klaus: Sterben! Ich habe keine Kraft mehr zu leben, ich sehe in Träumen Vorboten des Todes, manchmal hebt sich ein schwarzer Vorhang, dann sehe ich dahinter helles Licht. Da will ich hin. Das ist meine Heimat, das weiss ich.

Rosina: Ich werde Sie nicht aufhalten, es ist Ihre Verantwortung. Dennoch bitte ich Sie, folgendes zu beachten: Dieser Körper ist eine Leihgabe von Mutter Natur. Sie haben ihn bekommen, um darin bestimmte Dinge zu lernen, für Ihre Seele, für Ihr Bewusstsein. Das Mindeste, wenn wir den Körper an Mutter Natur zurückgeben, ist, Danke zu sagen und ihn nicht einfach auf den Kompost zu werfen. Haben Sie dem geliehenen Tempel schon gedankt?

Klaus *hört ernst zu, denkt nach, dann*: Nein. Das leuchtet mir ein, so kann ich nicht gehen. Was schlagen Sie vor?

Rosina: Ich schlage folgende Schritte vor, da ich keine Notwendigkeit sehe, Ihnen ein homöopathisches Mittel zu verordnen:

1. Übung: Täglich 49 mal laut sagen „Danke, dass es mich gibt. Danke für dieses Leben".
2. Übung: Täglich 1 Stunde in Orangelicht sitzen, Musik hören und die guten Taten Ihres Lebens aufschreiben

Klaus ist einverstanden und verspricht, die Übungen durchzuführen.

Der tiefere Sinn dieser Übungen ist, dass die symbolische Zahl 49 im *Bardo Thödol* postmortal die Zeit beschreibt, wenn die Seele sich auf den Weg zu neuen Entwicklungsmöglichkeiten begibt und im Leben bedeutet, dass sich ein tiefgreifender Bewusstseinswandel vollziehen kann. Mit lauter Stimme die beiden Affirmationen zu sagen, versetzt den Mentalkörper in hohe Schwingungen.

Das Orangelicht hat eine grosse Heilkraft und wirkt von der höchsten Energieebene bis in jede Zelle, vor allem ist es den Drüsenzellen sehr ähnlich und wirkt daher auf das Hormon- und Drüsensystem als Simile. Die guten Taten aufschreiben, ist auch eine Reminiszenz an den *Bardo Thödol*, wie wir inzwischen wissen, denn durch das Anschauen dessen, was Gutes geschehen ist, kann die Seele sich in eine höhere Inkarnation begeben und kann der Mensch im Sterbeprozess leichter gehen.

Nach vier Wochen erhalte ich von Klaus die Nachricht, dass er hellsichtig freundliche Gestalten bei Orangelicht im Zimmer sieht, während es ihm sehr schwer fällt, sich seiner „guten Taten“ zu erinnern. Wie zu erwarten hat Klaus, wie das Gros aller Patienten, die Auffassung, was man tue (schaffe?) sei entweder selbstverständlich und daher keiner Beachtung würdig, oder fehlerhaft bis ungenügend. Er möchte von dieser Übung befreit werden. Ich lasse nicht locker und verweise auf die Sterbephasen: „So können Sie nicht gehen. Wie soll sich die Seele weiter entwickeln, wenn sie auf nichts Gutes aufbauen kann. Wiedergeburtslehre bedeutet, jetzt das Beste aus dem Leben machen, damit es in der ‚nächsten Runde' leichter und besser wird.“

Klaus übt weitere drei Wochen, ruft mich an und sagt:

„Ich mach es kurz. Das Leben hat mich wieder. Als ich die lange Liste der guten Taten sah, dachte ich, dass es das Leben doch wert war. Ich bin zu einer Therapie bereit und möchte das Mittel wissen, das Sie auswählen.“

Ich erkläre Klaus, dass ich beim ersten Treffen die Glut, die unterdrückte „Atombombe“ in den Augen und Gesten sah. Alles weist auf Stramonium. Ich empfehle Klaus, Stramonium LM120 nicht einzunehmen, sondern die Flasche in einen Raum zu stellen, darin die Sitzung in Orangelicht durchzuführen und darauf zu achten, was sich im „inneren Raum“ tut.

Stramonium braucht den grössten Raum zum Atmen und Wirken. Klaus gestand sich keinen grossen Raum zu und driftete zur Implosion statt Explosion.

Stramonium im Raum stärkte die Lebenskraft von Klaus. Dann konnten wir das systemische Thema angehen. Wir führten eine figurative Systemaufstellung durch. Auch hierbei brachte, für die Ahnen wie für die (noch) Lebenden, Stramonium die lösende, befreiende Kraft. Klaus sprach laut jeden Ahnen seiner Familie an und sagte:

„Für dich habe ich es getragen, so konnte das syphilitische Erbe auch meine Generation erreichen. Ich trage es nicht mehr. Ich übernehme nur die Verantwortung für mein Leben."

Wir beendeten die Sitzung, indem wir beide das systemische Feld durch Visualisieren in strahlend goldenes Licht tauchten.

Abschliessende Selbstreflektion:

Ich war mir bei Klaus durchaus nicht sicher, ob er wieder Mut zum Leben fassen würde. Ich sah zwar in seinem Energiefeld eine grosse Vitalkraft, aber sie war wie geknebelt und hätte sowohl in den Tod wie auch ins Leben platzen können. Bei der Todessehnsucht mit syphilitisch-miasmatischer Dynamik bin ich auf alles gefasst, auch auf den Suizid des Patienten. Ich erlebte auch Patienten, die sich für den Tod entschieden. Das Mindeste was ich bei ihnen erreichen konnte, war, dass sie Zeit fanden, sich ihrer guten Taten zu erinnern. Wir haben sie dann in unserem Heilerkreis noch zwei Wochen lang gemäss der Anweisungen im *Bardo Thödol* begleitet.

Fallbeispiel 2: Hans

Hans kam in die Praxis wegen angeblich medialer Wahrnehmungen, die ihn behelligten, aber auch faszinierten. Er hörte Stimmen, die ihm negative Botschaften übermittelten, er sah schreckenerregende Gestalten nachts im Zimmer, die ihn mit auf einen fernen Planeten nehmen wollten. Er war sehr abgemagert, sah blass aus und hatte eine sehr hauchige Stimme. Seine gesamte Ausstrahlung war schwach, sein Ausdruck leidend. Ich sah ihn auf Alpha an und hatte, entgegen meiner Wahrnehmung mit den physischen Sinnen, den Eindruck eines machthungrigen Menschen, der so tut, als sei er schwach und leidend. Deshalb liess ich ihn noch ausführlicher von den Phänomenen erzählen. Ich beobachtete einen besonderen Glanz in den Augen, wenn er von all den schrecklichen „Gespenstern" sprach.

Wie immer in solchen Fällen empfahl ich ihm, die Phänomene mit lauter Stimme anzusprechen: Wer bist du? Warum bist du da? Was hast du mir Wichtiges zu sagen?

Er machte die Übung – und die Phänomene waren wie weggeblasen! Er rief mich an und endete seinen Bericht mit unterdrückter Wut, jetzt sei der ganze Spuk vorbei, aber er fehle ihm auch. Ich bat ihn, zunächst mal das homöopathische Mittel Natrium muriaticum LM60 weiter zu nehmen und mich in zwei Wochen wieder anzurufen. Er rief erst zwei Monate später wieder an und erzählte, er habe inzwischen einen Kurs für Chakra-Öffnung besucht. Das habe ihn total verwirrt und nun bitte er um Hilfe, nämlich sein Stirn-Chakra zu öffnen, damit er in die jenseitige Welt besser sehen könne.

Es entspann sich folgender Dialog:

Rosina: Warum wollen Sie denn in diese Welt schauen?

Hans: Weil ich das toll finde.

Rosina: Aha, dann folgen Sie Ihrer Intuition. Für solche Beweggründe bin ich nicht zuständig. Gehen Sie zu Ihrer Chakralehrerin, die wird Ihnen sicher weiterhelfen.

Hans: Ich will aber, dass Sie mal meine Chakren anschauen und mir helfen.

Rosina: Tut mir leid, das sehe ich nicht als meine Aufgabe an.

Hans: Aber Sie haben dafür gesorgt, dass die Gespenster verschwunden sind. Das war ja auch gut so. Aber es fehlte mir was. Deshalb interessiere ich mich für die Chakren.

Ich hatte auf Alpha geschaltet und zugehört, aber auch durch die Worte hindurchgelauscht. Dabei hatte ich wahrgenommen, dass die Türe zur Exkarnation bei Hans offen stand. Ich bat ihn deshalb, wieder in meine Praxis zu kommen.

Hans kam und wirkte missmutig, abweisend und keineswegs kooperativ. Ich sagte ihm klipp und klar: Jetzt steht eine Entscheidung an. Entweder Sie nehmen das Leben voll an oder Sie suchen sich einen anderen Therapeuten. Hans war aufgebracht und sagte: „Wie können Sie überhaupt so was sagen?! Natürlich will ich leben, weshalb gehe ich sonst zum Therapeuten?“

Ich schlug vor, eine mentale Reise zum Tor des Vaters und der Mutter durchzuführen. Hans willigte ein. Ich liess leise Musik laufen. Die Reise führte zum Tor der Inkarnationskraft, dann zum Tor der Exkarnationskraft und wieder zurück zur Inkarnation.

Als wir beide wieder im Hier und Jetzt waren, berichtete Hans:

Die Türe zum Leben war nur angelehnt, dahinter sah es düster aus. Die Vatertüre war weit offen. Ich spürte einen ungeheuren Sog und rannte ein paar Mal gegen die Schranke, aber sie hob sich nicht. Dahinter war ganz helles Licht. Als Sie sagten, wir schliessen sanft das Tor zur Exkarnation, da habe ich schnell den Fuss dazwischen gestellt. Das Tor zur Inkarnation habe ich weiter aufgemacht und gesehen, dass das Leben gar nicht so schlecht aussieht.

Hans bekam weiter Natrium mur. LM60, dazu diese Übung täglich, nicht länger als 7 Minuten.

Hans gab mir alle zwei Wochen Bescheid. Er erzählte, wie mühsam es war, eines Tages das „Hintertürchen“ zur Exkarnation wirklich zu schliessen und das Tor zur Inkarnation weit zu öffnen; das Leben anzunehmen wie es ist. Da Hans auch weiterhin eine starke Natrium-Persönlichkeit blieb, gab es immer wieder kleine Rückfälle, indem er an seinem Leben herummäkelte und den Eindruck erweckte: Ein bisschen unglücklich sein, ist ein gutes Alibi, das Leben nicht vollkommen annehmen zu müssen. Dennoch vertraue ich auch bei solch schwierigen Persönlichkeiten immer auf die Lebenskraft, wenn das Tor zur Exkarnation geschlossen bleibt. Für Hans war es ein langer Weg bis dahin, aber, wie er selbst sagte, ein lohnender.

Tuberkuline Todessehnsucht

Fallbeispiel 1 Diana

Diana war 37 Jahre alt, als sie zu mir kam. Sie war zart gebaut, wirkte durchsichtig und bewegte sich wie eine Girlande. Sie hatte acht Krebsoperationen (!) überstanden, etliche Chemotherapien und Bestrahlungen hinter sich, hatte sämtliche namhaften Krebsspezialisten Deutschlands konsultiert und stand jetzt vor der Tatsache eines inoperablen Lebertumors. Die junge Frau wirkte in ihrem Verhalten nicht krank, sie sprach über ihre Tumore geradezu begeistert und täuschte Lebenslust vor. Sie war eine ausgesprochen kapriziöse Persönlichkeit.

Sie kam mit der Frage:
Diana: Soll ich das tolle Angebot in Paris annehmen, wo man eine neue Tumoraufheizmethode an Patienten ausprobiert, die sowieso keine Überlebenschance haben?
Rosina: Da sind Sie bei mir an der falschen Adresse. Ich kümmere mich nicht um Versuchskaninchen.
Diana: Aber, es hat doch sowieso keinen Zweck mehr. Ich werde sterben, das sagt jeder Arzt. Die Prognose sind zwei Monate.
Rosina: Wenn das alles so klar ist, warum haben Sie dann den beschwerlichen Weg hierher gewählt? Was erwarten Sie?
Diana: Sagte ich ja. Mich interessiert, was Sie von der neuen Methode halten und ob ich mich der Wissenschaft zur Verfügung stellen soll?
Rosina: Wie ich schon sagte, Menschen, mit denen ich heilerisch zusammenarbeite, sind keine Versuchskaninchen und erfüllen keine Prognosen. Gefallen Sie sich in der Opferrolle? Steigert das Ihren Wert? Vielleicht denken Sie darüber nach, sich erst mal dem Leben zur Verfügung zu stellen.
***Diana** ist sichtlich frustriert, flüstert*: Jetzt bin ich aber sehr enttäuscht. Wenn ich das gewusst hätte...

Rosina: Ja, schade, dass Sie umsonst hierher gereist sind. Da kann ich Ihnen wohl nicht die helfende Hand reichen.

Diana muss sich durch die Erregung erst einmal hinlegen. Sie wird ganz gelb im Gesicht, auch das Gelb der Skleren wird intensiver. Sie hat alle nötigen Medikamente dabei.

Zehn Minuten später sagt sie etwas schnippisch: So, jetzt kann es weiter gehen. Was raten Sie mir denn in meiner Situation? Irgendwas muss ich doch tun, oder?

Rosina: Wollen Sie sich in einen Heilungsprozess begeben? Oder nicht?

Diana *überlegt und sagt*: Ja.

Rosina: Gut, dann ist der erste Schritt, dass Sie entscheiden, ob Sie Ja zum Leben oder Ja zum Sterben sagen. Wohin soll die Reise gehen? Wenn Sie diesen Raum verlassen, ist Leben angesagt. In welchen Kanal wollen Sie Ihre Lebenskraft lenken?

Diana: So habe ich das noch gar nicht betrachtet.

Die Anamnese ergibt, dass schweres Asthma und Lungenprobleme in der Grossvatergeneration sowie Nieren- und Leberkrebs in der Vaterlinie der Grossfamilie, das tuberkuline Miasma repräsentieren. Diana stammt aus einer Baptistenfamilie, ist im Gegensatz zu ihren Geschwistern rebellisch und kämpft gegen das enge Denkkorsett der religiösen Gruppe an – erfolglos, wie sie sagt. Sie nahm an Demonstrationen teil, marschierte gegen Atomkraftwerke, war militant Vegetarierin, arbeitete freiwillig im Tierschutz und „flippte überall herum, wo es etwas gegen Missstände zu tun gab."

Diana erinnerte sich, dass sie ihr Leben lang eine intensive Todessehnsucht hatte und sich wünschte, wie eine Elfe in der körperlosen Dimension zu schweben. Sie erlebte stets zur Leberzeit, 1 bis 3 Uhr morgens, wie sie aus dem Körper austrat und sich von oben betrachtete. Sie fand sich schön, wie sie so wächsern und leblos unten auf dem Bett lag. Sie hatte etliche Male geträumt, dass sie, im wallenden Seidengewand, mit ausgebreiteten Armen, am Abgrund steht und springt. Die Träume ängstigten sie nicht, ganz im Gegenteil, sie liebte diesen freien Fall ins Ungewisse und sehnte ihn herbei.

Während Diana dies erzählt, glänzen die grossen Augen übernatürlich und fiebrig.

Rosina: Da Sie schon lange mit dem Tod gut Freundin sind, wie möchten Sie sterben?

Diana: Ich möchte mich am liebsten einfach auflösen. Keine Spuren hinterlassen.

Diese Aussage führt mich unmittelbar zu **Muriaticum acidum** (Salzsäure), zumal Diana auch das Symptom der kolossalen Erschöpfung aufwies und die Todessehnsucht schon ihr Leben lang bestand.

Ich frage Diana, was sie Kreatives tut, wie sie ihre Seele ernährt.

Diana: Am liebsten reise ich. Das kann ich jetzt nicht mehr, deshalb reise ich astral. Ich habe immer gerne gebatikt, aber das geht auch nicht mehr.

Rosina: Was machen Sie den lieben langen Tag?

Diana: Ich liege auf dem Sofa, döse, schlafe, gucke fern.

Rosina: Und warten, bis Ihre Zeit abgelaufen ist...

Diana: Kann man so sagen.

Rosina: Wollen Sie das ändern?

Diana: Wenn's geht?

Wir vereinbaren folgende Therapie:

- Täglich 1 Stunde Grünlichtbestrahlung bzw. nach Gefühl
- Tuberkulinum C200 morgens
- Muriaticum acidum C30 abends
- Musiktherapie mit Barockmusik (Concerti grossi, Tanzmusik)

- Die Musik mit positiven Bildern aus dem Leben verknüpfen.

Ich bin für die Patientin immer erreichbar. Das beruhigt sie. So erfahre ich, dass sie nach zwei Wochen den Drang hat, mit ihrer „bigotten Mutter“ ins Reine zu kommen. Sie lädt Freunde ein, wird geselliger und berichtet, dass sie besser schläft. Die Abgrundträume kehren nicht zurück. Sie kann etwas mehr essen und fühlt sich mehr im Körper. Zuerst wollten keine positiven Bilder aus ihrem Leben auftauchen, aber sie hatte dann ein Schlüsselerlebnis bei Antonio Vivaldis „Vier Jahreszeiten“:

Diana: Ich erinnerte mich bei jeder Jahreszeit an ein schönes Ereignis. Frühling, Sommer, Herbst und Winter. Schön, wie sich der Kreis schliesst. Ich fühle mich als Teil der Natur.

Rosina: Möchten Sie die Therapie fortsetzen?

Diana: Ja, die Lichtbestrahlung wechsle ich jetzt zu Orange. Es ist das Abendrot, ehe die Sonne versinkt. Da kann ich träumen. Und die Musik mag ich sehr. Mittel will ich keine mehr einnehmen.

Diana kam sogar noch in Begleitung einer Kollegin zu uns in den Heilerkreis und genoss die freundschaftliche Atmosphäre. Harald Knauss behandelte sie, und wir konnten alle sehen, wie die hellblaue Heilenergie förmlich durch den Körper wehte.

Diana lebte noch sechs Monate ein ihren Möglichkeiten entsprechendes, erfülltes Leben. Sie wusste intuitiv den Todeszeitpunkt, versammelte ihre Familienangehörigen und Freunde um sich und starb friedlich. Eine Kollegin hatte die kurze Sterbebegleitung übernommen und sagte: „Diana lag da wie eine kleine Fee, sie flog einfach davon und verliess ihren Körper in einem Nu“.

Abschliessende Selbstreflektion:
Mir war klar, dass Diana nicht mehr lange leben würde, aber mein Fokus richtete sich auf das, was **jetzt** ist und was der nächste Schritt sein kann. Besonders tuberkuline Patienten, die von einer inneren Unrast erfüllt sind, gewinnen viel Lebenskraft, wenn sie lernen, innezuhalten. Die romantische, philosophische Art der Patientin wies auf die tuberkuline Todessehnsucht. Patienten wie Diana sind meine Lehrmeister, mich nicht mit dem Was oder Warum aufzuhalten, sondern nur auf die bestmögliche Qualität der verbleibenden Lebensspanne und die bestmögliche Qualität der Sterbeenergetik zu achten.

Fallbeispiel 2: Andrea

Andrea kam als Krebspatientin im Endstadium zu mir. Durch sie wurde mir zum einen das tuberkuline Miasma, zum andern die pathologische Kraft von Phosphorus in einer Deutlichkeit vor Augen geführt, dass ich Mühe hatte, gelassen zu bleiben. Andrea kam – blond, hübsch, lachend und berichtete von ihren vielen Krebsoperationen, als spräche sie über herrliche Urlaubserlebnisse. Sie stand wie ein Engel am Abgrund, jeden Moment bereit mit fliegenden Gewändern zu springen. Ich fragte, warum sie zu mir komme, wo sie doch von den besten Ärzten versorgt werde.

Darauf die Antwort mit strahlendem, lachenden Gesicht:

Tja, nun habe ich Metastasen in der Leber und im Hirn, und meine Ärzte sagen, nach so vielen Chemos und Bestrahlungen können sie nichts mehr tun. Einer meinte, vielleicht hätte die Alternativmedizin was zu bieten. Schaden kann es ja nicht.

Rosina: Ich sehe genug Schaden vor mir. Versuchen wir es mit der ganzheitlichen Therapie. Sind sie bereit, intensiv mitzuarbeiten?

Andrea: Warum nicht, ich bin für alles offen.

Rosina: Ja, das sehe ich! Vor allem ist Ihre Türe nach „drüben“ sperrangelweit offen...

Andrea: Tja, allzeit bereit!

Rosina: Da sprechen Sie schon den ersten Punkt an: Sterben ist kein Fun-Sport. Deshalb schlage ich vor, dass wir zunächst mal an dieser Türe arbeiten, so dass sie zugeht.

Andrea: Nö! Ich finde, die muss offen bleiben.

Rosina: Warum?

Andrea: Man kann nie wissen...

Rosina: Wer ist „man“?

Andrea: Naja, Sie wissen schon. Ich will mir nach all den Krebsoperationen nichts vormachen. Ich habe doch gar keine Chance, gesund zu werden, oder?

Rosina: Nehmen wir mal an, Sie verwandeln sich in diesem Augenblick in die Fee Andrea, wachen morgen früh auf und alle Krankheitszeichen sind weg. Was würden Sie als erstes tun?

Andrea: Tolle Idee! Ich würde sofort meinen Lebensgefährten heiraten, damit meine kleine Tochter wieder einen Papa hat. Ich würde sofort eine Reise in den Süden buchen und mal wieder so richtig Urlaub machen.

Rosina: Sind Sie bereit, den ersten Schritt in die Richtung dieser Wünsche zu tun?

Andrea: Auf jeden Fall!

Andrea war begeistert von der Übung, täglich während der Grünlichtbestrahlung auf Alpha zu gehen und gesunde Zellen in ihrem Körper zu visualisieren, ferner Abgrenzungsübungen durchzuführen und Übungen zur Stabilisierung des grossen Ichs („Wie schön, dass es mich gibt“). Sie tat es mit auffälliger Bereitwilligkeit, weil sie von der Wirkung fasziniert war. Das Mittel Phosphor C1000, alle 14 Tage, dazu die Schüssler-Salze Ferrum phos., Kalium phos., Kalium sulf., hochdosierte Gaben von Vitaminen, Enzymen und Aminosäuren. Andrea gedieh prächtig. Sie ging strahlend zu „ihren Ärzten“, berichtete stolz von ihrer „Kur“, liess alle paar Monate CTs und Blutbilder machen und bewies, dass sie gesund werden kann. Tatsächlich verschwanden die Metastasen und sie kehrte nach einem Jahr Behandlung zu einer Normalität in ihrem Leben zurück. Sie buchte die Reise nach Portugal und heiratete ihren Lebengefährten. Vorher holte sie sich auch wegen der neu erwachten Sexualität meinen Rat. Sie hatte Angst, ihr Mann könne von ihrem narbenreichen Körper abgestossen werden. Andrea hatte keine Brüste und keine Gebärmutter mehr. Da die ehemaligen Tumore tief eingedrungen und weit gestreut gewesen waren, waren auch entsprechend grosse Operationsschnitte nötig gewesen. Ich ermutigte sie, ein erfülltes sexuelles Leben zuzulassen.

Sie kehrte begeistert von ihrer Hochzeitsreise zurück und fragte mich am Telefon:

Andrea: Wie geht es denn jetzt weiter? Ich habe ja alle meine Wünsche erreicht.

Rosina: Sie wollten doch mal über eine erneute Berufstätigkeit nachdenken.

Andrea: Ach ja, das wäre gut. Ich will in meinen alten Beruf nicht mehr zurück (Informatik). Ich möchte eine Geistheilerschulung machen. Sie haben doch einen Heilerzirkel. Kann ich da nicht mal teilnehmen?

Wir vereinbarten einen Termin. Sie kam zum Heilerzirkel, in schwarzer Lederkleidung und ungewöhnlich aufgetakelt mit greller Schminke und irgendwie überdrehtem Wesen, als wolle sie etwas übertünchen. Ich sagte den Zirkelmitgliedern nichts über Andreas Vorgeschichte sondern nur, dass sie sich für einer Heilerschulung interessiere und eine Heilungssitzung erbitte.

Als wir Andrea in die Mitte setzten, sahen alle, dass nur sehr wenig Lebenskraft vorhanden war. Zu meinem grössten Erstaunen sah ich, dass die Türe zur Exkarnation weit offen stand und Andrea die Schranke gehoben hatte. Ich nahm sie als boshaft lächelnden Engel wahr, der sich zu mir umdrehte und zeigte, dass er bereit zum Absprung sei. Ich war darüber erschrocken. Aber gemäss dem Arbeitsethos des Heilerzirkels beurteilen wir nichts, sondern senden Heilenergie in dem Bewusstsein, dass ihre hohe Intelligenz dorthin fliesst, wo sie gebraucht wird. Als wir die Heilungssitzung beendet hatten, fragte ich Andrea, wie es ihr gehe. Sie schaute mich vielsagend an und fragte dann die anderen, was sie denn wahrgenommen hätten.

Zirkelleiter Harald sagte: „Wir haben die fehlende Lebensenergie versucht, etwas aufzufüllen. Wir wünschen Ihnen viel Mut zum Leben."

Andrea *schaute in die Runde und sagte*: Haben Sie denn nicht gesehen, dass ich gar nicht leben will?

Harald: Doch, schon. Und fühlen Sie sich jetzt besser?

Andrea: Ja, aber eigentlich will ich mich gar nicht besser fühlen. Ich habe ja alles erreicht, was ich erreichen wollte.

Harald: Gut, dann gehen Sie Ihren Weg, wie er für Sie richtig ist. Wenn Sie eine Geistheilerschulung machen wollen, geht das nur, indem Sie hundertprozentig Ja zum Leben sagen.

Andrea: Ja, wenn das so ist!

Andrea reiste heim und wir tauschten uns aus, was wir wahrgenommen hatten: romantisierte Todessehnsucht.

Als Andrea wieder in meine Praxis kam, bestätigte sich unser Eindruck, denn sie sprach von dem „tollen Gefühl, einfach den Alltag zurückzulassen und wegzufliegen". Ich verordnete Tuberkulinum C30 täglich, was ihr half, etwas Ordnung in ihren chaotischen Alltag zu bringen. Sie hatte sich angewöhnt, alle möglichen Freunde zu besuchen, stundenlang am Telefon mit Leuten zu tratschen, zuhause nichts mehr zu ordnen usw. Ich betrachtete die Gesamtsituation als Heilkrise und wollte vielleicht auch nicht die destruktive Kraft sehen, die sie mobilisierte. Ich weiss es nicht. Im nachhinein verstehe ich die Zusammenhänge besser. Andrea hatte sich bewiesen, dass sie gesund werden kann. Sie war leistungsorientiert und zugleich hatte sie romantische Vorstellungen vom Sterben. Sie sprach offen darüber, weil sie ja wusste, dass ich mich intensiv mit der Sterbeenergetik befasse. Ihre Art, das Schicksal herauszufordern, war sowohl kreativ, als auch destruktiv, denn sie sagte: „Ich kann doch nicht einfach gesund sterben. In meinem Alter (36 Jahre) brauche ich eine Krankheit, damit ich die Ärzte überzeugen kann."

Ihr durch und durch krankes Bewusstsein offenbarte sich darin, dass sie sich freiwillig mit Krebszellen impfen liess und in kürzester Zeit von Krebs überschwemmt war. Bevor sie in eine Spezialklinik ging, rief sie mich an und teilte mir begeistert mit:

„Stellen Sie sich mal vor, wie schnell das ging! Vorher keine Tumormarker mehr, jetzt bin ich voll Krebs. Faszinierend! Ich brauche jetzt keine Hilfe mehr."

Sie sorgte dafür, dass ihre Verwandten und Freunde keinen Kontakt zu mir aufnahmen. Und so erfuhr ich nie, ob und wann sie gestorben ist.

Sykotische Todessehnsucht

Fallbeispiel 1: Regina

Ich könnte ein ganzes Buch nur über diese Form der Todessehnsucht schreiben, so häufig ist sie und so oft bleibt sie unerkannt. Dadurch, dass sich alles hinter einer perfekten Fassade abspielt, ist alles vordergründig Wahrnehmbare trügerisch. In diese Rubrik gehören die Carcinosinum-, Thuja-, Agaricus-, Lycopodium-, Lac caninum- und Conium-Persönlichkeiten, um nur einige zu nennen. Das grosse, einende Thema ist die Verdrängung der Krankheitssymptome nach innen. Tumore wachsen langsam, werden selbst bei Röntgen- oder Ultraschalluntersuchungen übersehen und bereiten keine Schmerzen.

Obgleich das sykotische Miasma bei weitem nicht so destruktiv ist wie das syphilitische, finde ich es wesentlich schwieriger, einer sykotischen Todessehnsucht zu begegnen, da sie so gut kompensiert wird und tief ins Unbewusstsein gesunken ist. Es dauert lange, bis der Patient sie ins Oberflächenbewusstsein zulässt.

Regina lebt mit ihrer Tochter in der Grossfamilie. Sie war immer Mädchen für alles, hatte keinen Beruf erlernt, sondern war ins Familiengeschäft eingestiegen. Eigene Wünsche und Bedürfnisse, ganz zu schweigen von der Entfaltung ihrer Talente und Fähigkeiten, kamen nicht zum Ausdruck.

Sie ist 42 Jahre alt, dunkler Typ, viele Muttermale, Warzen, grüne Augen, die durch einen hindurch schauen. Regina wirkt misstrauisch und abweisend. Aber ich merke bald, sie hat Humor und ist intelligent.

In der Familiengenese gibt es Brustkrebs in der weiblichen Linie, Arthrose, Depressionen, Nierenkrankheiten, Leberkrankheiten. Regina kam direkt nach der Operation eines Mammakarzinoms zu mir in Behandlung. Sie lehnte Chemotherapie und Bestrahlung ab. Die behandelnde junge Ärztin (Onkologin) sagte: „Sie werden es noch bereuen, dass Sie nicht sofort die Chemo antreten."

Regina blieb stark nach aussen. Innen wüteten unzählige Ängste:

Regina: Was wird aus meiner Tochter? Was wird aus meiner kranken Mutter? Was wird aus dem Geschäft? Was wird... was wird?

Rosina: Was ist **jetzt** dran?

Regina spricht von ihren Beschwerden und vermeidet stets das Wort „Tumor" und „Krebs", macht statt dessen eine bedeutungsvolle Pause. Die Krankheit ist ihr lästig, sie passt nicht in ihr Weltbild. Sie interessiert sich für spirituelle Dinge und kann nicht begreifen, warum die Reiki-Behandlung ihrer Freundin nicht gleich den „ganzen Spuk" verjagt hat.

Regina: Ich mache alles, Hauptsache das alles verschwindet. Ich komme sonst in Panik.

Rosina: Gut, wenn Sie alles bereit sind zu tun, kommt harte Arbeit an sich selbst auf Sie zu. Das bedeutet, Licht in den Schatten bringen, sich selbst annehmen, Ja zum Leben sagen. Sind Sie dazu bereit?

Regina *denkt nach und sagt*: Was habe ich denn für eine Wahl?

Rosina: Oh, da gibt es viele Möglichkeiten. Sie können einfach so weiter machen und Ihrer zweiten Person, die fleissig Krebszellen produziert, Nahrung bieten. Sie können auch gleich sterben, Sie können auch weiter einfach so tun, als wäre nichts und Sie können sich in einen Heilungsprozess begeben...

Regina *lacht*: Nein, nein, ich will schon was ändern, aber es wird einem ja so viel Angst im Krankenhaus gemacht, man wird sofort operiert...

Rosina: Wer ist „man“?

Regina: Naja, ich halt.

Rosina: Klingt so frustriert und bedeutungslos. Heilung beginnt damit, die „Chose“ erst mal anzuschauen. Was ist Sache? Das nenne ich „Annahme“, und das hat eine gewaltige Bremswirkung auf die Krankheit. Ich kann nichts überwinden, wenn ich gar nicht genau weiss, was es zu überwinden gilt. Wenn Sie Ihre Krankheit wie ein Püppchen in den Arm genommen haben und sagen können: Ja, das bist du, Krebs, ich schaue dir genau in die Augen und will verstehen, warum du da bist. Du bist ein Teil von mir und verdammt kreativ, ohne dass ich dir sagen kann, hör auf. Du machst einfach was du willst, und ich kann es nicht stoppen. Du nimmst mir einfach die Brust weg und fragst nicht, ob ich die noch brauche. Du produzierst einfach jede Menge Knoten und Zysten, ohne mich zu fragen. Du raubst mir einfach ein Stück Weiblichkeit. Hey, wer ist hier eigentlich die Chefin im Haus?

Sie verstehen, dass das nicht intellektuell abgehandelt werden kann; das kann nur in einem Prozess der inneren Wandlung geschehen.

Regina: Aha, das kommt also auf mich zu?

Rosina: Sie können frei wählen, ich halte Sie nicht.

Aufgrund der ausführlichen Anamnese vereinbaren wir folgenden ersten Therapieschritt:

- Carcinosinum C30, täglich, um die miasmatische Diathese bzw. Dynamik zu verlangsamen
- Thuja LM30 als Konstitutionsmittel, täglich 1 Woche lang, dann 1 Woche Pause. Thuja war angezeigt wegen des deutlichen Mangels an Selbstwertgefühl und der Fassade der Unnahbarkeit
- Grünlichtbestrahlung
- Leberdrainage mit Chelidonium D6 und Carduus marianus D6, täglich
- Affirmation: „Wie schön, dass es mich gibt."
- Abgrenzungsübung: Bis hierhin und nicht weiter, pro Familienangehörigem 12 mal
- Meditation, täglich 10 Minuten mit dem Mantra: „Ich nehme dich an, damit ich dich loslassen kann."
- Alpha-Übung: Auf dem geistigen Kraftplatz das Tor der Inkarnation und Exkarnation besuchen

Regina kann mich jederzeit erreichen, das beruhigt sie. Zu Beginn der Therapie gleicht ihr Alltag einem Spiessrutenlauf, da jeder sagt, sie müsse unbedingt eine Chemo machen, sonst kämen Metastasen. Sie bleibt tapfer, trotz der Angst vor Metastasen.

Nach 4 Wochen: Psychisch stabiler, wieder mehr Lebenskraft, weniger Ängste. Regina kann sich in der Familie besser abgrenzen und Nein sagen. Ihre Stimme klingt markiger, der düstere Gesichtsausdruck ist verschwunden, statt dessen ist Licht eingekehrt, die Haut wirkt heller. Sie lächelt öfter.

Im Gespräch spüre ich dennoch, dass etwas an ihr nagt. Ich fasse das „heisse Eisen" an und frage:

Rosina: Krebs ist eine äusserst destruktiv kreative Krankheit. Sie öffnet zwei Türen, eine zum Leben, eine zum Sterben. Wo stehen Sie?

Regina: Irgendwo dazwischen.

Rosina: Im Durchzug also?

Regina: Kann man so sagen. Ich gehe Schritte nach vorne, aber irgendwas hält mich fest, so was Zähes.

Rosina: Haben Sie mal in beide Richtungen geschaut?

Regina: Klar.

Rosina: Und was haben Sie gesehen?

Regina: Nichts gesehen, aber ich habe so einen angenehmen Wind gespürt, der mich leicht macht. Wenn ich dann ganz leicht bin und schaue durch die andere Türe, dann höre ich da viel Lärm und will da nicht hin. Aber es kann auch anders herum sein. Ich gehe hin, wo es ganz hell und laut ist, und wenn ich dann zurück schaue, läuft mir ein eiskalter Schauer über den Rücken, dann spüre ich einen eiskalten Wind, der mich lockt.

Rosina: Im Durchzug stehen, ist nicht besonders gesund. Was halten Sie denn davon, mal eine Türe zu schliessen?

Regina: Denkt lange nach, dann: Ja, das ist eine gute Idee. Ich will mal die Türe zum kalten Wind schliessen.

Mit Carcinosinum und Thuja haben wir die ersten beiden Ebenen bearbeitet. Jetzt kommt die Ich-Ebene der Kompensation an die Reihe. Daher folgende Therapie:

- Carcinosinum C30, täglich
- Saccharum raffinatum C220, täglich
- Orangelichtbestrahlung
- Alphareise zum Ort der Kraft, gesunde Zellen visualisieren
- Affirmation: „Ich erlaube mir, gesund zu sein. Laut 12 mal pro Tag sagen."

Unter Saccharum werden die Kompensationsmuster an die Oberfläche gespült. Regina erkennt: Ich habe mich in der Familie nur dadurch definiert, dass ich arbeite und mich anpasse. Wer arbeitet, ist ein guter Mensch. In der Familie kommt es zu Auseinandersetzungen, weil Regina nicht mehr

„Mädchen für alles“ sein will. Sie kann Nein sagen. Viele Emotionen kommen hoch.

Regina *geht zur Nachuntersuchung, ruft an und sagt*: Ich hab es ja geahnt. Jetzt habe ich noch mehr Zysten im Bauch und in der Brust. Die Ärztin meint auch, das könnten alles Metastasen sein, sie vermutet Metastasen in der Leber und hat mir richtig Angst gemacht. Sie hält mich für leichtsinnig und ist sauer, dass ich keine Chemo mache.

Rosina: Warum sind Sie zur Nachuntersuchung gegangen?

Regina: Ich wollte es halt wissen.

Rosina: Was denn?

Regina: Ob ich noch Krebs habe.

Rosina: Schauen Sie mal nach, was mit der Türe ist?

Regina: Die ist nicht ganz zu.

Rosina: Warum haben Sie sie nicht geschlossen.

Regina: Ich dachte, ich lass mal einen Spalt offen, man kann ja nie wissen.

Rosina: Wie darf ich das denn verstehen?

Regina: Ich kann das nicht richtig erklären, da ist immer noch der Sog, und es ist so, als dürfte ich die Türe nicht ganz schliessen.

Rosina: Wer verbietet das?

Regina: Ja, wer verbietet das, gute Frage.

Rosina: Spontan, wer könnte es denn sein?

Regina: Ja, ich!

Rosina: Eben. Also, wollen Sie Ihrer Todessehnsucht nachgeben? Dann öffnen Sie die Türe weit. Ich begleite Sie gerne in Ihrem Sterbeprozess. Wenn Sie leben wollen, heisst das, das Leben zu hundert Prozent reinlassen und die andere Türe fest schliessen. Schluss mit dem Hintertürspielchen!

Regina: Ja, ich sehe es ja ein. Ich will es versuchen.

Der dritte Therapieschritt kann nach dieser Krise gleich auf die Cinis ligni-Ebene springen:

- Cinis ligni C220, täglich

- Grünlicht- und Blaulichtbestrahlung im Wechsel, täglich
- Antioxidans, Acetylcystein, Vitamin C hochdosiert

Erste Reaktion von Regina nach einer Woche: „Ich kriege diese biologischen Mittel nicht runter. Mir wird schlecht davon. Ausserdem: Wenn ich so krank bin, dass ich so viele Mittel einnehmen muss, kann ich es auch gleich bleiben lassen."

Die orthomolekularen Mittel bleiben weg, statt dessen verordne ich eine Giftausleitung = Darmreinigung nach Esser (Reinigung mit Flohsamen plus Bockshornklee, Phytotherapeutikum zur Lymphreinigung, Schleimhautaufbau mit Lactobazillen).

Wie nach meiner Erfahrung der Krebstherapie immer, führt Cinis ligni (Holzasche) die Entscheidung herbei. Der aussichtslose Kampf hört auf, die Kapitulation hört auf, und der Patient entscheidet sich eindeutig für Leben oder Sterben. So auch bei Regina. Die schleichende Todessehnsucht, anschaulich durch die Türe dargestellt, die immer ein wenig offen bleibt, wird nun bewusst von ihr geschlossen. Regina ist so sensitiv, dass sie die Wirkung von Cinis darin erkennt. Sie nimmt das Mittel ausgesprochen gerne und meint, jetzt sei wirklich mal, auch spürbar für sie selbst, etwas passiert.

Nach zwei Monaten kommt sie erstmalig auf die Idee, nach vorne zu schauen: „Bei mir ist ja offenbar wieder Leben angesagt. Ich möchte jetzt etwas aus meinem Leben machen, neue Ziele anstreben. Ich kann wieder in die Zukunft schauen. Mich interessiert die Tiertherapie."

Wieder einen Monat später ist eine neue Blutuntersuchung fällig. Freudestrahlend berichtet Regina, dass alle Werte im Normbereich seien, es stünde nur noch das Ergebnis der Leberwerte aus. Sie ist aufgebaut, da auch die Zysten weniger geworden sind und die Ärztin zugeben musste, dass sich die Therapie gelohnt hat. Drei Tage später bricht die Welt wieder zusammen. Die Ärztin sagte zu den

Leberwerten: „Na, wenn das mal gut geht, das sieht gar nicht gut aus. Das könnten Zeichen von Lebermetastasen sein."

Ich bitte Regina, die Ärztin noch mal anzurufen und sie zu fragen, ob sie schon mal darüber nachgedacht hätte, dass negative Prognosen die Immunkraft lähmen. Leider war diese Ärztin zu keiner Zusammenarbeit bereit, sonst hätte ich selbst mit ihr gesprochen.

Regina ruft sie an und merkt, die junge Ärztin ist betroffen. Sie sagt Dinge dahin, ohne zu begreifen, dass die meisten Krebspatienten an der Angst sterben, die der schlechte Voodoo der Negativprogrammierung erzeugt.

Rosina: Haben sie mal darüber nachgedacht, warum Sie immer zu dieser Ärztin gehen, wissend, dass sie Hiobsbotschaften bereit hat?

Regina: Ja, das ist wahr. Vielleicht ist sie mein Spiegel und ich brauche das.

Rosina: Geht das Spielchen wieder los? Was ist mit der Türe, was mit Ihren Fortschritten? Wo bleibt die Dankbarkeit für das, was Sie erreicht haben?

Regina: Denkt nach und nickt mit dem Kopf, dann: „Ich sehe es ein, die Ärztin ist mein Türspalt. Ich weiss immer schon vorher, was sie sagen wird, so, als wenn ich mich selbst bestrafen will."

Rosina: Danke für diese Erkenntnis!

Im Zuge der Darmreinigung wächst auch das Selbstbewusstsein, Regina wird immer stabiler, sie braucht Cinis nicht mehr und entscheidet: So, jetzt lebe ich mal eine Zeit lang ganz ohne Therapie. Ich fühle mich wohl und möchte sehen, dass ich wieder ein normales Leben führen kann.

Drei Monate vergehen, da drängt es sie, zur Nachuntersuchung zu gehen. Die Blut- und Leberwerte sind gut, die Zysten sind deutlich weniger geworden. Regina bittet um eine weitere Behandlung. Jetzt entscheide ich eine rein organotrope Therapie und setze Conium C200 als einziges

Mittel neben einer ausgewogenen Ernährung ein. Nach einem Jahr ist Regina an Leib und Seele gesundet. Die Todessehnsucht ist verschwunden, und sie wendet sich ganz dem Leben zu, hält es sogar wieder für möglich, eine Beziehung einzugehen.

Fallbeispiel 2: Elisabeth

Elisabeth ist 56 Jahre alt, dunkler Typ, grosse dunkle Augen, rundlich gebaut, freundlich, mit einer warmen, nährenden Ausstrahlung. Sie kommt wegen Kniearthrose: „Liegt in unserer Familie, da kann man nichts machen!" Sie hat erwachsene Kinder, der Mann geht regelmässig Radfahren und Kegeln, sie fühlt sich überflüssig, denn sie hat keine Hobbys. Am liebsten würde sie alte Menschen versorgen (Essen auf Rädern), aber sie kann ja kaum laufen und hat ständig Schmerzen. Der Arzt rät zu einem neuen Hüftgelenk. Auf meine Frage, was das mit den Knien zu tun hat, sagt sie: „Der Arzt meinte, die Hüften wären als nächstes dran, ich soll mich schon mal mit dem Gedanken vertraut machen".

Rosina: Warum haben sie Arthrose?

***Elisabeth** erstaunt*: Woher soll ich das denn wissen?

Rosina: Ich weiss es auch nicht. Nur Sie können es wissen. Sie haben doch sicher schon mal darüber nachgedacht, oder?

Elisabeth: Ja, aber das liegt ja in der Familie.

Rosina: Liegt da so die Arthrose rum?

***Elisabeth** lacht herzlich, die Tränen laufen über die Wangen*: Wenn ich mir das vorstelle... liegt die Arthrose rum!

Rosina: Und sie heben sie auf und sagen: Kann ich brauchen, nehme ich...

***Elisabeth** biegt sich vor Lachen. Beruhigt sich nach einer Weile und sagt*: Ich hätte gar nicht gedacht, dass Therapie was mit Lachen zu tun haben könnte. Ist doch eigentlich gar nicht zum Lachen.

Rosina: Nein, wirklich nicht. Das Erbe einer Familie aufzuheben und daran krank zu werden, finde ich wirklich nicht lustig. Warum tun Sie das?

Elisabeth *wird plötzlich ernst*: So habe ich das noch gar nicht angeschaut. Aber ist ja wahr, eigentlich. Aber, was habe ich denn für eine Wahl?

Rosina: Das frage ich Sie. Bis jetzt erzählen Sie mir nur Zeichen von Stress, gleich keine Wahl haben, gleich immer dasselbe Muster, von Generation zu Generation. Wie langweilig!

Elisabeth: Sie meinen, ich kann da was ändern?

Rosina: Wer hindert Sie?

Elisabeth: Vielleicht stehe ich mir selbst im Weg. Das Gefühl habe ich öfters.

Das weitere Gespräch ergibt deutlich das Konstitutionsbild von **Pulsatilla**. Ich verordne zunächst mal in einer LM30, zwei Wochen lang täglich ein Tropfen, dann eine Woche Pause und mir berichten, was sich getan hat.

Nach drei Wochen meldet sich Elisabeth: „Es hat sich gar nichts verändert. Ich habe nichts geträumt, ich fühle mich immer noch überflüssig und ärgere mich über meinen Mann, der so glücklich ist mit seinem blöden Kegeln und der „Tour de Franz“ rund ums Dorf.“ Ich frage, ob es ihr gut tut, ihrem Ärger mal Luft zu lassen. Das bestätigt sie.

Beim zweiten Praxistermin erfahre ich nebenbei, dass in der Familie neben Arthrose auch Krebs in der Vaterlinie besteht, sowohl Krebs an weiblichen wie männlichen Genitalien. Ich erkläre Elisabeth:

Rosina: Arthrose in den Knien steht für: „Ich kann, will nicht mehr vorangehen.“ Wo wollen Sie nicht mehr vorwärts gehen?

Elisabeth *weint und sagt unter Tränen*: Ich bin manchmal so müde, so lebensmüde. Dann möchte ich einfach einschlafen und sterben, ich sehe keinen Sinn in meinem Leben.

Rosina: Schauen Sie, wenn Sie zwischen Leben und Sterben hin und herpendeln, wenn Sie den Tod herbeisehnen, wenn es schwierig im Leben wird, kann ich Sie mit der ganzen Materia medica der Homöopathie füttern, es würde nichts nützen. Deshalb ist jetzt erst mal Lebensbejahung angesagt, kein Mittel.

Der zweite Therapieschritt sah so aus:

- Affirmation: „Wie schön, dass es mich gibt."
- „Hula hoop" nach Musik tanzen (grosser Plastikreifen in der Taille kreisen lassen), täglich 1 Stunde
- Ins Kino gehen, es sich wohl sein lassen, immer begleitet von dem Gedanken: „Ich darf das Leben geniessen."

Elisabeth ergänzt die letzte Affirmation zu: „Ich darf das Leben auch ohne meinen Mann geniessen. Ich gönne ihm seine „Tour de Franz"."

Nach vier Wochen ist Elisabeth wie umgewandelt; sie wirkt deutlich verjüngt und berichtet, ihr Mann habe gesagt: „Ich dachte, du musstest zur Behandlung, aber das ist wohl eine Verjüngungskur!"

Darüber ärgert sich Elisabeth nicht mehr. Sie liebt ihre Hula-Session und hat Kontakte zu Frauen aufgegriffen. Gemeinsam gehen sie zu Kursen in der Volkshochschule. Pläne werden gesponnen: „Wenn das mit den Knien besser ist, besuche ich einen Tanzkurs."

Ich verordne wieder Pulsatilla LM30. Diesmal greift das Mittel. Elisabeth träumt von „knackigen Negern, die trommeln und ordentlich die Hüften schwingen lassen". Weitere sechs Wochen unter Pulsatilla bringen Fortschritte, indem die Knieschmerzen nachlassen und das Laufen besser wird. Sie entscheidet sich selbst, eine Entschlackungskur zu machen, nimmt etliche Kilo ab und merkt, dass das auch die Knie erleichtert.

Ein Vierteljahr später ruft mich Elisabeth an:

Elisabeth: Es ist alles so schrecklich. Es ging mir so gut, aber jetzt ist alles wieder beim Alten. Ich wache nachts auf und denke, es wäre besser in meinem Alter zu sterben.

Rosina: Gut, dann sterben Sie!

Elisabeth: Wie? Meinen Sie das im Ernst?

Rosina: Klar, ich scherze nicht, wenn es um Todessehnsucht geht. Entscheiden Sie sich und rufen sie mich erst an, wenn Sie sich entschieden haben.

Elisabeth: Was soll ich tun?

Rosina: Wir haben alles in den letzten Monaten besprochen. Sie kennen die Übungen – also, was fragen Sie?

Eine Woche später bitte Elisabeth um einen Termin, weil sie es nicht alleine schafft, aus dem Sog der Todessehnsucht zu kommen. Wir führen eine figurative Familienaufstellung durch. Im systemischen Feld steht auch die Arthrose, hinter ihr Elisabeth. Immer wenn sie vorwärts gehen will, stolpert sie über die Arthrose. Sie probiert alle möglichen Bewegungen der Figuren aus, aber bei keiner Fassung fühlt sie sich gut.

Rosina: Wollen Sie wirklich etwas verändern?

Elisabeth: Ich meine Ja.

Rosina: Fühlen Sie es auch?

Elisabeth: Nein, wenn ich ehrlich zu mir selbst bin.

Rosina: Wofür steht also die Arthrose hier im Feld?

Elisabeth: Das ist mein Alibi, dass ich ja nicht vorwärts gehen kann.

Rosina: Eine wunderbare Erkenntnis! Wohin gehen Sie dann?

Elisabeth: Rückwärts.

Rosina: Ist das gut für Sie?

Elisabeth: Ja.

Rosina: Heisst das, die Todessehnsucht hat gesiegt?

Elisabeth: Ja.

Rosina: Können Sie mir das im Feld zeigen?

Elisabeth stellt sich in die Mitte, vor ihr die Arthrose, hinter ihr eine Figur, die den Tod darstellt.

Rosina: Wie fühlen Sie sich an dieser Stelle?

Elisabeth: So stimmt es für mich.

Rosina: Gut, dann können wir ja unsere Zusammenarbeit beenden. Sagen Sie mir Bescheid, wenn es soweit ist mit der Sterbebegleitung.

Elisabeth *schaut mich bestürzt an*: Moment, kann ich noch was ändern?

Rosina: Bitte schön!

Elisabeth nimmt sich aus dem Feld heraus, nun stehen nur noch die Arthrose und der Tod da.

Rosina: Wie fühlt sich das an?

Elisabeth: Ungewohnt. Jetzt bin nicht ich überflüssig, sondern die Zwei sehen so überflüssig aus.

Sie stellt sich wieder ins Feld zwischen beide Figuren, nimmt sich heraus, stellt sich hinein, immer wieder.

Rosina: Was soll das?

Elisabeth: Ich versuche zu fühlen, was besser für mich ist.

Rosina: Und?

Elisabeth: Wenn ich drin stehe, ist das wie zuhause sein. Wenn ich mich raus nehme, fühle ich mich heimatlos.

Rosina: Ich schlage vor, Sie proben zuhause noch ein bisschen „Rein in den Körper, raus aus dem Körper" und teilen mir dann das Lottoergebnis mit.

Ich beende die Sitzung, hole Elisabeth sorgfältig aus dem systemischen Feld heraus und verabschiede sie auffällig schnell. Das verwirrt sie, wie jede Pulsatilla-Persönlichkeit, wenn man vorher zusammen gelacht und sich gut unterhalten hat. Sie kann sich nicht entscheiden, entsprechend nehmen die Knieschmerzen zu. Sie wünscht eine palliative Behandlung „Nur was gegen die Schmerzen in den Knien".

Das lehne ich ab und empfehle ihr, sich woanders einen Rat zu holen.

Wie ich erfuhr, suchte Elisabeth noch viele Therapeuten auf und konnte nach zwei Jahren auf eine stattliche Odyssee durch die Naturheilkunde zurückschauen. Nichts brachte eine Besserung. Als sie mich nach langer Zeit wieder anrief und um einen Termin bat, sagte ich: „Sie wissen ja, erst die Entscheidung, in welche Richtung Sie gehen wollen. Ich bin gerne Entertainer, aber nicht, wenn es um Todessehnsucht geht."

Dabei ist es geblieben. Elisabeth sammelt weiter Therapeuten wie andere Briefmarken sammeln. Das einzige, was meine Therapie bewirkt hat, ist, dass ihr die latente Lebensflucht und Todessehnsucht bewusst geworden ist. Offenbar hat sie nicht die Kraft, aus diesem Zwischenzustand herauszutreten. Sie ruft von Zeit zu Zeit an, nur um die gleichen Worte zu hören. Vielleicht hört sie sie eines Tages mit dem Herzen.

Schlussbetrachtung

Zum Thema Sterben habe ich mit Bedacht einen weiten Bogen geschlagen, denn so wie es nicht reicht, nur das Sterben und nicht das Leben anzuschauen, so reicht es auch nicht, Heilung auf das Leben zu beschränken. Die Exkarnation, so lehrt uns die Weisheit der Tibetischen Totenbücher, geht in eine Seinsform über, die so lebendig ist wie die Inkarnation. Diese Erkenntnisse wurden im indotibetischen Kulturkreis als Mandala dargestellt, das Sinnbild des Atems = Leben und der Einheit von Leben und Tod. Da es über Jahrtausende hinweg die einfachste symbolische Darstellung war, möchte ich es abschliessend noch ein wenig betrachten:

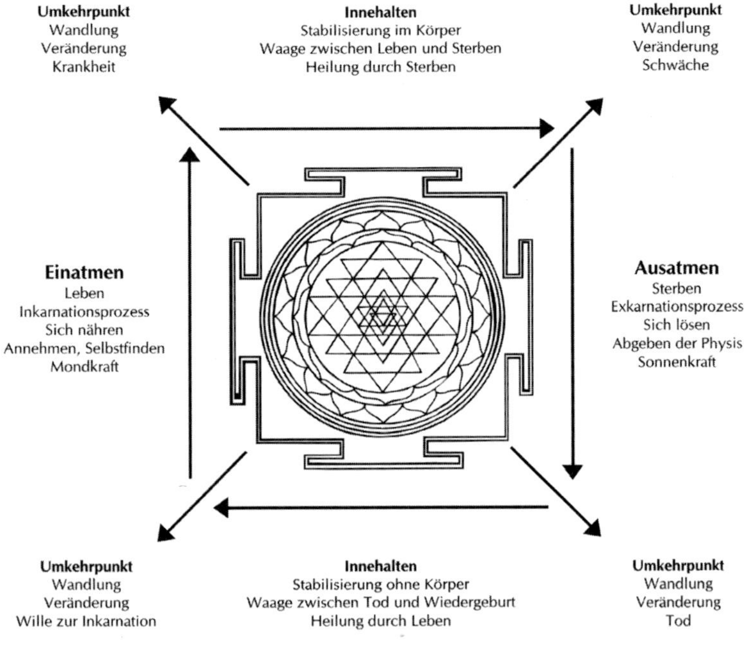

Abb. 22 Grundstruktur eines Mandala

Ein Mandala besteht aus nur drei Symbolen. Der Kreis steht für das Ganze, das Universum, das Unendliche, das Körperlose, das schöpferische Prinzip. Im Sanskrit nennt man es auch das Nirvana, das grosse Nichts oder den ausgeatmeten Zustand des Schöpfergottes Brahman. Das schöpferische Prinzip ist im Kreis ohne Gestalt und unsichtbar. Damit es wirken kann, muss es seine Gestalt zeigen und ins Sichtbare treten. Das Quadrat steht für die Schöpfung, für alle inkarnierten Wesen, die alle ein morphogenetisches Feld bilden und zyklisch durch die Inkarnation und Exkarnation gehen, ob als Gebirge, Landschaft, Mineral, Pflanze, Tier oder Mensch. Das Quadrat ist die begrenzte Hülle, eine Leihgabe der Schöpferkraft; in ihr wohnt der individuelle Ausdruck von Lebensenergie. Das Dreieck steht für die Fähigkeit der Geschöpfe, miteinander in Beziehung zu treten. Dadurch wird die Lebensenergie in Bewegung gehalten.

Das Mandala spiegelt im Quadrat auch das Gesetz von Leben und Tod wider. Für die Tibeter und Inder spielt es dabei keine Rolle, ob man das Gesetz im Körper oder ausserhalb des Körpers erlebt bzw. befolgt. Das ist der Grund, warum der *Bardo Thödol* sowohl eine Darlegung von Erkenntnissen und Anweisungen für den Sterbenden, als auch den Toten und den Sterbebegleiter ist. Er wechselt beständig die Ebenen. Für die frühen Erforscher des Sterbeprozesses im Himalaja stand der Ablauf eines Atemzuges stellvertretend für das Naturgesetz von Leben und Sterben im kleinen, mikrokosmischen und im grossen, makrokosmischen Massstab. Aus der Energetik des Atemvorgangs und seiner Erhebung zur Atemkunst erwuchs das Verständnis, wie eng Bewusstsein und Atem zusammen gehören, ja, sich gegenseitig bedingen.

Man unterscheidet zwei grosse Bewegungen, das Einatmen und das Ausatmen, die augenfällig sind und an denen sich sofort der Gemüts- und Emotionalzustand ablesen lässt. Wir alle wissen, dass der Ausatem in einem natürlichen Atemprozess länger als der Einatem ist. Warum? Mit jedem Atemzug erleben wir das Gesetz der Inkarnation und Exkarnation. Die messbare Zeit, die wir in einem Körper verbringen, ist nur ein Augenblick, im Vergleich zur der nicht messbaren Zeit ohne Körper.

Der Atemvorgang hat zwei stabile Phasen, das Innehalten nach dem Einatmen und das nach dem Ausatmen. Auch das wissen wir: der ausgeatmete Zustand ist deutlicher länger als der eingeatmete. Das bedeutet, die Seele nimmt sich lange Zeit, bis sie sich wieder inkarniert. Ist sie inkarniert, verweilen wir nur kurz in der Hülle.

Schliesslich kennzeichnen den Atemvorgang noch vier Umkehrpunkte, die eine Wandlung, Veränderung, Transformation in die eine oder andere Richtung versinnbildlichen.

Die beschriftete Abbildung des Mandalas zeigt somit auch, dass Krankheit ebenso eine Wandlungsfähigkeit impliziert wie die Heilung. Sie zeigt ferner, dass Heilung unabhängig davon gesehen wird, ob jemand den Körper = Leben (wieder) annimmt oder ihn verlässt.

So betrachte ich dieses Mandala und seine zyklischen Bewegungen als Zusammenfassung der vielen Worte in diesem Buch und wähle es als Meditationsgrundlage, damit ich mehr und mehr das Naturgesetz von Leben und Sterben verinnerliche.

Anschrift der Autorin
Dr. Rosina Sonnenschmidt
Lange Str. 12
76530 Baden-Baden
Tel. 07221 302727, Fax 07221302728
E-mail: Sonnenschmidt.Knauss@wanadoo.fr

Literaturverzeichnis

Arnold, Paul: Das Totenbuch der Maya, Knaur Verlag, München 1978

Boehn, Max von: Die Mode, 2 Bände, Stiebner Verlag, München 1996

Bomhardt, Martin: Symbolische Materia Medica, Verlag Homöopathie und Symbol, Berlin 1999

Bomhardt, Martin: Symbolisches Repertorium, Verlag Homöopathie und Symbol, Berlin 2000

Brunn, Ludwig von (Hrsg.): Ars Erotica, Faksimile 3 Bände, Harenberg, Köln 1783

Caland, William: Altindische Zauberei, Faksimile, Sändig Verlag, Vaduz 1986

Caland, William: die Altindischen Todten- und Bestattungsgebräuche, Faksimile, Sändig Verlag 1991

Corbin, Alain: Pesthauch und Blütenduft, Fischer Verlag, Frankfurt 1988

Dargyay, Eva (Übers.); Dargyay, Lobsang (Übers.): Das tibetische Buch der Toten. Erste Originalübertragung aus dem Tibetischen Govinda, Barth, Bern 1991

Dessoir, Max (Hrsg.): Der physikalische Mediumismus, Ullstein Verlag, Berlin 1922

Elias, Norbert: Über die Einsamkeit der Sterbenden, Suhrkamp Verlag, Frankfurt 1982

Emoto, Masaru: Die Botschaft des Wassers. Band I. Koha Verlag, 2001

Evans-Wentz, W.Y. (Hrsg.): Das Tibetanische Totenbuch, Walter Verlag, Freiburg 1991

Faerber, Regina: Der verdrängte Tod, Ariston Verlag, Genf 1995

Fereira, Peter: Wasser und Salz... Urquell des Lebens. Audiovortrag. Landkaufhaus Meyer, 2001

Findlay, Arthur: Beweise für ein Leben nach dem Tod, Bauer Verlag, Freiburg 1991

Flammerion, Camille: Death and its Mystery, Fisher Unwin LTD, London 1922

Foos-Graber, Anya: Deathing – den Tod bewusst erleben, Knaur Verlag, München 1991

Fremantle, Francesca, und Trungpa, Chögyam: Das Totenbuch der Tibeter, Diederichs Verlag, München 1993

Fuchs, Eduard: Illustrierte Sittengeschichte, Verlag Albert Langen, München 1909-1912
Görres, Joseph von: Hinter der Welt ist Magie, Diederichs Verlag, München 1990
Govinda, Lama Andrea: Grundlagen Tibetischer Mystik, Otto Wilhelm Barth Verlag, München 1956
Heiss, Günther (Hrsg.): Krebs... Was nun?, Heiss Verlag, Darmstadt 2001
Himalayica Bibliotheca, Vol. 10: An Account of The Kingdom of Nepal, Manjushri Publ., New Delhi 1971
Himalayica Bibliotheca, Vol.8: Gazetter of Sikkum, Manjushri Publ., New Delhi 1972
Iyengar, B.K.S.: Licht auf Pranayama, Otto Wilhelm Barth Verlag, München 1992
Johanson, Tom: Durch Schatten zum Licht, Bauer Verlag, Freiburg 1995
Jus, Mohinder Singh: Die Reise einer Krankheit, Verlag Homöosana, Zug 1998
Karrer, Otto: Therese von Lisieux, Verlag Ars Sacra Josef Müller, München 1952
Knauss, Harald: Die Urkraft der Bäume, Ehlers Verlag, Wolfratshausen 2000
Kolpaktchy, Gregorie: Ägyptisches Totenbuch, Otto Wilhelm Barth Verlag, Weilheim 1970
Kremer, Heinrich: Die stille Revolution der Krebs- und AIDS-Medizin, Ehlers Verlag, Wolfratshausen 2002
Krüger, Andreas: Reisen in die Länder der Seele, Verlag Homöopathie und Symbol, Berlin 2000
Krüger, Andreas: Die Tafelrunde der Seele, Verlag Homöopathie und Symbol, Berlin 2001
Kübler-Ross: Jedes Ende ist ein strahlender Beginn, Silberschnur Verlag, 1997
Laborde, Yves: Klinische Materia Medica der Krebsmittel, Teil 1, Verlag Müller & Steinicke, München 1995
Lauf, Detlef: Geheimlehren Tibetischer Totenbücher, Aurum Verlag, Braunschweig 1994
Methner, Roland: Klinische Materia Medica der Krebsmittel, Teil 3, Verlag Müller & Steinicke, München 1995
Mettler, Wolfgang: Klinische Materia Medica der Krebsmittel, Teil 2, Verlag Müller & Steinicke, München 1995
Moody, Raymond Andrea: Das Licht von drüben, Rowohlt Verlag, Hamburg 1989

Moody, Raymond Andrea: Leben nach dem Tod, Rowohlt Verlag, Hamburg 1991

Morrison, Roger: Handbuch der Homöopathischen Leitsymptome, Kai Kröger Verlag, Gross Wittensee 1997

Osis, Karlies und Haraldsson, Erlendur: Der Tod – ein neuer Anfang, Bauer Verlag, Freiburg 1994

Rosina Sonnenschmidt: Tierkinesiologie, Sonntag Verlag, 1998

Schroyens, Frederik: 1001 kleine Arzneimittel, Hahnemann Institut für Homöopathische Dokumentation, EOS Verlag, 1995

Seideneder, Armin: Mitteldetails der homöopathischen Arzneimittel, Simillimum Verlag, 2000

Sonnenschmidt, Rosina/ Knauss, Harald: Die Sinne verfeinern – über den verantwortungsvollen Umgang mit erweiterten Wahrnehmungen, VAK Verlag, Freiburg 1996

Smits, Tinus: Privates Manuskript seines Vortrags 1997 an der Samuel Hahnemann Schule in Berlin

Sonnenschmidt, Rosina/Knauss, Harald: Musik-Kinesiologie, Kreativität ohne Stress im Musikerberuf, VAK Verlag, Freiburg 1995, 2. Auflage 1996

Sonnenschmidt, Rosina/Marion Wagner: Neues Heilen – Vögel-Akupunktur, Homöopathie, Farbtherapie, Bach-Blütentherapie, Kinesiologie, Ulmer Verlag, Stuttgart 1995

Sonnenschmidt, Rosina: Bhairavi-ragini, Studien zu einem Nordindischen Melodietyp, Reihe Ngoma Nr. 4, Emil Katzbichler Verlag, München 1976, 2 Bände

Sonnenschmidt, Rosina: Das grosse Praxisbuch der Englischen Psychometrie, Ehlers Verlag, Wolfratshausen 1999

Sonnenschmidt, Rosina: Das Praxisbuch der solaren und lunaren Atemenergetik, Ehlers Verlag, Wolfratshausen 2001

Sonnenschmidt, Rosina: Das Tier im Familiensystem – Psychologischer Ratgeber für Tierarzt und Tierhalter, Sonntag Verlag, Stuttgart 2002/2003

Sonnenschmidt, Rosina: Der Nordindische Bhajan, Untersuchung zu einer musikalisch-poetischen Form in ihrer sozialen Umgebung, Habilitationsschrift unveröffentlicht, 3 Bände

Sonnenschmidt, Rosina: Der Papagei – eine homöopathische Arzneierfahrung, Verlag Homöopathie & Symbol, Berlin 2002
Sonnenschmidt, Rosina: Die Heilkunst bei Mensch und Tier, Special-Ausgabe Nr. 9 der Zeitschrift „raum&zeit", Wolfratshausen 2001
Sonnenschmidt, Rosina: Duffy und ihre Freunde – Heilungsrituale der Vögel, Wings Verlag, 2002 BOD
Sonnenschmidt, Rosina: Farb- und Musiktherapie für Tiere; Sonntag Verlag, Stuttgart 2000
Sonnenschmidt, Rosina: Ganzheitliche Vogeltherapie mit Homöopathie und TCM, Sonntag Verlag, Stuttgart 2000
Sonnenschmidt, Rosina: Heilende Hände für Tiere; Kosmos Verlag, Stuttgart 1999
Sonnenschmidt, Rosina: Herzgeist – Lyrik über das Trostvolle des Seins, Wings Verlag, 2002 BOD
Sonnenschmidt, Rosina: Ich mach was draus – Alltagsorakel für Therapeuten und Patienten, VAK Verlag, Freiburg 1999
Sonnenschmidt, Rosina: Kraulschule für zahme Vögel, Ulmer Verlag, Stuttgart 1996
Sonnenschmidt, Rosina: Kreativität nach Noten, VAK Verlag, Freiburg 1998
Sonnenschmidt, Rosina: Mediale Mittel in der Homöopathie; Sonntag Verlag, Stuttgart 2002
Sonnenschmidt, Rosina: Pfauenlieder – Begegnung mit dem verborgenen Indien, Wings Verlag, 2002 BOD
Sonnenschmidt, Rosina: verschiedene Publikationen in der Fachzeitschrift „raum&zeit"
Sonnenschmidt, Rosina: Sensitive Radionik; Ehlers Verlag, Sauerlach 1999
Stege, Fritz: Musik, Magie, Mystik, Otto Rechl, St.Goar 1961
Tedlock, Barbara und Dennis (Hrsg.): Über den Rand des tiefen Canyon, Diederichs Verlag, Köln 1975
White, John: Sterben ist kein Tabu, Bauer Verlag, Freiburg 1995
Williamson, Linda: Mediums and their work, Robert Hale LTD, London 1990
Wilson, Colin: Das Okkulte, März Verlag, Berlin 1982
Wilson, Colin: Nach dem Tode, Knaur Verlag, München 1987

Verzeichnis der Bildquellen

Grafiken von Martin Bomhardt: Abb. 1, 2, 3, 5, 6, 8, 10, 12, 22, Farbbilder 1-8
Fotos von Rosina Sonnenschmidt: Farbbilder 9-12
Ehlers-Verlag, Wolfratshausen: Abb. 4, 7, 9, 11, 13
Mit freundlicher Genehmigung des Ehlers-Verlag, Wolfratshausen
Moreau, Gustave: „Im Theater" (o.J.): Abb. 14
Boehn, Max: „Die Mode", 1996, Stiebner-Verlag, München: Abb. 16
Mit freundlicher Genehmigung des Stiebner Verlags, München
Obrist, Hermann: Stickerei „Peitschenhieb" (1893): Abb. 17
Fuchs, Eduard: „Illustrierte Sittengeschichte" (1909): Abb. 15, 18-20
Privatbesitz Rosina Sonnenschmidt: Kupferstich (unbek. Künstler) aus „Therese Philosophe", London, 1783: Abb. 21

Umschlagbild: „Arche ins Jenseits" (1994) Buntstiftzeichnung von Harald Knauss, Privatbesitz
Mit freundlicher Genehmigung des Künstlers

Vita von Dr. phil. Rosina Sonnenschmidt

- Geboren am 5. September 1947
- Promotion in Musikethnologie, Indologie, Ägyptologie
- 1972/73 Feldforschung Nordindien (Oberschicht) für Promotion
- 1978/79 Feldforschung Nordindien (Kastenlose) für Habilitation
- 1983 - 1997 Konzertsängerin des Ensembles „Sephira"; internationale Tätigkeit, 13 CDs, Rundfunk- und Fernsehaufnahmen
- Parallel dazu Privatstudium in Medizin und Heilkunde
- Seit 1981 Erforschung der Sterbenergetik
- Seit 1985 intensive Medialschulung bei Margaret Pearson, Mary Duffy, Ray Williamson, Chris Batchelor
- 1990-1992 Ausbildung in Kinesiologie (TFH Instructor, Three-In-One-Facilitator)
- Seit 1992 Ausübung einer Praxis für Angewandte Kinesiologie
- Seit 1992 Ausübung der ganzheitlichen Vogelheilkunde mit zahlreichen Fachpublikationen
- Seit 1993 intensive Forschung der konstitutionellen Homöopathie bei Mensch und Tier
- Seit 1994 Entwicklung der Therapeutischen Kinesiologie für Komapatienten, demente Krankheitsformen, Sterbende
- Seit 1996 Guest lecturer in den USA für Tiermediziner
- Seit 1998 Erlaubnis durch die Prüfung bei Ray Williamson (GB), Aura-Sittings zu geben
- 1999 HP Prüfung, eröffnung der Naturheilpraxis für Prozess-orientierte Homöopathie und Therapeutische Kinesiologie in Baden-Baden
- 2000 Verleihung des Passat Preises für meine drei Heilungsberichte unter dem Titel „Das Geheimnis der Heilung"
- Regelmäßige Publikationen in den Zeitschriften raum&zeit, Zeitschrift für Ganzheitliche Tiermedizin, Homöopathische Einblicke
- Autorin mehrerer Fachbücher zum Thema Heilkunst für Menschen und Tiere
- Zusammen mit Harald Knauss Leitung der Sensitivitäts- und Medialschulung im Ausbildungszentrum für Biophysikalische Schwingungsmedizin in Wolfratshausen
- Rege Seminartätigkeit für Therapeuten , v.a. für Homöopathen
- Seit 2002 2. Vorsitzende des DGH (Dachverband für Geistiges Heilen)

Seminare der Autorin und Bezugsquellen

- Sensitivitäts- und Medialschulung
- *WINGS* Tierkinesiologie, für Tierärzte
- Biophysikalische Testmethoden für Therapeuten
- Spezielle Seminarthemen: Prozessorientierte Krebstherapie mit Homöopathie und Orthomolekularmedizin
- Exkarnation - der große Wandel im Lichte der Homöopathie
- Mediale Mittel in der Homöopathie

Infos erhältlich über das Organisationsbüro (s.u.)

Bezugsquelle für Baumessenzen

Germanische Baumessenzen nach Harald Knauss
Markt-Kommunikation, Wolfratshausen
Fon 08171 41876

Weitere Informationen

Mediale Welten

Zeitschrift – Seminare – Vorträge
Dr. Rosina Sonnenschmidt und Harald Knauss

Organisationsbüro Frank Peter Schanz
Besenstiel 54, D-77876 Kappelrodeck
Fon 07842 995641
Fax 07842 995637
E-mail: schanz@mediale-welten.com

- Homöopathie-Kurse
- Die Kunst des Heilens
- Sterbeenergetik
- Prozessorientierte Krebstherapie

Seminare auf Audiocassetten und CDs

Seminar / ReferentInnen	Inhalt / Teile	Bestellnr.	St	Preis €
Die Kunst des Heilens (Gengenbach 2002) Knauss, Harald Krüger, Andreas Sonnenschmidt, Rosina	Der Künstler im Heiler – die innere Tafelrunde Der Geist entscheidet – Du wirst, was Du denkst Der Sonnenweg oder die Tore des Heilens Du bist ganz und gar vollkommen Krankheit und Heilung in den Aurafarben Der Heilungsprozeß als schöpferischer Akt	MW-2021 *Auf CDs* MW-21-CD	6 6	39,00 60,00
Mediale Mittel in der Homöopathie (Düsseldorf 2002) Sonnenschmidt, Rosina	Thuja - Die Wahrnehmung von „Gesichertern" Lachesis und Stramonium	MW-2022	3	19,00

Homöopathische Sonntage (Andreas Krüger)

Arzneimitteldarstellung mit Trance (+ Musik), Fällen und persönlichen Erfahrungen

Diese zumeist fünfstündigen Arzneimittelbilder kosten 25,- € und werden in farbigen Schmuckcassetten ausgeliefert

Adlerfeder SO-58 **Agaricus** SO-33 **Anacardium** SO-47 **Aranea Diadema** SO-24 **Astacus Fluviatilis** SO-46 **Aurum** SO-55 **Aurum Mur.** SO-44 **Barium Carb.** SO-23 **Calcium Carb.** SO-30 **Cannabis Indica** SO-38 **Carcinosinum** SO-25 **Causticum** SO-39 **China** SO-27 **Conium** SO-48 **Fluoricum Acid.** SO-32 **Glonoinum** SO-43 **Graphites** SO-22 **Ignatia** SO-17 **Kalium Carb.** SO-59 **Lac Caninum** SO-13 **Lilium Tigr./Mancinella** SO-60 **Lycopodium** SO-16 **Magnesium** SO-34 **Medorrhinum** SO-14 **Mercurius** SO-06 **Natrium Mur.** SO-56 **Nitricum Acid.** SO-53 **Phosphor** SO-05 **Platin** SO-21 **Pulsatilla** SO-29 **Rhus Tox / Bryonia** SO-42 **Schlangen** SO-40 **Sepia** SO-01 **Silicea** SO-11 **Spinnen** SO-49 **Staphisagria** SO-18 **Stramonium** SO-31 **Sulfur** SO-15 **Thuja** SO-45 **Tuberculinum** SO-12

Andreas Krüger

Reisen in die Länder der Seele

2000 (2.Aufl.), 307 Seiten, 13 x 21 cm, Paperback
ISBN 3-9804662-6-4 22,- €

Andreas Krüger gebührt das ureigenste Verdienst, die Methodik der Homöopathie um ein weiteres Medium der Begegnung mit Arzneimitteln bereichert zu haben: die Arzneimittel-Trance. Mit seinen märchenhaft bezaubernden „Seelenreisen" - meditativen Übungen und Phantasiereisen - ermöglicht er eine traumartige individuelle und tief in die Psyche hineinreichende Erfahrung mit den Aspekten unserer selbst, die durch ein bestimmtes Arzneimittel angesprochen werden. Diese Erfahrung ist so unmittelbar und persönlich, wie sie ähnlich sonst nur bei einer Arzneimittelprüfung erlebt werden kann.

Dieses Buch ist die erste schriftliche Veröffentlichung von 28 Trancen der wichtigsten Polychreste unserer Materia Medica. Sie eignen sich sowohl zur Durchführung mit Patienten als therapeutische Unterstützung der Arzneigabe, als auch zur Erweiterung der eigenen Arzneimittelkenntnis durch das Studium zentraler Themen und Problemfelder - vor allem aber durch persönliche Betroffenheit.

Folgende Trancen sind darin enthalten:
Aurum, Barium Carb., Calcium Carb., Carcinosinum, Causticum, Graphit, Hyoscyamus, Ignatia, Lac Caninum, Lachesis, Lycopodium, Medorrhinum, Mercurius, Natrium Mur., Phosphor, Platin, Pulsatilla, Sepia, Silicea, Staphisagria, Sulfur, Tuberculinum

Maria Schäfgen

Kommen Sie doch, wann Sie wollen...

Die homöopathisch-lösungsorientierte Behandlung von Erektionsstörungen und Impotenz

2001, 156 Seiten, 13 x 21 cm, Paperback

ISBN 3-9804662-8-0 18,- €

Maria Schäfgen, Homöopathin in Berlin, ist spezialisiert auf die Behandlung von Erektionsstörungen und Impotenz. Mit ihrem Buch gibt sie erstmals ihre erfolgreichen Erfahrungen mit einer Kombination aus Homöopathie und lösungsorientierter Psychotherapie weiter. Sie wendet sich primär an Betroffene, aber auch an Behandler, die mit diesem Thema oft zu tun haben.

In langjähriger Erprobung verschiedener psychotherapeutischer Verfahren und Techniken hat sie einen synthetischen Ansatz entwickelt, der für jeden Behandler nachvollziehbar und anwendbar ist. Er beruht auf der Grundannahme, daß Impotenz keine unabänderliche Tatsache ist, sondern ein veränderbarer Zustand, der auf negativen Glaubenssätzen, Selbstentfremdung und psychischen Konflikten beruht. In der therapeutischen Arbeit werden individuelle Lösungen gefunden, die mit veränderter Wahrnehmung, neuen Einstellungen und Verhaltensmöglichkeiten einhergehen. Homöopathische Mittel sind dabei der Schlüssel zur Entwicklung der eigenen Kraft.

Verlag Homöopathie + Symbol

Martin Bomhardt

Symbolische Materia Medica

1999 (3.Aufl.), 1426 Seiten, 16 x 24 cm gebunden

ISBN 3-9804662-3-X   74,- €

Umfangreiche Sammlung von Symptomen, Phänomen und Symbolen von homöopathischen Arzneimitteln, die erst in den letzten Jahren erforscht wurden und in klassischen Arzneimittellehren nicht zu finden sind. Es handelt sich um Erkenntnisse, die ihren Ausgangspunkt in den Arzneimittelprüfungen der „Boller Schule“ nahmen und inzwischen an vielen Orten weiter erforscht werden.

Sie vermitteln Erfahrungen zu Aspekten von Arzneimitteln, die über die klassische Arzneibetrachtung weit hinausgehen und ihren Schwerpunkt in den grundlegenden Themen, Archetypen und Wesenserscheinungen von homöopathischen Arzneimitteln haben und primär die seelische Ebene betreffen.

In dieser Fassung sind Vorträge, Artikel und Prüfungsergebnisse von 140 großen Arzneimitteln mit 85000 stichwortartigen Eintragungen und thematisch ausgewertet, zusammengetragen und übersichtlich aufgelistet.

Martin Bomhardt

Symbolisches Repertorium

2000 (3.Aufl.), 882 Seiten, 16 x 24 cm gebunden
ISBN 3-9804662-5-6 64,- €

Das Repertorium zur „**Symbolischen Materia Medica**" - sozusagen ihr Register. In der üblichen alphabetischen Anordnung und Aufmachung eines Repertoriums finden sich hier die Eintragungen der Materia Medica als Rubriken mit den entsprechenden Arzneimitteln in unterschiedlicher Wertigkeit wieder. Die Rubriken sind nach Themenkapiteln (Symbolik, Gemüt, Pflanzen, Tiere, Musik, Filme, Kleidung usw.) zusammengestellt. Viele Querverweise und Synonymbegriffe unterstützen die Suche nach wertvollen Phänomenen. Ein alphabetisches Gesamtregister ermöglicht leichtes Auffinden.

Verlag Homöopathie + Symbol
Martin Bomhardt
Blissestraße 63, 10713 Berlin
Tel. 030 / 8572 9674 Fax 030 / 8572 9675
Email: mail@homsym.de
Internet: www.homsym.de